Dornbusch
Plum

Claim-Management beim VOB-Vertrag

Claim-Management beim VOB-Vertrag

Abweichungen / Ansprüche / Nachträge

Univ. Professor em. Dipl.-Ing. Johannes Dornbusch
Emeritierter Inhaber des Lehrstuhls für
Baumaschinen und Baubetrieb der RWTH Aachen

Dr.-Ing. Heinz Plum
Beratender Ingenieur
Lehrbeauftragter an der RWTH Aachen

4. Auflage 2017

Die Deutsche Bibliothek - CIP-Einheitsaufnahme
Dornbusch, Johannes:
Claim-Management beim VOB-Vertrag:
Abweichungen, Ansprüche, Nachträge /
Johannes Dornbusch; Heinz Plum. - 4. Auflage - Heinsberg:
Plum, 2017
ISBN 3-8311-3651-3

Herstellung: Books on Demand GmbH, Norderstedt

Vorwort zur 4. Auflage

Seit der letzten Auflage sind nun inzwischen 5 Jahre vergangen.

Auch wenn es in der VOB trotz der neuen Ausgaben 2012 und 2016 keine umfangreichen Änderungen gegeben hat, sind die vorgenommenen Änderungen und die ergangene Rechtsprechung zur Fortschreibung von Vertragspreisen doch von solcher Bedeutung, daß wir es für geboten hielten, das kleine Werk ebenfalls in einer neuen Auflage erscheinen zu lassen.

In der VOB/B wurden im wesentlichen die Regelungen zur Fälligkeit der Schlußzahlung und zum Zahlungsverzug angepaßt. Der Auftraggeber gerät nun nicht erst nach Mahnung und Ablauf einer Nachfrist, d.h. nach aktivem Tätigwerden des Auftragnehmers, in Verzug sondern auch ohne Nachfrist nach Ablauf einer in der VOB festgelegten Zeitspanne.

Die bereits in der letzten Auflage angesprochene Rechtsprechung zu überhöhten Einheitspreisen bei Mehrmengen hat nicht nur eine breite Diskussion in Fachkreisen ausgelöst sondern ist zudem durch weitere Urteile zu deutlich geringeren Überhöhungen ergänzt worden. Einige Auftraggeber legen diese Urteile bedauerlicherweise inzwischen so aus, daß die Preise für geänderte und zusätzliche Leistungen nun nicht mehr auf Grundlage der Preisbildung für die vertragliche Leistung geprüft werden, sondern auf Ansätzen von Lehrbüchern, die jedoch nicht die Besonderheiten der einzelnen Baustellen und Unternehmen abbilden können.

Heinsberg, im April 2017

Johannes Dornbusch
Heinz Plum

Vorwort zur 1. Auflage

Die vorliegende kleine Schrift ist hervorgegangen aus einer Seminarreihe, die die Verfasser auf Anregung des Vorsitzenden der Geschäftsführung eines der großen deutschen Bauunternehmen entworfen und in den zurückliegenden fünf Jahren in mehreren Bauunternehmen gehalten haben.

Ursprünglich konzipiert als eine Einführung in die VOB/B von Bauingenieuren für Bauingenieure, hat sich das Seminar mit der Zeit zu einer Einführung in das Management von Einheits- und Pauschalpreisverträgen nach VOB entwickelt, vor allem in das Management von Ansprüchen aus Abweichungen vom Vertrag, das Claim-Management.

Mit gezielter Ausrichtung auf das Baubetriebliche und bewußter Reduzierung des Rechtlichen auf das unverzichtbar Notwendige wurde weitgehend auch auf Zitate der einschlägigen Rechtsliteratur verzichtet, die aber selbstverständlich berücksichtigt ist.

Aus fast eintausend Seminarbeurteilungen meinen die Verfasser schließen zu dürfen, daß Ihnen die Vermittlung der VOB/B auf eine neue Weise gelungen ist. Gern stellen sie sich aber auch dem Urteil der geneigten Leser der hier nun vorliegenden Schrift.

Aachen, im April 2002

Johannes Dornbusch
Heinz Plum

Inhaltsverzeichnis

1 Einführung

Bauproduktion ist durch besondere Bedingungen geprägt: Auftrags- und Unikatfertigung, nichtstationär, mit Preisbildung vor Kenntnis der tatsächlichen Kosten, zumeist mit einer Trennung von Produktplanung und Produktfertigung.

Diese Trennung von Planung und Ausführung hat zur Folge, daß auch sorgfältig vorbereitete Bauverträge nur selten ohne Abweichungen vom vertraglich Vereinbarten in der Ausführung umgesetzt werden können.

Die Vergabe- und Vertragsordnung für Bauleistungen (VOB), bis 2002 Verdingungsordnung für Bauleistungen, die für die überwiegende Zahl der Bauverträge als Vertragsgrundlage vereinbart wird, regelt in ihrem Teil B die rechtlichen Beziehungen der Vertragspartner nach Abschluß des Bauvertrages bis zu dessen Abwicklung.

Geregelt sind in VOB/B damit auch Ansprüche aus Abweichungen vom vertraglich Vereinbarten, die sich aus dem Wahrnehmen von Rechten oder dem Verstoß gegen Pflichten der Vertragspartner, aber auch ohne Zutun der Vertragsparteien ergeben können.

Unter Marktbedingungen, die von der Nachfrage nach Bauleistungen bei einem Überangebot an Baukapazität und daraus resultierenden preislichen Konditionen der Bauverträge bestimmt werden, können Auftragnehmer nicht auf Ansprüche aus Abweichungen vom Vertrag verzichten.

Es ist aber auch für Auftraggeber unerläßlich, unberechtigte oder überhöhte Ansprüche von Auftragnehmern auf Fakten gestützt abwehren zu können.

Beiden, Auftragnehmern und Auftraggebern, werden mit dem Claim-Management beim Einheits- und Pauschalpreisvertrag nach VOB Management-Instrumente an Hand gegeben, mit denen sich Ansprüche und Forderungen aus Abweichungen vom Vertrag gleichermaßen erfolgreich durchsetzen wie abwehren lassen.

2 Fragen zur Selbstkontrolle

Die VOB/B ist unverzichtbares Rüstzeug für jeden, der mit der Abwicklung von Bauverträgen befaßt ist; denn ihre Wirkung erstreckt sich über den VOB-Vertrag hinaus auch auf den BGB-Vertrag, bei dem Rechtsprechung und Rechtsliteratur in der Auslegung von vertraglich Ungeregeltem die VOB/B heranziehen.

Dem geneigten Leser, der seine Kenntnis wichtiger Regelungen der VOB/B und dazu ergangener Auslegungen vor dem Studium der Schrift kontrollieren möchte, bieten die nachfolgenden zehn Fragen dazu Gelegenheit.

(1)

Was unterscheidet Einheitspreisvertrag und Pauschalpreisvertrag?
Lösen Leistungsänderungen beim Pauschalpreisvertrag Ansprüche des Auftragnehmers aus? Wenn ja, warum? Und Mengenänderungen?
Gilt Gleiches auch für den BGB-Vertrag?

(2)

In der VOB/B sind Rechte und Pflichten des Auftraggebers festgelegt, wobei die Juristen zwischen Haupt- und Nebenpflichten unterscheiden.
Nennen Sie die Hauptpflichten und wichtige Nebenpflichten des Auftraggebers. Was ist der kennzeichnende Unterschied?

(3)

Kommt der Auftraggeber seinen Hauptpflichten nicht nach, so löst dies nach VOB/B unter bestimmten Voraussetzungen Ansprüche beim Auftragnehmer aus.
Nennen Sie diese Voraussetzungen.
Welche Ansprüche hat der Auftragnehmer?

(4)

Der Auftraggeber hat das Recht, Leistungen zu ändern und zusätzliche Leistungen anzuordnen.
Was unterscheidet geänderte und zusätzliche Leistungen?
Muß sie der Auftragnehmer ausführen?
Und hat er in jedem Fall Anspruch auf Vergütung?

(5)

Ohne Auftrag ausgeführte geänderte oder zusätzliche Leistungen werden nach VOB/B nicht oder nur bedingt vergütet.
Welches sind die Bedingungen für einen Vergütungsanspruch?

(6)

Der Auftragnehmer hat auf Verlangen des Auftraggebers zusätzliche Leistungen angeboten und erbracht.
Prüfung und Beauftragung seines Angebotes lassen auf sich warten.
Welche Ansprüche hat der Auftragnehmer?
Kann er kündigen? Oder die Arbeiten einstellen? Oder was sonst?

(7)

Der Auftraggeber hat auch das Recht, beauftragte Leistungen nicht ausführen zu lassen.

Hat das Folgen? Und, wenn ja, welche?

(8)

Ohne Zutun sowohl des Auftraggebers und seiner Erfüllungsgehilfen wie des Auftragnehmers können Verzögerungen des Bauablaufs entstehen.

Welche Ansprüche ergeben sich daraus für den Auftragnehmer?

(9)

Bei der Abwicklung von Baumaßnahmen können Behinderungen Schaden beim Auftragnehmer auslösen.

Was sind Behinderungen? Und was ist Schaden?

Was sind die Voraussetzungen für die Durchsetzung eines Schadensersatzanspruches?

(10)

Kann ein Auftragnehmer wegen verspäteter Leistung eines Vorunternehmers nicht wie vorgesehen mit der Ausführung seiner Arbeiten beginnen, löst das unter bestimmten Voraussetzungen Ansprüche bei ihm aus.

Nennen Sie die Voraussetzungen.

Welche Ansprüche ergeben sich?

3 VOB

Die VOB/B hat in den letzten Jahren mehrere Novellierungen erfahren, so 1996, 1998, 2000, 2002, 2006, 2009 und 2012. Die jüngste datiert aus Juli 2016.

Bis 2009 waren die Änderungen an der VOB eher marginal. In den Fassungen 2012 und 2016 sind nun die Regelungen zur Zahlung und zum Zahlungsverzug in Richtung der Regelungen des BGB angeglichen worden. Der Auftraggeber gerät nach den neuen Regelungen nun nicht mehr nur nach Mahnung und Ablauf der Nachfrist in Verzug, sondern auch nach Ablauf von 30 Tagen nach Zugang der Rechnung unter der Voraussetzung, daß der Auftragnehmer seine vertraglichen und gesetzlichen Verpflichtungen erfüllt und den fälligen Entgeltbetrag nicht rechtzeitig erhalten hat.

Im Anhang ist die Fassung 2016 aufgenommen.

3.1 Grundsätzliches

Die Auftragsabhängigkeit der Bauunternehmen und das mit der Auftragsvergabe und Auftragserlangung verbundene Geschehen bestimmen den Wettbewerb um Bauaufträge.

Beide, derjenige, der etwas zu Bauen in Auftrag gibt, und derjenige, der es in Auftrag nimmt, haben natürliche und unterschiedliche Interessen. Der Auftraggeber will den Auftrag zu günstigsten Konditionen vergeben, der Auftragnehmer will und muß ihn zu einem gewinnbringenden Preis erhalten.

Das geht nicht ohne entsprechende Regelungen und einen fairen Interessenausgleich. Diesen Interessenausgleich zu schaffen, ist der Kern der Vergabe- und Vertragsordnung für Bauleistungen, VOB, mit ihren Teilen A, B, und C.

Teil A, "Allgemeine Bestimmungen für die Vergabe von Bauleistungen", DIN 1960 - verbindlich für öffentliche Auftraggeber und für private Auftraggeber in der Wasser-, Energie- und Verkehrsversorgung und im Telekommunikationssektor - regelt den Geschehensablauf bis zum Abschluß des Bauvertrages. Die Bestimmungen des Teiles A werden nicht Bestandteil des Vertrages, sie sind allenfalls im Wege der Auslegung als "Konkretisierung der Grundsätze von Treu und Glauben als Verbot treuwidrigen widersprüchlichen Verhaltens" auch für den Zeitraum nach Vertragsschluß anzusehen.[1]

Teil B, "Allgemeine Vertragsbedingungen für die Ausführung von Bauleistungen", DIN 1961, regelt die rechtlichen Beziehungen der Vertragspartner nach Abschluß des Bauvertrages bis zu dessen Abwicklung.[2]

Teil C, "Allgemeine Technische Vertragsbedingungen für Bauleistungen" regelt die nach technischen Erkenntnissen optimale Leistungserstellung in den verschiedenen Gewerken mit den DIN-Normen von DIN 18299 bis 18451, die deshalb auch als VOB-Normen bezeichnet werden.

1) Kapellmann/Langen, Einführung in die VOB/B, 10. Auflage, Düsseldorf, Werner-Verlag, 2000, Rdn. 14
2) Ein Bauvertrag gilt als abgewickelt, wenn die Gewährleistungsfrist abgelaufen ist.

Teil C enthält neben technischen Bestimmungen auch wichtiges Vertragsrecht, so zu Nebenleistungen, Besonderen Leistungen und Abrechnung.

VOB - Vergabe- und Vertragsordnung für Bauleistungen	
Teil A: "Allgemeine Bestimmungen für die Vergabe von Bauleistungen" DIN 1960	▪ regelt den Geschehensablauf bis zum Abschluß des Bauvertrages
Teil B: "Allgemeine Vertragsbedingungen für die Ausführung von Bauleistungen" DIN 1961	▪ regelt die rechtlichen Beziehungen der Vertragspartner nach Abschluß des Bauvertrages bis zu dessen Abwicklung
Teil C: "Allgemeine Technische Vertragsbedingungen für Bauleistungen" DIN 18299 - 18451	▪ regelt die nach technischen Erkenntnissen optimale Leistungserstellung in den verschiedenen Gewerken

Abb. 1: VOB - Vergabe- und Vertragsordnung für Bauleistungen

Die Regelungen der VOB/B sind zwar "Allgemeine Geschäftsbedingungen", da in ihnen aber die unterschiedlichen Interessen von Auftragnehmer und Auftraggeber ausgewogen berücksichtigt sind, genießt die VOB/B als Ganzes das Privileg, von den gesetzlichen Regelungen des BGB zu Allgemeinen Geschäftsbedingungen unangetastet zu bleiben.

Das Privileg, einer Inhaltskontrolle nicht unterzogen zu werden, ist der VOB/B jedoch dann genommen, so eine neuerliche Grundsatzentscheidung des BGH, "wenn nur geringfügige inhaltliche Abweichungen von der VOB/B vorliegen und auch unabhängig davon, ob eventuell benachteiligende Regelungen im vorrangigen Vertragswerk möglicherweise durch andere Regelungen 'ausgeglichen' werden."[3]

3) BGH-Urteil vom 22. Januar 2004, VII ZR 419/02, BauR, 4/2004, S. 668 ff.

3.2 Pauschalpreisvertrag nach VOB

Die VOB kennt zwei Formen von Leistungsverträgen, den Einheitspreisvertrag und den "Pauschalvertrag", wobei es in der VOB insgesamt nur fünf Stellen gibt, die Regelungen zum "Pauschalvertrag" enthalten, und zwar in Teil A unter § 5 und § 23 und in Teil B unter § 2 Abs. 2, 3 und 7.

Regelungen der VOB/A zum Pauschalpreisvertrag

§ 4 Abs. 1 Nr. 2 VOB/A

(1) Bauleistungen sollen so vergeben werden, daß die Vergütung nach Leistung bemessen ist (Leistungsvertrag), und zwar,

....

2. in geeigneten Fällen für eine **Pauschalsumme**, wenn die Leistung nach Ausführungsart und Umfang genau bestimmt ist und mit einer Änderung bei der Ausführung nicht zu rechnen ist **(Pauschalvertrag)**.

§ 16 Abs. 4 VOB/A

(4) 1. Entspricht der Gesamtbetrag einer Ordnungszahl (Position) nicht dem Ergebnis der Multiplikation von Mengenansatz und Einheitspreis, so ist der Einheitspreis maßgebend.

2. Bei Vergabe für eine **Pauschalsumme** gilt diese ohne Rücksicht auf etwa angegebene Einzelpreise.

3. Nummern 1 und 2 gelten auch bei Freihändiger Vergabe.

Abb. 2 Regelungen der VOB/A zum Pauschalpreisvertrag

Daß die VOB mit dem Begriff "Pauschalvertrag" nicht eine pauschal beschriebene Leistung meint, wird insbesondere unter § 5 Abs. 1 Nr. 2 VOB/A deutlich, dort heißt es:

"Bauleistungen sollen grundsätzlich so vergeben werden, daß die Vergütung nach Leistung bemessen ist (Leistungsvertrag), und zwar,

1. ...

2. in geeigneten Fällen für eine Pauschalsumme, wenn die Leistung nach Ausführungsart und Umfang genau bestimmt ist und mit einer Änderung bei der Ausführung nicht zu rechnen ist (Pauschalvertrag)."

Regelungen der VOB/B zum Pauschalpreisvertrag

§ 2 Abs. 2 VOB/B
Die Vergütung wird nach den vertraglichen Einheitspreisen und den tatsächlich ausgeführten Leistungen berechnet, wenn keine andere Berechnungsart (z.B. durch **Pauschalsumme**, nach Stundenlohnansätzen, nach Selbstkosten) vereinbart ist.

§ 2 Abs. 7 VOB/B*
1. Ist als Vergütung der Leistung eine **Pauschalsumme** vereinbart, so bleibt die Vergütung unverändert. Weicht jedoch die ausgeführte Leistung von der vertraglich vorgesehenen Leistung so erheblich ab, daß ein Festhalten an der **Pauschalsumme** nicht zumutbar ist (§ 242 BGB), so ist auf Verlangen ein Ausgleich unter Berücksichtigung der Mehr- oder Minderkosten zu gewähren. Für die Bemessung des Ausgleichs ist von den Grundlagen der Preisermittlung auszugehen.
2. Die Regelungen der Absätze 4, 5 und 6 gelten auch bei Vereinbarung einer **Pauschalsumme**.
3. Wenn nichts anderes vereinbart ist, gilt Absatz 1 auch für **Pauschalsummen**, die für Teile der Leistung vereinbart sind, Nr. 3 Absatz 4 bleibt unberührt.

§ 2 Abs. 3 Nr. 4 VOB/B
4. Sind von der unter einem Einheitspreis erfaßten Leistung oder Teilleistung andere Leistungen abhängig, für die eine **Pauschalsumme** vereinbart ist, so kann mit der Änderung des Einheitspreises auch eine angemessene Änderung der **Pauschalsumme** gefordert werden.

* 1973 in VOB/B eingeführt, 2006 unter gesonderter Nummer gefaßt und leicht geändert

Abb. 3: Regelungen der VOB/B zum Pauschalpreisvertrag

Solche Verträge werden deshalb im Folgenden bewußt Pauschalpreisverträge genannt und nicht "Pauschalverträge"; denn nur die Vergütung, der Preis, ist pauschaliert, nicht aber die Leistung.

Nicht anders als beim Einheitspreisvertrag bestimmt sich die Leistung beim Pauschalpreisvertrag nach der Leistungsbeschreibung, den Besonderen Vertragsbedingungen, den Zusätzlichen Vertragsbedingungen, den Zusätzlichen Technischen Vertragsbedingungen den Allgemeinen Technischen Vertragsbedingungen für Bauleistungen (VOB/C) und der gewerblichen Verkehrssitte.

Einheits- und Pauschalpreisvertrag nach § 2 VOB/B

Einheitspreisvertrag	Pauschalpreisvertrag

Leistung § 2 Nr. 1 VOB/B

- nach der Leistungsbeschreibung
- den Besonderen Vertragsbedingungen
- den Zusätzlichen Vertragsbedingungen
- den Zusätzlichen Technischen Vertragsbedingungen
- den Allgemeinen Technischen Vertragsbedingungen für Bauleistungen (VOB/C)
- und der gewerblichen Verkehrssitte

Vergütung § 2 Nr. 2 VOB/B	Vergütung § 2 Nr. 7 Abs. 1 VOB/B
■ nach vertraglichen Einheitspreisen und ■ tatsächlich ausgeführten Leistungen	■ nach Pauschalsumme

Risiko	Risiko
■ Einheitspreisrisiko	■ Mengenermittlungsrisiko ■ Pauschalpreisrisiko

Abb. 4: Einheitspreis- und Pauschalpreisvertrag nach § 2 VOB/B

Worin unterscheiden sich dann Einheitspreis- und Pauschalpreisvertrag nach VOB?
In erster Linie unterscheiden sie sich in der Vergütung.

Beim Einheitspreisvertrag bestimmt sich die Vergütung nach vertraglichen Einheitspreisen und tatsächlich ausgeführten Mengen. Beim Pauschalpreisvertrag bestimmt sie sich nach der vereinbarten Pauschalsumme.

Beim Pauschalpreisvertrag ist es erklärter Wille der Vertragsparteien, die Höhe der Vergütung bereits bei Vertragsabschluß festzulegen, und zwar in einer Pauschalsumme, wie es die VOB nennt, oder, anders ausgedrückt, einem Pauschalpreis.

Voraussetzung ist natürlich, daß der Auftragnehmer den Leistungsumfang vor Vertragsschluß zuverlässig ermitteln kann. Der Pauschalpreisvertrag nach VOB ist mit anderen Worten ein Einheitspreisvertrag mit vorweggenommener Abrechnung.

Die Vergütung ist dann bei unveränderter Leistung grundsätzlich mengenunabhängig.

Bei Änderungen, bei Abweichungen vom Vertrag, greift die 1973 in die VOB/B eingeführte und in der Fassung 2006 etwas deutlicher herausgehobene aber auf ersten Blick doch unscheinbare Regelung in § 2 Abs. 7 Nr. 2 VOB/B:

"Die Regelungen der Absätze 4, 5 und 6 gelten auch bei Vereinbarung einer Pauschalsumme."

Das heißt, wie beim Einheitspreisvertrag gelten auch beim Pauschalpreisvertrag die Vorschriften des § 2 Abs. 4, 5 und 6 VOB/B, die die Ansprüche des Auftragnehmers bei verminderten, geänderten und zusätzlichen Leistungen regeln.

Ob Vergütung "nach Einheitspreisen" oder "durch Pauschalsumme", beide Vertragsformen sind Leistungsverträge. Bei beiden, beim Einheitspreisvertrag ebenso wie beim Pauschalpreisvertrag, besteht folglich ein Zusammenhang zwischen Leistung und Vergütung.

§ 2 Nummern 4, 5 und 6 und § 8 Abs. 1 VOB/B

§ 2 Vergütung

(4) Werden im Vertrag ausbedungene Leistungen des Auftragnehmers vom Auftraggeber selbst übernommen (z.B. Lieferung von Bau-, Bauhilfs-, und Betriebsstoffen), so gilt, wenn nichts anderes vereinbart wird, § 8 Abs.1 Nr. 2 entsprechend.

(5) Werden durch Änderung des Bauentwurfs oder andere Anordnungen des Auftraggebers die Grundlagen des Preises für eine im Vertrag vorgesehene Leistung geändert, so ist ein neuer Preis unter Berücksichtigung der Mehr- oder Minderkosten zu vereinbaren. Die Vereinbarung soll vor der Ausführung getroffen werden.

(6) 1. Wird eine im Vertrag nicht vorgesehene Leistung gefordert, so hat der Auftragnehmer Anspruch auf besondere Vergütung. Er muß jedoch den Anspruch dem Auftraggeber ankündigen, bevor er mit der Ausführung der Leistung beginnt.
2. Die Vergütung bestimmt sich nach den Grundlagen der Preisermittlung für die vertragliche Leistung und den besonderen Kosten der geforderten Leistung. Sie ist möglichst vor Beginn der Ausführung zu vereinbaren.

§ 8 Kündigung durch den Auftraggeber

(1) 1. Der Auftraggeber kann bis zur Vollendung der Leistung jederzeit den Vertrag kündigen.
2. Dem Auftragnehmer steht die vereinbarte Vergütung zu. Er muß sich jedoch anrechnen lassen, was er infolge der Aufhebung des Vertrages an Kosten erspart oder durch anderweitige Verwendung seiner Arbeitskraft und seines Betriebs erwirbt oder zu erwerben böswillig unterläßt (§ 649 BGB).

Abb. 5: Regelungen der VOB/B zum Pauschalpreisvertrag

Oder anders, bei beiden Vertrags- oder richtiger Vergütungs-Formen führen Leistungsänderungen zu Vergütungsänderungen, führen Abweichungen vom Vertrag zu Ansprüchen des Auftragnehmers. Und zwar unabhängig davon, ob die Abweichung erheblich oder unerheblich ist.

Beim Pauschalpreisvertrag stellt sich je nach Vertragstyp allerdings die Frage nach dem Wann und Wie der Ansprüche aus Abweichungen vom Vertrag.

4 Abweichungen vom Vertrag

Abweichungen vom Vertrag können sich durch Eingreifen des Auftraggebers, aber auch ohne sein Eingreifen ergeben.

Greift der Auftraggeber nicht ein, können sich Abweichungen sowohl mit als auch ohne Einfluß von außen ergeben.

Mit Einfluß von außen können sich die Randbedingungen für die Abwicklung des Vertrages ändern.

Ohne Einfluß von außen können Mengenänderungen entstehen, sowohl Mengenmehrungen als auch Mengenminderungen.

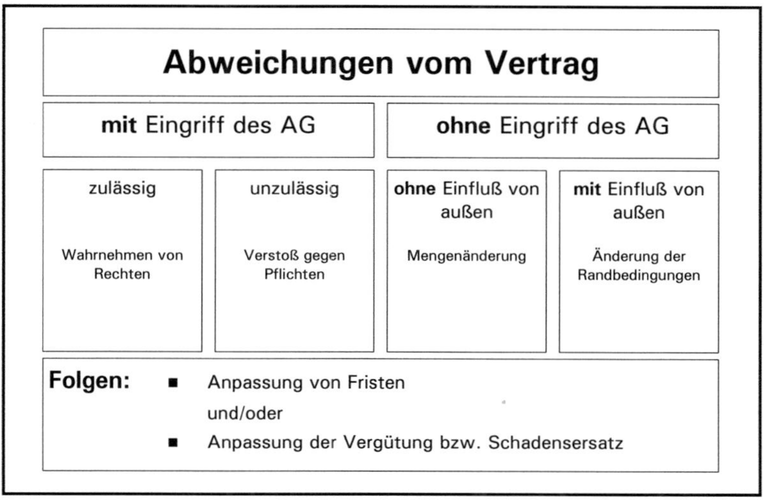

Abb. 6: Abweichungen vom Vertrag

Greift der Auftraggeber ein, kann es sich um einen zulässigen oder unzulässigen Eingriff handeln.

Zulässig ist der Eingriff immer dann, wenn der Auftraggeber von seinen Rechten Gebrauch macht, unzulässig, wenn er gegen seine Pflichten verstößt.

Folgen der Abweichungen vom Vertrag sind, abhängig von dem Anlaß ihres Entstehens

- Ansprüche auf Anpassung von Fristen
  und / oder
- Anpassung der Vergütung beziehungsweise Anspruch auf Schadensersatz.

Stellt sich die Frage: Welche Rechte und Pflichten hat der Auftraggeber?

5 Rechte und Pflichten des Auftraggebers

Beim Claim-Management interessieren vordringlich die Rechte und Pflichten des Auftraggebers, weil, wie gesagt, das Wahrnehmen von Rechten und der Verstoß gegen Pflichten Ansprüche des Auftragnehmers auslösen.

5.1 Rechte des Auftraggebers

Rechte des Auftraggebers sind nach VOB/B

- Änderungen des Bauentwurfs (§ 1 Abs. 3 VOB/B),
- Anordnung zusätzlicher Leistungen, die zur Ausführung der vertraglichen Leistung erforderlich sind (§ 1 Abs. 4 VOB/B),
- Anordnung anderer Leistungen mit Zustimmung des Auftragnehmers (§ 1 Abs. 4 VOB/B),

Rechte und Pflichten des Auftraggebers beim VOB-Vertrag		
Rechte	**Pflichten**	
	Hauptpflichten	**Nebenpflichten**
▪ **Änderungen des Bauentwurfs § 1 Abs. 3 VOB/B** ▪ **Anordnung zusätzlicher Leistungen, die zur Ausführung der vertraglichen Leistung erforderlich sind § 1 Abs. 4 VOB/B** ▪ **Anordnung anderer Leistungen nur mit Zustimmung des Auftragnehmers § 1 Abs. 4 VOB/B** ▪ Übernahme von Leistungen § 2 Abs. 4 VOB/B ▪ Treffen von Anordnungen, die zur vertragsgemäßen Leistung notwendig sind § 4 Abs. 1 VOB/B ▪ Zulassung von Nachunternehmern § 4 Abs. 8 VOB/B ▪ **Kündigung § 8 Abs. 1 VOB/B** ▪ Entziehung des Auftrages § 8 Abs. 3 VOB/B	▪ Abnahme § 12 VOB/B ▪ Zahlung § 16 VOB/B	▪ **Allgemeine Mitwirkungspflicht** ▪ **rechtzeitige Übergabe der nötigen Ausführungsunterlagen § 3 Abs. 1 VOB/B** ▪ **Abstecken der Hauptachsen und der Grenzen des Geländes, das dem Auftragnehmer zur Verfügung gestellt wird § 3 Abs. 2 VOB/B** ▪ **Aufrechterhaltung der allgemeinen Ordnung und Regelung des Zusammenwirkens der verschiedenen Unternehmer § 4 Abs. 1 VOB/B** ▪ **Herbeiführen öffentlich-rechtlicher Genehmigungen § 4 Abs. 1 VOB/B** ▪ Überlassung von Lager- und Arbeitsplätzen, von Zufahrtswegen und Anschlußgleisen sowie von vorhandenen Wasser- und Energieanschlüssen § 4 Abs. 4 VOB/B ▪ Abruf der Leistung § 5 Abs. 2 VOB/B
Folgen: Auslösung von Ansprüchen	**Folgen:** Haftung bei Verzug	**Folgen:** Haftung bei mangelhafter oder verspäteter Mitwirkung

Abb. 7: Rechte und Pflichten des Auftraggebers beim VOB-Vertrag

- Übernahme von Leistungen (§ 2 Abs. 4 VOB/B),
- Treffen von Anordnungen, die zur vertragsgemäßen Leistung notwendig sind (§ 4 Abs. 1 VOB/B),
- Zulassung von Nachunternehmern (§ 4 Abs. 8 VOB/B),
- Kündigung (§ 8 Abs. 1 VOB/B)
  und
- Entziehung des Auftrages (§ 8 Abs. 3 VOB/B)

5.2 Pflichten des Auftraggebers

Auch die Pflichten sind in der VOB/B festgelegt, wobei die Juristen diese nach Haupt- und Nebenpflichten unterscheiden.

Die Hauptpflichten des Auftraggebers sind Zahlung und Abnahme. Auf ihre Erfüllung hat der Auftragnehmer einen einklagbaren Anspruch.

Auf Ansprüche aus Verletzung der Hauptpflichten wird nachfolgend in einem kurzen Exkurs eingegangen.

Exkurs Hauptpflichten

Kommt der Auftraggeber seinen Hauptpflichten nicht nach, löst dies beim Auftragnehmer Ansprüche aus, deren Durchsetzung an eine entscheidende Voraussetzung gebunden ist, den Verzug.

Verzug des Auftraggebers und Verzugsfolgen bei Zahlungen regelt die VOB/B, wie in der nachfolgenden Abbildung dargestellt, für Abschlagszahlungen und Schlußzahlungen unterschiedlich.

Als Folge des Zahlungsverzugs hat der Auftragnehmer Anspruch auf

- Zinsen,
- Einstellen der Arbeiten bis zur Zahlung,
- Schadensersatz aus dem Einstellen der Arbeiten,
- Kündigung nach Fristsetzung mit Kündigungsandrohung (§ 9 Abs. 1 u. 2 VOB/B) und
- Klage auf Zahlung.

Zahlungsverzug beim VOB-Vertrag

Abschlagszahlung	Schlußzahlung
Voraussetzungen für Fälligkeit der Zahlung ▪ Leistung des AN erbracht ▪ Prüfbare Abschlagsrechnung	**Voraussetzungen für Fälligkeit der Zahlung** ▪ Leistung des AN erbracht ▪ Leistung abgenommen ▪ Prüfbare Schlußrechnung
Fälligkeit der Zahlung "binnen 18 Werktagen nach Zugang der Aufstellung" (§ 16 Abs. 1 Nr. 3 VOB/B)	**Fälligkeit der Zahlung** "alsbald nach Prüfung und Feststellung ..., spätestens innerhalb von 2 Monaten nach Zugang der Schlußrechnung" (§ 16 Abs. 3 Nr. 1 VOB/B)
Voraussetzungen für Zahlungsverzug ▪ Überschreiten der Zahlungsfrist ▪ Mahnung mit Nachfrist ▪ (Verschuldetes) Überschreiten der Nachfrist	**Voraussetzungen für Zahlungsverzug** ▪ Überschreiten der Zahlungsfrist ▪ Mahnung mit Nachfrist ▪ (Verschuldetes) Überschreiten der Nachfrist
Zahlungsverzug	**Zahlungsverzug**
Anspruch ▪ Zinsen ▪ Einstellen der Arbeiten bis zur Zahlung ▪ Schadensersatz aus dem Einstellen der Arbeiten ▪ Kündigung nach Fristsetzung mit Kündigungsandrohung (§ 9 Abs. 1 u. 2 VOB/B) ▪ Möglichkeit zur Klage auf Zahlung	**Anspruch** ▪ Zinsen ▪ Möglichkeit zur Klage auf Zahlung

Abb. 8: Zahlungsverzug beim VOB-Vertrag

Die Zinsen sind ein Verzugsschaden, dessen Höhe in der VOB/B seit 2002 mit 8 % über dem Basiszinssatz der Deutschen Bundesbank[4] festgelegt ist, und mehr betragen kann, wenn ein höherer Verzugsschaden nachgewiesen wird.[5]

Wenn ernsthaft erwogen wird, die Arbeiten bis zur Zahlung einzustellen, ist Ankündigung zu empfehlen, jedoch nicht zwingend.

Besonderes gilt für den Anspruch auf Kündigung. Dann ist die Ankündigung mit Fristsetzung geboten. Der tiefere Sinn der VOB/B, der Vertragspartner muß wissen, welche Konsequenzen sein Tun oder Lassen hat.

Für die Abnahme enthält die VOB/B nur Regelungen zur Fälligkeit, nicht aber zum Verzug. Der Abnahmeverzug regelt sich deshalb nach den Vorschriften des BGB.

Ist förmliche Abnahme vereinbart und die Leistung fertiggestellt und ohne wesentliche Mängel, wird die Abnahme nach den Regelungen der VOB/B 12 Werktage nach dem Verlangen zur Abnahme fällig, wenn im Vertrag keine andere Frist vereinbart ist.

Mit Verstreichen der Fälligkeit geht die Gefahr für den zufälligen Untergang und eine zufällige Verschlechterung des Bauwerks auf den Auftraggeber über. Der Auftragnehmer hat dann nur noch grobe Fahrlässigkeit und Vorsatz zu vertreten und kann Ersatz für die Mehraufwendungen zum Schutz der vertraglichen Leistung verlangen.

---

4) Der Basiszinssatz wird halbjährlich angepaßt und kann über Internet "www.basiszinssatz.info" abgerufen werden; er beträgt seit dem 1.1.2017 -0,88 %.

5) § 16 VOB/B

Nach verschuldetem Überschreiten der für die Abnahme vereinbarten Frist und Zugang der Mahnung gerät der Auftraggeber in Abnahmeverzug. Einer Nachfrist, wie sie für den Zahlungsverzug nach VOB/B Voraussetzung ist, bedarf es beim Abnahmeverzug, der im BGB geregelt ist, nicht; darin unterscheiden sich VOB/B und BGB.

Abnahmeverzug beim VOB-Vertrag

Förmliche Abnahme	**Fiktive Abnahme**
Regelungen der VOB/B	
Voraussetzungen für Fälligkeit der Abnahme ■ Leistung fertiggestellt ■ Leistung ohne wesentliche Mängel ■ Abnahme verlangt **Fälligkeit der Abnahme** "Verlangt der Auftragnehmer .... die Abnahme der Leistung, so hat sie der Auftraggeber binnen 12 Werktagen durchzuführen; eine andere Frist kann vereinbart werden" § 12 Abs. 1 VOB/B	Leistung gilt als abgenommen ■ "mit Ablauf von 12 Werktagen nach schriftlicher Mitteilung über Fertigstellung der Leistung" wenn keine Abnahme verlangt wird § 12 Abs. 5 Nr. 1 VOB/B oder ■ "nach Ablauf von 6 Werktagen nach Beginn der Benutzung, wenn nichts anderes vereinbart ist." § 12 Abs. 5 Nr. 2 VOB/B
Regelungen des BGB	
Folgen der Fristüberschreitung ■ Gefahr für den zufälligen Untergang und eine zufällige Verschlechterung des Bauwerks geht auf den Auftraggeber über (§ 644 BGB) ■ Auftragnehmer hat nach Fristüberschreitung nur grobe Fahrlässigkeit und Vorsatz zu vertreten (§ 300 BGB) ■ Ersatz der Mehraufwendungen für den Schutz der vertraglichen Leistung bis zur Abnahme entsprechend § 4 Abs. 5 VOB/B (§ 304 BGB) **Voraussetzungen für Abnahmeverzug** ■ Verschuldetes Überschreiten der Frist ■ Mahnung **Abnahmeverzug** **Anspruch** ■ Ersatz des Verzugsschadens ■ Eintritt der Abnahmewirkungen, wenn der Auftraggeber "grundlos die Abnahme endgültig verweigert" ■ Möglichkeit zur Klage auf Abnahme	**Abnahmeaufforderung mit Fristsetzung** Leistung gilt als agenommen, wenn, ■ Leistung vertragsgemäß erbracht, ■ nur unwesentliche Mängel vorhanden und ■ angemessene Frist zur Abnahme überschritten (§ 640 BGB)

Abb. 9: Abnahmeverzug

Neu unter den BGB-Regelungen seit 1.5.2000 sind die Regelungen zur Fiktiven Abnahme.

Nach § 640 Abs. 1 Satz 2 BGB gilt eine Leistung nach Aufforderung zur Abnahme mit Fristsetzung dann als abgenommen, wenn sie vertragsgemäß erbracht ist, nur unwesentliche Mängel vorhanden sind und eine angemessene Frist zur Abnahme überschritten ist.

Abnahme beim VOB-Vertrag

I. Abnahme-Begriffe

1. Öffentlich-rechtliche Abnahme
   Bauzustandsbesichtigung (LBO) / "Gebrauchsabnahme"
2. Privatrechtliche Abnahme (§ 12 VOB/B)
   (1) Fiktive Abnahme
   (2) Förmliche Abnahme
   (3) Stillschweigende Abnahme
   - durch schlüssiges Handeln
   - durch Unterlassen

   (4) Teilabnahme (§ 12 Abs. 2 VOB/B)
   "Auf Verlangen sind in sich abgeschlossene Teile der Leistung besonders abzunehmen."
3. Zustandfeststellung (§ 4 Abs. 10 VOB/B)
   "Der Zustand von Teilen der Leistung ... festzustellen, wenn diese Teile der Leistung durch die weitere Ausführung der Prüfung und Feststellung entzogen werden."
   "Unechte" Teilabnahme / "Technische Abnahme"

II. Abnahme-Wirkungen

1. Übergang der Gefahr
2. Umkehr der Beweislast
3. Beginn der Verjährung
4. Fälligkeit des Werklohns
5. Wegfall der Vorleistungspflicht des AN
6. Verlust nicht vorbehaltener Ansprüche
7. Beschränkung des Erfüllungsanspruches

III. Abnahme-Verweigerung (§ 12 Abs. 3 VOB/B)

1. Fehlen zugesicherter Eigenschaften
2. Verstoß gegen anerkannte Regeln der Technik
3. Erhebliche Einschränkung der Gebrauchstauglichkeit

Abb. 10: Abnahme beim VOB-Vertrag

Eine weitere Form der fiktiven Abnahme ist die Abnahme per Gutachterbescheinigung, geregelt in § 641a BGB.

Danach steht es der Abnahme gleich, wenn ein Gutachter nach Besichtigung bescheinigt, "daß die Leistung vertragsgemäß erbracht und frei von Mängeln ist, die der Besteller gegenüber dem Gutachter behauptet hat oder die für den Gutachter bei einer Besichtigung feststellbar sind (Fertigstellungsbescheinigung)."

Diese Form der Abnahme kommt in Betracht, wenn der Auftraggeber auf die Abnahmeaufforderung des Auftragnehmers nicht reagiert oder die Abnahme nach Ansicht des Auftragnehmers zu unrecht verweigert.

Als Folge des Abnahmeverzugs hat der Auftragnehmer Anspruch auf

- Ersatz des Verzugsschadens,
- Eintritt der Abnahmewirkungen, wenn der Auftraggeber grundlos die Abnahme endgültig verweigert
  und
- Klage auf Abnahme

In Abbildung 10 sind die Abnahme-Begriffe, die Abnahme-Wirkungen und die Gründe für eine Abnahme-Verweigerung nach VOB/B zusammengestellt.

Zahlungsverzug und Abnahmeverzug lösen wie beschrieben Ansprüche aus, die dem Auftragnehmer von der VOB gerade und abschließend beim Zahlungsverzug als Druckmittel in die Hand gegeben sind, einen säumigen Auftraggeber zum Handeln zu bewegen.

Ende Exkurs Hauptpflichten

Soweit die Hauptpflichten des Auftraggebers.

Nebenpflichten des Auftraggebers sind

- die allgemeine Mitwirkungspflicht,
  geregelt nicht in der VOB/B, sondern in § 642 BGB, "Mitwirkung des Bestellers",
- die rechtzeitige Übergabe der nötigen Ausführungsunterlagen (§ 3 Abs. 1 VOB/B),
- das Abstecken der Hauptachsen und der Grenzen des Geländes, das dem Auftragnehmer zur Verfügung gestellt wird (§ 3 Abs. 2 VOB/B),
- die Aufrechterhaltung der allgemeinen Ordnung und Regelung des Zusammenwirkens der verschiedenen Unternehmer (§ 4 Abs. 1 VOB/B), üblich als Koordinierungs- oder Koordinationspflicht bezeichnet,
- das Herbeiführen öffentlich-rechtlicher Genehmigungen (§ 4 Abs. 1 VOB/B),
- das Überlassen von Lager- und Arbeitsplätzen, von Zufahrtswegen und Anschlußgleisen sowie von vorhandenen Wasser- und Energieanschlüssen (§ 4 Abs. 4 VOB/B) und
- der Abruf der Leistung (§ 5 Abs. 2 VOB/B).

6 Anspruchskomplexe

Das Wahrnehmen von Rechten, der Verstoß gegen Pflichten und andere, nicht durch Eingriff des Auftraggebers ausgelöste Abweichungen vom Vertrag führen beim VOB-Vertrag zu Ansprüchen, aus denen sich

- Vergütungs-Ansprüche
- Fristen-Ansprüche
  und
- Schadensersatz-Ansprüche

als Anspruchskomplexe ergeben.

Vergütungs-Ansprüche		**Fristen-Ansprüche**	**Schadensersatz-Ansprüche**
Ausgelöst durch Wahrnehmen von AG-Rechten	Ausgelöst **ohne** Eingriff des AG und **ohne** Einfluß von außen	Ausgelöst **ohne** Eingriff des AG, **aber mit** Einfluß von außen	Ausgelöst durch Verstoß gegen AG-Pflichten
▪ geänderte Leistungen § 2 Abs. 5 VOB/B ▪ zusätzliche Leistungen § 2 Abs. 6 VOB/B ▪ Kündigung von Teilleistungen § 8 Abs. 1 VOB/B	▪ Mengenmehrungen und Mengenminderungen § 2 Abs. 3 VOB/B	▪ Umstände aus dem Risikobereich des AG ▪ Streik, Aussperrung, höhere Gewalt ▪ Umstände, die für den Auftragnehmer unabwendbar sind ▪ außergewöhnliche Witterungsverhältnisse § 6 Abs. 2 VOB/B	▪ unzureichende Mitwirkung ▪ verspätetes Fällen vertraglich vorbehaltener Entscheidungen ▪ verspätete oder mangelhafte Planbeistellung ▪ verspätetes Abstecken der Hauptachsen ▪ unzureichende Koordination ▪ verspätetes Beibringen von Genehmigungen
Zusätzlich Fristen-Ansprüche bei Vorliegen der entsprechenden Anspruchsvoraussetzungen		**Zusätzlich** Vergütungs-Ansprüche oder Schadensersatz-Ansprüche bei Vorliegen der entsprechenden Anspruchsvoraussetzungen	**Zusätzlich** Fristen-Ansprüche bei Vorliegen der entsprechenden Anspruchsvoraussetzungen

Abb. 11: Anspruchskomplexe

Ohne Eingriff des Auftraggebers und ohne Einfluß von außen können sich Mengenänderungen, Mengenmehrungen oder Mengenminderungen, im Vergleich zu den vertraglich vereinbarten Mengen ergeben, die, bis auf Ausnahmen, nur beim

Unklar ist bei Mengenminderungen infolge vorgefundener Verhältnisse, ob Gemeinkosten- und Wagnis- und Gewinn-Anteile zusätzlicher oder geänderter Leistungen als Ausgleich "in anderer Weise" herangezogen werden müssen.[6]

Ist jedoch ein Eingreifen des Auftraggebers Auslöser der Mengenänderung, handelt es sich nicht mehr um Mengenänderungen im soeben angesprochenen Sinne, sondern bei Mengenmehrungen um zusätzliche Leistungen und bei Mengenminderungen um Teilkündigungen, für die sich nach VOB/B beim Einheitspreisvertrag wie beim Pauschalpreisvertrag dieselben Vergütungsfolgen ergeben.

Ansprüche bei Mengenmehrungen und Mengenminderungen	
Voraussetzung: unveränderte Planung	
Mengenmehrungen	**Mengenminderungen**
Reduzierung (oder Erhöhung) des Preises bei Überschreitung des Vordersatzes um mehr als 10 % Preisänderung für **die über 110 % hinausgehende Menge**	**Erhöhung** des Preises bei Unterschreitung des Vordersatzes unter 90 % Preis für die **verbleibende Menge** wird nur erhöht, wenn kein Ausgleich durch Mengenerhöhungen in anderen Positionen oder in anderer Weise gegeben ist.
Grundsatz Preisreduzierung um die anteiligen Gemeinkosten der Baustelle **Erforderlich** Anzeige bei Verlängerung der Bauzeit	**Grundsatz** Ausgleich für Gemeinkosten und für Wagnis und Gewinn der entfallenen Mengen **Unklar** Heranziehung der GK- und W + G-Anteile zusätzlicher oder geänderter Leistungen zum Ausgleich

Abb. 12: Mengenmehrungen und Mengenminderungen

6) Siehe hierzu OLG Schleswig, Urteil vom 11. Mai 1995 - 7 U 214/91 -, BauR 1/1996, S. 127 ff.

(2) Vergütungs-Ansprüche bei geänderten und zusätzlichen Leistungen

Bei eindeutig geänderter oder zusätzlicher Leistung besteht Anspruch auf "besondere Vergütung", heißt Anpassung der Vergütung, und gegebenenfalls auch auf Fristverlängerung.

Erste Anspruchsvoraussetzung ist in beiden Fällen eine wirksame Anordnung des Auftraggebers, also Auftrag oder ausdrückliches Verlangen des Auftraggebers.

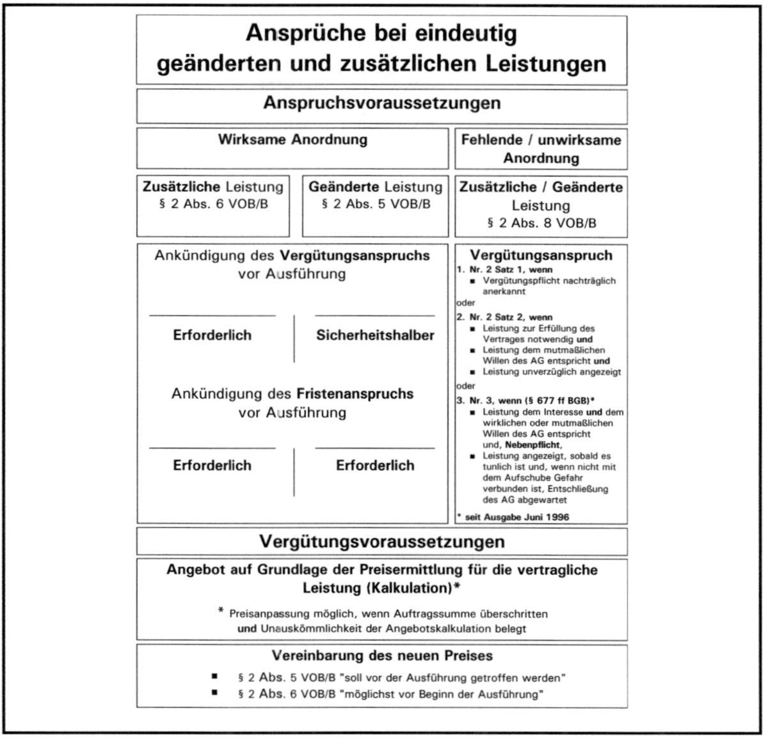

Abb. 13: Geänderte und zusätzliche Leistungen

Ohne Auftrag ausgeführte Leistungen werden, so § 2 Abs. 8 Nr. 1 VOB/B, nicht vergütet.

Bei der Anordnung ist deshalb Vorsicht geboten. Wer nicht ausdrücklich bevollmächtigt ist, kann nicht wirksam anordnen. Ausnahmen sind Anordnungen des Bauordnungsamtes, der Straßenverkehrsbehörde oder des Prüfingenieurs, bei denen unterstellt wird, daß sie mit ihren Anordnungen Nebenpflichten des Auftraggebers erfüllen.

Architekten dagegen sind nach ständiger Rechtsprechung grundsätzlich zu Anordnungen mit Vergütungsfolgen nicht bevollmächtigt; selbst dann nicht, so das OLG Düsseldorf in einem Urteil von 1997[7], wenn der Architekt zum Abschluß des Hauptvertrages bevollmächtigt war.

In solchen Fällen Anscheins- oder Duldungsvollmacht anzunehmen, ist eine juristische Notlösung, auf die sich der Auftragnehmer nicht verlassen sollte.

Allerdings hat der BGH in einem Urteil vom 26. April 2001 entschieden:

"Beauftragt ein Architekt in der irrigen Annahme seiner Bevollmächtigung einen Unternehmer mit Bauarbeiten, so ist der Bauherr verpflichtet, den Architekten auf die Unwirksamkeit des Bauvertrages hinzuweisen, sobald er dies erkennt oder sich der Kenntnis bewußt verschließt. [8]

7) OLG Düsseldorf, Urteil vom 28. Juni 1996 - 22 U 256/95 -, BauR 1997, S. 337
8) BGH-Urteil vom 26. April 2001, BauR 2001, S. 1412 -1414

Zweite Anspruchsvoraussetzung ist die Anzeige des Vergütungs-Anspruchs vor Ausführung. Bei zusätzlichen Leistungen ist diese nach dem Wortlaut der VOB/B zwingend. Der BGH hat jedoch in einem Urteil vom 23. Mai 1996 dazu ausgeführt:[9]

"Ein Verlust des Vergütungsanspruchs für eine zusätzliche Leistung tritt nicht ein, soweit die Ankündigung im konkreten Fall für den Schutz des Auftraggebers entbehrlich und daher ohne Funktion war oder wenn ihre Versäumung ausnahmsweise entschuldigt ist."

Im Anschluß an dieses Urteil hat der BGH in einem Urteil vom 8. November 2001 entschieden:[10]

"Der Auftraggeber muß darlegen, daß ihm bei rechtzeitiger Ankündigung nach § 2 Abs. 6 Nr. 1 Satz 2 VOB/B preiswertere Alternativen zur Verfügung gestanden hätten. Erst dann kann der Auftragnehmer darlegen und beweisen, daß eine rechtzeitige Ankündigung die Lage des Auftraggebers im Ergebnis nicht verbessert hätte."

Bei geänderten Leistungen dagegen ist die Ankündigung nicht erforderlich.

Stellt sich die Frage: Wie und worin unterscheiden sich geänderte und zusätzliche Leistungen?

Beispiel:
Anstelle einer angebotenen und beauftragten Wand aus Mauer-

9) BGH-Urteil vom 23. Mai 1996 - VII ZR 245/94 -, siehe Anhang
10) BGH-Urteil vom 8. November 2001 - VII ZR 111/00 -, siehe Anhang

Allenfalls die Höhe der Vergütung kann dann bis zur Vereinbarung des neuen Preises noch strittig sein.

(3) Ansprüche bei unklarer Ausschreibung

In vielen Fällen ist auf Anhieb nicht zu sagen, ob eine Leistung tatsächlich vom Vertrag abweicht oder ob sie noch zur vertraglichen Leistung gehört.

Im Schlüsselfertigbau ist es geradezu der Regelfall, daß der Auftraggeber der Auffassung ist, die geforderte Leistung weiche nicht vom Vertrag ab, der Auftragnehmer dagegen die Auffassung vertritt, sie weiche sehr wohl ab.

In diesen Fällen ist eine Vertragsauslegung unter Heranziehung aller Vertragsunterlagen erforderlich.

Erweist sich die Auffassung des Auftraggebers als richtig, liegt also keine Abweichung von der vertraglich vereinbarten Leistung vor, gibt es auch keine Mehrvergütung.

Allenfalls bei "Irreführender Ausschreibung" hat der Auftragnehmer Anspruch auf Ersatz des ihm durch diese Irreführung entstandenen Schadens, allerdings, so die Rechtsliteratur, nur bei schuldhaftem Handeln des Auftraggebers.

Erweist sich die Auffassung des Auftragnehmers als grundsätzlich richtig, liegt also eine Abweichung vom Vertrag vor, ist zu prüfen, ob der Auftragnehmer seiner Prüfpflicht nachgekommen ist und ob die Abweichung für ihn (Empfängerhorizont[12]) beim Angebot erkennbar war oder nicht.

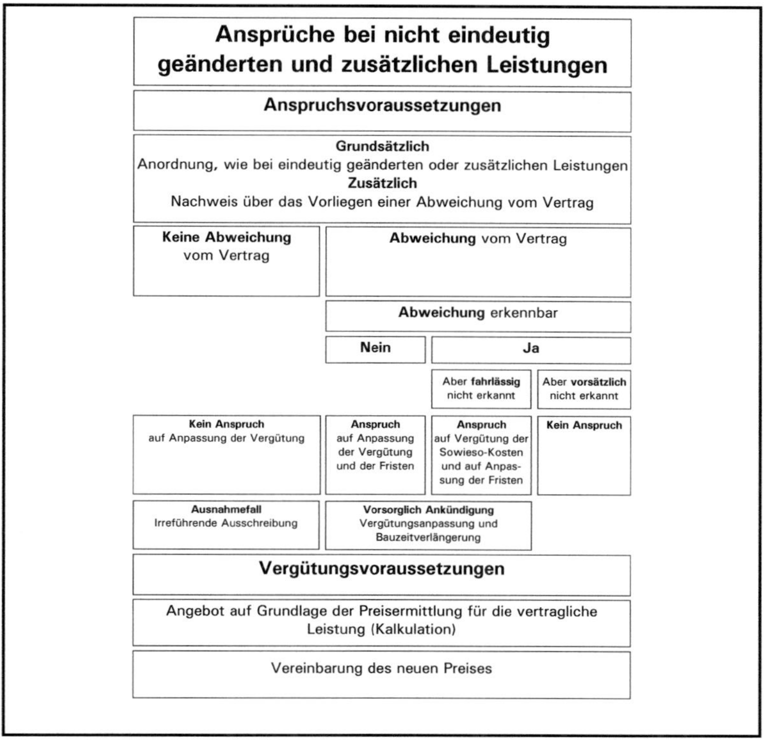

Abb. 15: Ansprüche bei unklarer Ausschreibung

Wenn nicht, hat der Auftragnehmer Anspruch auf Vergütung.

Wenn der Auftragnehmer die Abweichung bei durchschnittlicher Sorgfalt der Prüfung hätte erkennen können, sie aber fahrlässig nicht erkannt hat, bleibt ihm zumindest ein Anspruch auf Erstattung der Sowieso-Kosten, also der Kosten, die dem Auftraggeber bei richtiger Ausschreibung ohnehin entstanden wären.

12) BGH, Urteil vom 22. April 1993 - VII ZR 118/92 -, BauR 5/1993, S. 595 ff.

Abrechnung ihm Vorteile aus dem geschlossenen Vertrag nimmt. Andererseits darf er keinen Vorteil daraus ziehen, daß ein für ihn ungünstiger Vertrag gekündigt worden ist. ..."

Bei der "freien" (Teil)-Kündigung lassen sich drei Fälle unterscheiden:

Fall 1: Kündigung ohne Ersatzleistung

Fall 2: Kündigung mit Ersatzleistung ohne direkten Bezug zur gekündigten Leistung

Fall 3: Kündigung mit Ersatzleistung mit direktem Bezug zur gekündigten Leistung

Ansprüche bei "freier" (Teil)-Kündigung

Anspruchsvoraussetzung
Wirksame Anordnung

Anspruch
Vereinbarte Vergütung abzüglich infolge der Aufhebung des Vertrags ersparter Kosten*, tatsächlichem oder böswillig unterlassenem anderweitigen Erwerb (§ 8 Abs. 1 VOB/B)

* Kosten wie in der Kalkulation zugrunde gelegt

Abzug

Grundsatz: Der Auftragnehmer soll durch die Kündigung weder schlechter noch besser gestellt werden als bei Ausführung der Leistung (BGH, Urteil vom 21.12.1995)

Fall 1	**Fall 2**	**Fall 3**
Kündigung ohne Ersatzleistung	Kündigung mit Ersatzleistung ohne direkten Bezug zur gekündigten Leistung	Kündigung mit Ersatzleistung mit direktem Bezug zur gekündigten Leistung
• Nicht angefallene Kosten (EKT, GKB) der gekündigten Teilleistung	• Nicht angefallene Kosten (EKT, GKB) der gekündigten Teilleistung Ungeklärt ist, ob anteilige GKB, AGK und W+G der Ersatzleistung als anderweitiger Erwerb angerechnet werden müssen.	• Nicht angefallene Kosten (EKT, GKB) der gekündigten Teilleistung • Zusätzlich GKB, AGK und W+G wie in der Ersatzleistung enthalten

Abb. 16: "Freie" (Teil)-Kündigung

Im ersten Fall hat der Auftragnehmer Anspruch auf die vereinbarte Vergütung, abzüglich nicht angefallener Einzelkosten und Gemeinkosten der Baustelle.

Im zweiten Fall, bei dem der Auftragnehmer eine Ersatzleistung ohne direkten Bezug in Auftrag erhält, also eine Leistung, die er auch ohne Wegfall der gekündigten Leistung hätte ausführen können, muß er sich ebenfalls nicht angefallene Einzelkosten und Gemeinkosten der Baustelle abziehen lassen.

Ob er sich anteilige Gemeinkosten der Baustelle, Allgemeine Geschäftskosten und Wagnis und Gewinn der "Ersatz"-Leistung als anderweitigen Erwerb anrechnen lassen muß, ist strittig, denn die Ausführung dieser Leistung wurde nicht "infolge der Aufhebung des Vertrages" möglich, sondern hätte auch bei ungekündigter Leistung ausgeführt werden können.

Im dritten Fall, bei dem die Aufhebung des Vertrages Voraussetzung für die Ersatzleistung ist, muß er sich die Gemeinkosten der Baustelle, die Allgemeinen Geschäftskosten und Wagnis und Gewinn der Ersatzleistung als anderweitigen Erwerb auf die nach Abzug der nicht angefallenen Kosten verbliebene Vergütung anrechnen lassen.

Insgesamt ergeben sich im Zusammenhang mit der "freien" (Teil)-Kündigung aus baubetrieblicher Sicht eine Reihe von Rechtsfragen, die bislang nicht beantwortet sind:[15]

- Wie berechnet sich die "vereinbarte Vergütung"?
- Ergeben sich bei dem, was sich der Auftragnehmer auf die Vergütung anrechnen lassen muß, Unterschiede beim BGB- und VOB-Vertrag?

15) Dornbusch, J.; Plum, H.: Die "freie" Teil-Kündigung - noch Klärungsbedarf aus baubetrieblicher Sicht?, siehe Anhang

- Welche Konsequenzen ergeben sich für die ersparten Aufwendungen / Kosten aus dem Grundsatz des BGH, daß der Auftragnehmer weder schlechter noch besser gestellt werden soll als bei Ausführung des Vertrages?
- Muß sich der Auftragnehmer Teile des Kalkulationsansatzes "Wagnis und Gewinn" für die gekündigten Leistungen als erspart anrechnen lassen?
- Was muß sich der Auftragnehmer als anderweitigen Erwerb seiner Arbeitskraft und seines Betriebes anrechnen lassen?
- Sind nicht abgerufene Leistungen gekündigte Leistungen?

Letzteres, der Nichtabruf von Leistungen, tritt beim Einheitspreisvertrag nicht eben selten auf. Nach unserer Auffassung ist solcher Nichtabruf wie eine "freie" (Teil)-Kündigung zu behandeln[16].

6.2 Fristen-Ansprüche

"Reine" Fristen-Ansprüche werden ohne Eingriff des Auftraggebers, aber durch Einfluß von außen ausgelöst.

Auslöser können nach § 6 Abs. 1 VOB/B sein:

- Umstände aus dem Risikobereich des Auftraggebers, für die ihn kein Verschulden triff
- Streik, Aussperrung, höhere Gewalt
- Umstände, die für den Auftragnehmer unabwendbar sind
- außergewöhnliche Witterungsverhältnisse

16) Dornbusch, J.; Plum, H.: Die "freie" Teil-Kündigung - noch Klärungsbedarf aus baubetrieblicher Sicht?, Ziffer 6

Mit solchen "reinen" Fristen-Ansprüchen gehen in der Regel weder Vergütungs- noch Schadensersatz-Ansprüche einher.

Fristen-Ansprüche

Ausgelöst ohne Eingriff des AG, aber mit Einfluß von außen (§ 6 Abs. 2 VOB/B)

- (Unverschuldete) Umstände aus dem Risikobereich des Auftraggebers
- Streik, Aussperrung, höhere Gewalt
- Umstände, die für den Auftragnehmer unabwendbar sind
- außergewöhnliche Witterungsverhältnisse

Anspruchsvoraussetzungen (zu beweisen)

1. **Behinderung** = Abweichung vom Vertrag (Störung) + dadurch ausgelöste Verzögerung des Bauablaufs
2. **Anzeige** (Ausnahme: Offenkundigkeit)

Resultierende Bauzeitverlängerung ist konkret nachzuweisen.

Zusätzlich Vergütungs-Ansprüche

- gem. § 2 Abs. 6 VOB/B bei historischen Funden (§ 4 Abs. 9 VOB/B)
- gem. § 6 Abs. 5 VOB/B bei Beschädigung oder Zerstörung der Leistung vor der Abnahme durch **objektiv** unabwendbare Umstände (§ 7 Abs. 1 VOB/B)

Abb. 17: Fristen-Ansprüche

Nur wenn, entsprechend § 7 VOB/B, die Leistung "vor der Abnahme durch höhere Gewalt, Krieg, Aufruhr oder andere objektiv unabwendbare, vom Auftragnehmer nicht zu vertretende Umstände" beschädigt oder zerstört wird, oder, entsprechend § 4 Abs. 9 VOB/B, "... auf einem Grundstück Gegenstände von Altertums-, Kunst- oder wissenschaftlichem Wert entdeckt ..." werden, hat der Auftragnehmer neben dem Fristen-Anspruch auch Anspruch auf besondere Vergütung.

Beim Vergütungs-Anspruch gem. § 7 VOB/B, anders als beim Fristen-Anspruch gem. § 6 Abs. 2 VOB/B, liegt die Betonung auf "objektiv" unabwendbar. Der Auftragnehmer erhält demnach nur dann eine Vergütung, wenn das Ereignis, das zur Beschädigung oder zum Untergang der Leistung geführt hat, objektiv, unabhängig von der konkreten Situation des betroffenen Auftragnehmers, unvorhersehbar und unvermeidbar war. Ist dies nicht der Fall, erhält der Auftragnehmer keine Vergütung.

Anspruchsvoraussetzungen für Fristen-Ansprüche sind zum einen das Vorliegen einer Behinderung, also einer nicht vorgesehenen Abweichung vom Vertrag (Störung), durch die eine Verzögerung des Bauablaufs ausgelöst wurde, zum anderen die Anzeige dieser Behinderung gegenüber dem Auftraggeber.

Nur wenn die Behinderung dem Auftraggeber offenkundig bekannt war, was im übrigen der Auftragnehmer beweisen muß, ist die Anzeige entbehrlich.

Zur Durchsetzung des Anspruches auf Verlängerung der Ausführungsfristen ist zudem der konkrete Nachweis der eingetretenen Verzögerung erforderlich.

Auf beides, die Anforderungen an die Offenkundigkeit und den konkreten Nachweis der Behinderungsauslöser und -folgen, wird bei den Schadensersatz-Ansprüchen noch näher eingegangen.

6.3 Schadensersatz-Ansprüche

Schadensersatz-Ansprüche werden ausgelöst durch Verletzung von Auftraggeber-Pflichten, also unzulässigen Eingriff des Auftraggebers und hierdurch hervorgerufene Abweichung vom vertraglich Vereinbarten.
Anspruchsvoraussetzungen sind zunächst, wie bei Fristen-Ansprüchen, Behinderung und Anzeige.

Schadensersatz-Ansprüche

Ausgelöst durch Verstoß gegen AG-Pflichten (§ 6 Abs. 6 VOB/B)

Anspruchsvoraussetzungen

1. **Behinderung** = Abweichung vom Vertrag (Störung) + dadurch ausgelöste Verzögerung des Bauablaufs
2. **Anzeige** (Ausnahme: Offenkundigkeit)
3. **Vertretenmüssen durch den Auftraggeber** = Verstoß gegen AG-Pflichten

Anspruchsvoraussetzungen sind zu beweisen

Resultierender Schaden* ist konkret nachzuweisen

Zusätzlich Fristen-Ansprüche

- gem. § 6 Abs. 2 VOB/B, weil vom Auftraggeber zu vertretende Umstände in seinem Risikobereich liegen.

* Schaden definieren Juristen als Differenz zwischen tatsächlicher und hypothetischer Vermögenslage

Abb. 18: Schadensersatz-Ansprüche

Zu Inhalt und Funktion der Behinderungsanzeige sind in einem BGH-Urteil vom 21.10.1999 ausführliche und für die Zukunft bindende Ausführungen gemacht.[17]

Hiernach "muß die Anzeige alle Tatsachen enthalten, aus denen sich für den Auftraggeber mit hinreichender Klarheit die Gründe der Behinderung ergeben. Der Auftragnehmer hat Angaben zu machen, ob und wann seine Arbeiten, die nach dem Bauablauf nunmehr ausgeführt werden müßten, nicht oder nicht wie vorgesehen ausgeführt werden können."

Und weiter:

"Diese Anzeige dient zum Schutz des Auftraggebers. Sie dient

17) BGH-Urteil vom 21. Oktober 1999 - VII ZR 185/98 -, BauR 5/00, S. 722 ff, siehe Anlage A.5, S. 242

der Information des Auftraggebers über die Störung. Der Auftraggeber soll ferner gewarnt und ihm die Möglichkeit eröffnet werden, Behinderungen abzustellen. Er soll zugleich vor unberechtigten Behinderungsansprüchen geschützt werden. Die rechtzeitige und korrekte Behinderungsanzeige erlaubt ihm nämlich, Beweise für eine in Wahrheit nicht oder nicht im geltend gemachten Umfang bestehende Behinderung zu sichern."

Anspruchsvoraussetzungen
"Der Schadensersatzanspruch nach § 6 Nr. 6 VOB/B setzt voraus, daß eine Behinderung tatsächlich vorlag und sie dem Auftraggeber unverzüglich schriftlich angezeigt worden ist oder offenkundig bekannt war. Die Vertragsklausel setzt weiter voraus, daß der Stillstand adäquat-kausal durch hindernde Umstände verursacht worden ist, die auf der Verletzung einer vertraglichen Pflicht durch einen Vertragsteil, hier den Auftraggeber beruhen."
Inhalt der Behinderungsanzeige
"Wird die Behinderung angezeigt, muß die Anzeige alle Tatsachen enthalten, aus denen sich für den Auftraggeber mit hinreichender Klarheit die Gründe der Behinderung ergeben. Der Auftragnehmer hat Angaben zu machen, ob und wann seine Arbeiten, die nach dem Bauablauf nunmehr ausgeführt werden müßten, nicht oder nicht wie vorgesehen ausgeführt werden können."
Funktion der Behinderungsanzeige
"Diese Anzeige dient zum Schutz des Auftraggebers. Sie dient der Information des Auftraggebers über die Störung. Der Auftraggeber soll ferner gewarnt und ihm die Möglichkeit eröffnet werden, Behinderungen abzustellen. Er soll zugleich vor unberechtigten Behinderungsansprüchen geschützt werden. Die rechtzeitige und korrekte Behinderungsanzeige erlaubt ihm nämlich, Beweise für eine in Wahrheit nicht oder nicht im geltend gemachten Umfang bestehende Behinderung zu sichern."
Offenkundigkeit
"Bei unterlassener Anzeige besteht Anspruch auf Berücksichtigung der hindernden Umstände nur, wenn dem Auftraggeber offenkundig die Tatsachen und deren hindernde Wirkung bekannt waren. Unter welchen Voraussetzungen eine Behinderungsanzeige wegen Offenkundigkeit unterbleiben kann, ergibt sich aus dem Zweck der regelmäßig erforderlichen Behinderungsanzeige. ... Nur wenn die Informations-, Warn- und Schutzfunktion im Einzelfall keine Anzeige erfordert, ist die Behinderungsanzeige wegen Offenkundigkeit entbehrlich."

Abb. 19: Inhalt und Funktion der Behinderungsanzeige (BGH-Urteil vom 21.10.1999)

Unter welchen Umständen bei fehlender Behinderungsanzeige von Offenkundigkeit ausgegangen werden kann, machen die Ausführungen des angesprochenen BGH-Urteils vom 21.10.1999 ebenfalls deutlich:

"Bei unterlassener Anzeige besteht Anspruch auf Berücksichtigung der hindernden Umstände nur, wenn dem Auftraggeber offenkundig die Tatsachen und deren hindernde Wirkung bekannt waren. Unter welchen Voraussetzungen eine Behinderungsanzeige wegen Offenkundigkeit unterbleiben kann, ergibt sich aus dem Zweck der regelmäßig erforderlichen Behinderungsanzeige. ... Nur wenn die Informations-, Warn- und Schutzfunktion im Einzelfall keine Anzeige erfordert, ist die Behinderungsanzeige wegen Offenkundigkeit entbehrlich."

Neben Behinderung und Anzeige ist bei Schadensersatz-Ansprüchen jedoch das Vertretenmüssen durch den Auftraggeber zwingende Voraussetzung. Zu vertreten hat der Auftraggeber die vorsätzliche oder fahrlässige Verletzung seiner Pflichten, sei es durch ihn selbst oder durch seine Erfüllungsgehilfen. Und natürlich muß tatsächlich ein Schaden entstanden sein, den die Juristen als Differenz zwischen tatsächlicher und hypothetischer Vermögenslage definieren.

Behinderung, Anzeige und Vertretenmüssen sind zu beweisen. Lediglich beim Nachweis des Ursachenzusammenhangs, der in der Praxis so gut wie unmöglich ist, wird in der Rechtsprechung eine Erleichterung des Beweises gewährt. Demnach kann dann ein ursächlicher Zusammenhang als bewiesen angesehen werden, "wenn eine erhebliche Wahrscheinlichkeit bejaht werden darf, die dem Richter zur freien Überzeugung ausreicht."[18]

Die Aussicht auf Durchsetzung von Ansprüchen aus Behinderung hängt entscheidend von der Qualität und Aussagekraft der Dokumente ab, mit denen der Behinderungs- und Schadensnachweis geführt wird.

18) Baumbach/Lauterbach/Hartmann, § 287 ZPO, Rdn. 4

Wie schwierig diese Nachweise in der Praxis offensichtlich zu führen sind und wie diese Nachweise tatsächlich geführt werden, machen Ausführungen[19] von Dr. Rolf Kniffka, Richter am VII. Zivilsenat des BGH, deutlich:

"Auch die fast regelmäßige Abweisung von Unternehmerklagen wegen Verzögerungsschäden beruht darauf, daß die notwendigen Daten nicht geliefert werden.
Diese sind allerdings nur zu beschaffen, wenn bereits während der Verzögerung notwendige Dokumentationen erstellt worden sind. Daran fehlt es meist. Bauleiter und sonstiges für derartige Geschäfte zuständiges Personal sind häufig nicht richtig angewiesen und ausgebildet.
Teilweise wird unter dem ständigen Zeit- und Kostendruck auch auf Datenerfassung verzichtet. Besonders häufig steht aber das Vertrauen des Auftragnehmers im Vordergrund, der Auftraggeber werde berechtigte Forderungen anstandslos erfüllen.
Ob dieses Vertrauen gerechtfertigt ist, zeigt sich jedoch erst bei der Abwicklung der Forderungen und dann ist es, was die notwendige baubegleitende Dokumentation angeht, zu spät."

Was aus baubetrieblicher Sicht an Dokumentation zu leisten ist und welche Instrumente hierzu verfügbar sind, ist in Kapitel 14 ausgeführt.

6.4 Sonderfall: Entschädigungs-Anspruch

Nach einem BGH-Urteil vom 27.6.1985 konnten Behinderungen eines Nachfolgeunternehmers, die durch verspätetes oder

19) Kniffka, R., Anspruch und Wirklichkeit des Bauprozesses, in: NZBau, 1/2000, S. 2 - 6,

mangelhaftes Leisten eines Vorunternehmers ausgelöst waren, dem Auftraggeber nicht zugerechnet werden. Der Auftraggeber hatte demnach die Verzögerungen und die daraus entstehenden Schäden nicht zu vertreten und folglich Schäden des Nachfolgeunternehmers nicht zu ersetzen.

Sonderfall: Entschädigungs-Anspruch

Ausgelöst durch Unterlassen einer erforderlichen Mitwirkungshandlung
§ 642 BGB

Anspruchsvoraussetzungen

1. **Annahmeverzug** = Mitwirkung des AG nicht oder nicht rechtzeitig erbracht
   "Diese besteht bei Bauverträgen darin, daß er das Baugrundstück als für die Leistung des Auftragnehmers aufnahmebereit zur Verfügung stellt. Dies gilt auch, wenn noch andere Unternehmer Vorarbeiten zu erbringen haben." (BGH-Urteil v. 21.10.1999)
2. AN ist zur Ausführung der Leistung **berechtigt**, **bereit** und **imstande**
3. **Leistungsangebot** des AN **und**, zwingend beim VOB-Vertrag,
   Behinderungsanzeige gemäß § 6 Abs. 1 VOB/B

Anspruch: Angemessene Entschädigung

"Die Höhe der Entschädigung bestimmt sich einerseits nach der Dauer des Verzugs und der **Höhe der vereinbarten Vergütung**, andererseits nach demjenigen, was der Unternehmer infolge des Verzugs an Aufwendungen erspart oder durch anderweitige Verwendung seiner Arbeitskraft erwerben kann." § 642 BGB

Alternativ Schadensersatz-Anspruch

- gem. § 6 Abs. 6 VOB/B, weil ein Verstoß gegen Mitwirkungspflicht des AG.

Zusätzlich Fristen-Anspruch

- gem. § 6 Abs. 2 VOB/B, weil ein Umstand aus dem Risikobereich des AG.

Abb. 20: Sonderfall: Entschädigungs-Anspruch

Begründet wurde dies damit, daß der Vorunternehmer nicht zur Erfüllung von Nebenpflichten des Auftraggebers eingesetzt, also nicht Erfüllungsgehilfe des Auftraggebers sei.

Folge: Der behinderte Nachfolgeunternehmer hatte in solchen Fällen keinen Anspruch auf Schadensersatz; es blieb, mangels Vertretenmüssen durch den Auftraggeber, nur ein Fristen-Anspruch.

tungen des Vorunternehmers feststellt, hat der BGH dem Nachfolgeunternehmer in solchen Fällen implizite auch das Kündigungsrecht gemäß § 9 Abs. 1a VOB/B zugesprochen, das dem Nachfolgeunternehmer nach dem Urteil vom 27.6.1985 verwehrt war.

Damit hat das Urteil vom 21.10.1999 für Auftraggeber, also auch für Generalunternehmer in ihrer Funktion als Auftraggeber, eine über die direkten Folgen Entschädigungs- und Schadensersatz-Anspruch hinausreichende Wirkung von nicht abzusehender Tragweite.

6.5 Ansprüche ohne finanziellen Anspruch

Es gibt viele Fälle in der Praxis, in denen zunächst allenfalls ein Fristen-Anspruch gegeben ist. Das sind Fälle von Ansprüchen ohne finanziellen Anspruch. Was ist in solchen Fällen zu tun, zu mehr zu kommen. Nicht, daß Fristen-Ansprüche wertlos wären. Oftmals sind sie sogar sehr wertvoll, beispielsweise wenn Vertragsstrafen drohen. Aber sonst sind es doch eher die finanziellen Ansprüche, die interessieren.

Was also tun, um aus einem Fristen-Anspruch einen Vergütungs-Anspruch zu machen. Oder doch wenigstens einen Schadensersatz-Anspruch. Der Weg führt über die erste der Nebenpflichten, die Allgemeine Mitwirkungspflicht. Also, Aufforderung an den Auftraggeber zu entscheiden, was er wolle, daß getan werde.

Wenn Entscheidung vonnöten, gibt es für ihn keinen Ausweg. Entscheidet er, trifft er eine Anordnung. Folge: Vergütungs-

Anspruch. Entscheidet er nicht, verstößt er gegen seine Mitwirkungspflicht. Folge: Schadensersatz-Anspruch.

Wenn Entscheidung nicht vonnöten, ist Ausweichen möglich. Wenn auch nicht leicht. Gebietet vor allem, einen Verstoß gegen Nebenpflichten zu vermeiden. Seien es Mitwirkungs-, Entscheidungs-, Kooperations- oder Koordinationspflicht.

6.6 Fazit

Die Ausführungen zu den Ansprüchen und Anspruchskomplexen machen deutlich, daß sich Ansprüche und Anspruchsvoraussetzungen beim Einheitspreis- und Pauschalpreisvertrag nur in einem Fall unterscheiden. Denn einzig Mengenänderungen aufgrund vorgefundener Verhältnisse, die ohnehin neben den anderen Ansprüchen von eher untergeordneter Bedeutung sind, lösen beim Pauschalpreisvertrag im Unterschied zum Einheitspreisvertrag in der Regel keine Ansprüche aus.

Dennoch gibt es beim Pauschalpreisvertrag eine Reihe von Besonderheiten, die im wesentlichen daraus resultieren, daß sich diese Vertragsform in der Praxis weiterentwickelt und zunehmend von der ursprünglich in der VOB gewollten Form entfernt hat.

7 Arten von Pauschalpreisverträgen

7.1 Detaillierter Pauschalpreisvertrag

Bei dem eingangs angesprochenen Pauschalpreisvertrag, so wie ihn die VOB definiert, unterscheidet sich die Leistungsbeschreibung nicht von der eines Einheitspreisvertrages.

Die Leistungsbeschreibung ist detailliert, die Leistungen sind in Teilleistungen gegliedert. Diesen Typ des Pauschalpreisvertrages kann man zutreffend als Detaillierten Pauschalpreisvertrag bezeichnen.

Das ist, wie gesagt, nichts anderes als ein Einheitspreisvertrag mit vorweggenommener Abrechnung. Art und Menge der Teilleistungen sind entweder, wie beim Einheitspreisvertrag, vorgegeben oder, im Unterschied zu diesem, ermittelbar.

Die Vergütung ist dann, soweit es nicht um angeordnete Mengenmehrungen geht, mengenunabhängig pauschal. Das Risiko, das der Auftragnehmer bei diesem Pauschalpreisvertrag eingeht, ist das Mengenermittlungsrisiko, nicht das Mengenrisiko, denn er kann ja ermitteln. Und, in Verbindung mit dem Mengenermittlungsrisiko, das Risiko des dafür eingegangenen pauschalen Preises.

Mengenmehrungen aufgrund vorgefundener Verhältnisse oder aufgrund offen übernommener besonderer Risiken lösen beim Pauschalpreisvertrag bis auf zwei Ausnahmen keine Ansprüche des Auftragnehmers aus. Diese Ausnahmen - Wegfall der Geschäftsgrundlage beim privaten und Überbürdung außergewöhnlicher Risiken beim öffentlichen Auftraggeber - sind aber, das läßt sich hier schon sagen, eher von untergeordneter Bedeutung.

In der nachfolgenden Übersicht sind, beginnend mit dem Einheitspreisvertrag und dem Detaillierten Pauschalpreisvertrag, die weiteren Gestaltungsformen des Pauschalpreisvertrages und die mit ihnen verbundenen Risiken zusammengestellt.

Einheitspreisvertrag	**Pauschalpreisvertrag**		
	Detailliert	**Teil-Funktional**	**Rein-Funktional**
Leistungsbeschreibung	**Leistungsbeschreibung**		
■ detailliert ■ gegliedert in Teilleistungen ■ Art und Menge der Teilleistungen vorgegeben	■ detailliert ■ gegliedert in Teilleistungen ■ Art und Menge der Teilleistungen vorgegeben und/oder ermittelbar	■ detailliert ■ gegliedert in Teilleistungen ■ Art und Menge der Teilleistungen vorgegeben und/oder ermittelbar ■ mit Komplettierungsverpflichtung	■ funktional ■ nicht in Teilleistungen gegliedert ■ mit Komplettierungsverpflichtung
Vergütung	**Vergütung**		
■ nach EP ■ mengenabhängig	■ pauschal ■ mengenunabhängig	■ pauschal ■ unabhängig von Mengen und Komplettierungsaufwendungen	■ pauschal ■ unabhängig von Mengen und Komplettierungsaufwendungen
Risiken	**Risiken**		
■ Einheitspreisrisiko	■ Mengenermittlungsrisiko ■ Pauschalpreisrisiko	■ Mengenermittlungsrisiko ■ Kleines Komplettierungsrisiko ■ Pauschalpreisrisiko	■ Mengenermittlungsrisiko ■ Großes Komplettierungsrisiko ■ Pauschalpreisrisiko ■ Schnittstellenrisiko

Abb. 21: Leistungsbeschreibung, Vergütung und Risiken beim Einheits- und Pauschalpreisvertrag

Die Vorteile, die Pauschalpreisverträge Auftraggebern, aber auch Auftragnehmern bieten, haben dazu geführt, daß diese Verträge den engeren Rahmen des § 2 VOB/B schrittweise verlassen haben.

7.2 Teil-Funktionaler Pauschalpreisvertrag

In einem ersten Schritt ist die zwar noch detaillierte Leistungsbeschreibung, die wie beim Detaillierten Pauschalpreisvertrag in Teilleistungen gegliedert ist, mit einer Komplettierungsverpflichtung versehen, aus der dann auch die eigentlichen Risiken dieses Vertragstyps resultieren.

Einer ansonsten detailliert beschriebenen Leistung ist in diesem Fall das Attribut "komplett" hinzugefügt. Es muß demnach etwas, bei aller Detaillierung vielleicht unvollständig Beschriebenes, vervollständigt werden.

Und das, was zur Vervollständigung zu leisten ist, ist mit dem Pauschalpreis abgegolten. Aber vervollständigt werden muß nur, soweit das aus Leistungsbeschreibung und festgelegten Ermittlungskriterien erkennbar ist, also aus Plänen, verbalen Angaben, Baubeschreibung etc.

Oder anders: Vervollständigung nur soweit erkennbar und / oder kalkulierbar.

Die Veränderung von Leistungsbeschreibung oder Ermittlungskriterien löst, nicht anders als beim Einheitspreisvertrag, Vergütungs-Ansprüche aus.

7.3 Rein-Funktionaler Pauschalpreisvertrag

Beim Teil-Funktionalen Pauschalpreisvertrag, der immer noch auf detaillierter Grundlage aufbaut, geht die Komplettierungsverpflichtung meist nur auf Teile oder einzelne Gewerke.

Beim Rein-Funktionalen Pauschalpreisvertrag ist die Leistungsbeschreibung funktional, die Leistung nicht mehr in Teilleistungen gegliedert und mit einer Komplettierungs-Verpflichtung versehen, die sich auf die Komplettierung der Gesamtleistung bezieht.

Die Vergütung ist ebenso pauschal und unabhängig von Mengen und Komplettierungsaufwendungen wie beim Teilfunktionalen Pauschalpreisvertrag. Da sich die Komplettierungsverpflichtung auf die gesamte Leistung bezieht, enthält dieser Vertragstyp Risiken, die es in sich haben, und zwar neben den Mengenermittlungsrisiken und den Komplettierungsrisiken auch noch Schnittstellenrisiken, also Risiken, die aus Leistungslücken entstehen können.

Generell geht damit in der Regel einher, daß der Auftragnehmer Planungsfunktionen des Auftraggebers übernimmt. Die in solchen Verträgen enthaltene Komplettierungs-Verpflichtung reicht dann noch weiter. Denn dann sind auch noch die Lücken der Entwurfsplanung zu füllen.

Zwischen dem Detaillierten und dem Rein-Funktionalen Pauschalpreisvertrag ist alles an Abstufungen denkbar.

Der Umfang der Leistung bestimmt sich nach den Vertragsunterlagen. Alles, was danach erkennbar und ermittelbar ist, gehört zum Umfang der vertraglichen Leistung.

Ist der Umfang der Leistung nach vorgegebenen Mengen festgelegt, dann gilt für diesen Teil nichts anderes als beim Einheitspreisvertrag.

(2) Funktionaler Pauschalpreisvertrag

Beim Funktionalen Pauschalpreisvertrag, beim Teil-Funktionalen ebenso wie beim Rein-Funktionalen, bestimmt sich die Art der Leistung grundsätzlich nicht anders als beim Detaillierten Pauschalpreisvertrag.

Bestimmung der Leistung beim Funktionalen Pauschalpreisvertrag

I. Art der Leistung

- **Grundsatz**
  Was im Detail geregelt ist, ist Vertragsbestandteil. Was nicht geregelt ist, gehört nicht zur geschuldeten Leistung.
- **Detailregelungen**
  LV, Pläne, Baubeschreibung, Vertragsbedingungen (BVB, ZVB, ZTV, VOB/B + C), Gewerbliche Verkehrssitte z.B. DIN 276
- **Funktionalregelungen**
  Technische, öffentlich-rechtliche und funktionale Notwendigkeiten. AN schuldet den Erfolg (Werkvertrag) bei Wahl der Art nach billigem Ermessen (§ 315 BGB)

II. Umfang der Leistung

- Nach festgelegten Kriterien
- Nach Komplettierungserfordernis
- Nach vorgegebenen Mengen (Einheitpreis-Vertragsteil)

Abb. 24: Bestimmung der Leistung beim Funktionalen Pauschalpreisvertrag

Hinzu kommen jedoch Funktionalregelungen, die sowohl technische, öffentlich-rechtliche als auch funktionale Notwendigkeiten umfassen können. Wie bei allen Werkverträgen schuldet der Auftragnehmer den Erfolg der Leistung, wobei er zur Erfüllung der funktionalen Notwendigkeiten die Art der Vervollständigung nach billigem Ermessen wählen darf.

Er darf also nicht frei oder willkürlich wählen, sondern muß seine Wahl unter Berücksichtigung der Interessen beider Vertragsparteien treffen.

Dazu ein Beispiel:

> Die Leistungsbeschreibung für den Innenausbau eines Funkhauses lautet:
>
> "Für die Bekleidung mit Schichtstoffplatten in allen Losen gilt: Dicke 0,9 mm; Oberflächenstruktur bütten/matt; Farbton uni nach Wahl des Auftraggebers."[22]
>
> In der Ausführungsplanung wünscht der Auftraggeber verschiedene Farbtöne in Sonderfarben. Den Anspruch des Auftragnehmers auf Mehrvergütung lehnt der Auftraggeber ab. Der Auftragnehmer hatte gelesen Farbton, nicht Farbtöne. Das entsprach seinem Empfängerhorizont als Bieter.
>
> Und dem entsprach auch, daß er angenommen hatte, daß der Auftraggeber seine Wahl "nach billigem Ermessen" treffen würde.

---

22) BGH, Urteil vom 22. April 1993 - VII ZR 118/92 -, BauR 5/1993, S. 595 ff.

Also eine Standardfarbe wählen würde, nicht eine besonders teure Sonderfarbe.

Mit dem, was der Auftraggeber gewählt hat, hätte er als Bieter nicht rechnen müssen, war die Auffassung des Auftragnehmers.

Der Fall ist vom Landgericht, zum Oberlandesgericht und anschließend zum Bundesgerichtshof gegangen. Dieser hat das Urteil des OLG aufgehoben und zurückverwiesen. Das Oberlandesgericht hat dann nach erneuter Prüfung dem Auftragnehmer einen Anspruch auf Vergütung zugesprochen. Eine Revision dieses Urteils wurde vom BGH nicht zur Entscheidung angenommen. Damit hat der Auftragnehmer schließlich in vollem Umfang Recht bekommen.[23]

Art und Umfang der Leistung müssen demnach für den Bieter erkennbar sein. Versteckt zugewiesene Risiken gehören nicht zur geschuldeten Leistung. Wohl aber offen zugewiesene und übernommene.

"Schallschutzmaßnahmen entsprechend Baugenehmigung" beispielsweise sind offen übernommenes Risiko.

Wenn dabei für die Fenster Schallschutzklasse 4 (gem. VDI-RiLi 2719) herauskommt, hat sich das übernommene Risiko realisiert.

---

23) OLG Köln, Teil-Urteil vom 15. September 1995 - 20 U 259/90 - Fortgang des Rechtsstreits zum BGH-Urteil vom 22. April 1993 - BauR 5/1993, S. 595 ff., BauR 10/1998, S. 1096 - 1100.

Ist der Umfang der Leistung nach vorgegebenen Mengen festgelegt, dann gilt für diesen Teil auch beim funktionalen Pauschalpreisvertrag nichts anderes als beim Einheitspreisvertrag. Werden beispielsweise statt vorgegebener vier Velux-Fenster fünf verlangt, ist das fünfte zusätzliche Leistung mit Anspruch auf Vergütung.

8.2 Mengenänderungen ohne Anordnung

Abweichend vom Einheitspreisvertrag lösen Mengenänderungen aufgrund vorgefundener Verhältnisse, also ohne Eingriff des Auftraggebers, beim Pauschalpreisvertrag grundsätzlich nur dann Ansprüche aus, wenn sie für den Auftragnehmer unzumutbar sind.

<table>
<tr><th colspan="2">Vergütungs-Ansprüche</th><th>Fristen-Ansprüche</th><th>Schadensersatz-Ansprüche</th></tr>
<tr><td>Ausgelöst durch Wahrnehmen von AG-Rechten</td><td>Ausgelöst ohne Eingriff des AG und ohne Einfluß von außen</td><td>Ausgelöst ohne Eingriff des AG, aber mit Einfluß von außen</td><td>Ausgelöst durch Verstoß gegen AG-Pflichten</td></tr>
<tr><td>■ geänderte Leistungen § 2 Abs. 5 VOB/B
■ zusätzliche Leistungen § 2 Abs. 6 VOB/B
■ Kündigung von Teilleistungen § 8 Abs. 1 VOB/B</td><td>■ Unzumutbare Mengenänderungen

* Zumutbarkeitsgrenze
- öffentl. AG: Außergewöhnl. Risiken
- privater AG: Wegfall der Geschäftsgrundlage</td><td>■ Umstände aus dem Risikobereich des AG
■ Streik, Aussperrung, höhere Gewalt
■ Umstände, die für den Auftragnehmer unabwendbar sind
■ außergewöhnliche Witterungsverhältnisse
§ 6 Abs. 2 VOB/B</td><td>■ unzureichende Mitwirkung
■ verspätetes Fällen vertraglich vorbehaltener Entscheidungen
■ verspätete oder mangelhafte Planbeistellung
■ verspätetes Abstecken der Hauptachsen
■ unzureichende Koordination
■ verspätetes Beibringen von Genehmigungen</td></tr>
<tr><td colspan="2">Zusätzlich
Fristen-Ansprüche bei Vorliegen der entsprechenden Anspruchsvoraussetzungen</td><td>Zusätzlich
Vergütungs-Ansprüche oder Schadensersatz-Ansprüche bei Vorliegen der entsprechenden Anspruchsvoraussetzungen</td><td>Zusätzlich
Fristen-Ansprüche bei Vorliegen der entsprechenden Anspruchsvoraussetzungen</td></tr>
</table>

Abb. 25: Vergütungs-, Fristen und Schadensersatz-Ansprüche beim Pauschalpreisvertrag nach VOB

Die Zumutbarkeitsgrenze ist dann erreicht, wenn bei Ausführung eines öffentlichen Auftrages "ungewöhnliche Risiken" auftreten oder bei einem privaten Auftrag die Grundsätze des "Wegfalls der Geschäftsgrundlage" greifen.[24]

Wann in solchen Grenzfällen von ungewöhnlichen Risiken oder vom Wegfall der Geschäftsgrundlage gesprochen werden kann, hängt, wie dies Juristen formulieren, von den Umständen des Einzelfalles ab. Will sagen, es gibt hierzu keine eindeutigen und zweifelsfreien Kriterien.

8.3 Berechnung der Vergütung bei Abweichungen vom Vertrag

Bei Abweichungen vom Vertrag ist für geänderte wie zusätzliche Leistungen der Preis auf Grundlage der Preisermittlung für die vertragliche Leistung zu bilden.

Hiervon ausgenommen sind lediglich solche Leistungen, die zur Ausführung der vertraglichen Leistung nicht erforderlich sind. Für diese Leistungen ist der Auftragnehmer nicht mehr an die Grundlagen der Preisermittlung für die vertragliche Leistung gebunden.

Für geänderte und zusätzliche Leistungen, die zur Ausführung der vertraglichen Leistung erforderlich sind, gelten die Grundsätze zur Preisbildung für den Pauschalpreisvertrag nicht anders als für den Einheitspreisvertrag.

---

24) Kapellmann/Schiffers, Vergütung, Nachträge und Behinderungsfolgen beim VOB-Vertrag, Band 2, 3. Auflage, Düsseldorf: Werner-Verlag, 2000, Rd. S. 569 ff.

Für die Berechnung des neuen Preises sind vier Schritte erforderlich:
Im ersten Schritt wird auf Grundlage einer neutralen Preisbasis die Vergütung für eine vergleichbare vertragliche Leistung ermittelt.

Da die so ermittelte Vergütung in der Regel nicht dem Vertragspreis entspricht, kann sie als "fiktive Vergütung" bezeichnet werden.

Im zweiten Schritt wird diese "fiktive Vergütung" mit dem Vertragspreis verglichen. Aus dem Verhältnis von "fiktiver Vergütung" zu Vertragspreis wird dann ein Anpassungsfaktor errechnet.

Liegt der Vertragspreis unter der ermittelten "fiktiven Vergütung", ist der Anpassungsfaktor kleiner als 1,0, liegt er darüber, ist er größer als 1,0.

Im dritten Schritt wird die "fiktive Vergütung" für die geänderte oder zusätzliche Leistung ebenfalls auf Grundlage der neutralen Preisbasis ermittelt.

Im vierten und letzten Schritt wird dann mit Hilfe des errechneten Anpassungsfaktors diese "fiktive Vergütung" für die geänderte oder zusätzliche Leistung an das Preisniveau für die vertragliche Leistung angepaßt.

Ein zwar umständliches, aber unvermeidbares Procedere, an dem sich die geltend gemachten Ansprüche bei sachkundiger

des Auftraggebers ebenfalls von den Preisermittlungsgrundlagen des Vertragspreises abweichen.

Dies alles sind, wie gesagt, eher bescheidene Möglichkeiten, das mit Vertragsschluß festgelegte und vom Wettbewerb um den Auftrag geprägte Preisniveau zu verlassen. Zudem sind diese Möglichkeiten sämtlich mit aufwendigen Nachweisen für die Anspruchsgrundlagen verbunden.

Es wird deutlich, wie eng und fest die Bindung an das vertraglich vereinbarte Preisniveau ist und wie gründlich Nachweise geführt werden müssen, insbesondere dann, wenn mit sachkundiger Prüfung von Ansprüchen zu rechnen ist.

8.5 Teilkündigung

Eine weitere Besonderheit und Schwierigkeit des Pauschalpreisvertrages ist die Bestimmung der Vergütung bei "freier" (Teil)-Kündigung.

Bei "freier" (Teil)-Kündigung müssen erbrachte und nicht erbrachte Leistung gegeneinander abgegrenzt und bewertet werden. Grundsätzlich geschieht dies beim Pauschalpreisvertrag nicht anders als beim Einheitspreisvertrag.

Allerdings ist diese Abgrenzung wesentlich schwieriger als beim Einheitspreisvertrag, weil beim Pauschalpreisvertrag

- meist eine Aufgliederung des Preises fehlt
- die Leistung nicht aufgemessen wird
  und
- funktionale Leistungselemente aufzufüllen, d.h. im Preis zu berücksichtigen sind.

Vergütung bei "freier" (Teil)-Kündigung

1. **Abgrenzung von erbrachter und nicht erbrachter Leistung**
   Hilfsmittel: Mengenermittlung auf der Basis von Ausführungsplänen und Aufmaß

2. **Bewertung der entfallenen Leistungen**
   Basis: Tatsächliche Vertragspreise oder an das Vertragspreisniveau angepaßte Preise
   Funktionale Leistungselemente werden nach billigem Ermessen ausgefüllt

Gleiche Einheitspreislisten für zusätzliche Leistungen und gekündigte Leistungen über AGB nicht zulässig
(Auftragnehmer würde der Anspruch auf Gemeinkosten und Wagnis und Gewinn bei freier Kündigung verwehrt.)

Individualvertragliche Vereinbarung solcher Listen zulässig

Abb. 28: Vergütung bei "freier" (Teil)-Kündigung

Mengenermittlung auf Basis von Ausführungsplänen, nachträglich erstelltes Aufmaß und Auffüllen funktionaler Leistungselemente nach billigem Ermessen sind deshalb in solchen Fällen unumgänglich.

Die Vergütungsanteile werden dann auf Basis tatsächlicher Vertragspreise oder an das Preisniveau des Vertrages angepaßter Preise ermittelt.

Einheitspreislisten sind hier nur bedingt hilfreich, zum einen weil sie nie sämtliche Leistungen erfassen, zum anderen weil sie, wenn sie für gekündigte wie für zusätzliche Leistungen gelten sollen, individuell vereinbart sein müssen.[26]

26) Kapellmann/Schiffers, Vergütung, Nachträge und Behinderungsfolgen beim Bauvertrag, Band 2, 3. Auflage, Düsseldorf: Werner-Verlag, 2000, Rd. 1351.

Bei "freier" (Teil)-Kündigung hat der Auftragnehmer Anspruch auf die vereinbarte Vergütung für den nicht gekündigten und ausgeführten Teil der Gesamtleistung. Und er hat Anspruch auf die vereinbarte Vergütung für den gekündigten Teil, jedoch abzüglich ersparter Kosten und abzüglich infolge Kündigung möglichem tatsächlichen oder böswillig unterlassenen anderweitigen Erwerb.

Zum Vergleich:

Bei Kündigung aus wichtigem Grund nach § 8 Abs. 2 - 4 VOB/B hat der Auftragnehmer Anspruch auf die vereinbarte Vergütung für den ausgeführten Teil der Gesamtleistung. Für den gekündigten Teil hat er jedoch keinen Anspruch auf Vergütung.

Die "wichtigen" Kündigungsgründe der VOB/B sind in der nachfolgenden Abbildung zusammengestellt. Zur Abwehr von Vergütungs-Ansprüchen für den gekündigten und nicht ausgeführten Teil der Gesamtleistung muß vom Auftraggeber das Vorliegen eines dieser "wichtigen" Gründe nachgewiesen werden.

Gelingt dieser Nachweis nicht, fehlt damit der "wichtige" Grund, wird die Kündigung aus vermeintlich "wichtigem" Grund zu einer "freien" (Teil)-Kündigung, mit den entsprechenden Folgen.

Insbesondere dann, wenn einem Auftragnehmer während der Vertragslaufzeit nachgewiesen werden soll, daß er unzureichend mit Personal und Material ausgestattet ist und er seiner Verpflichtung nicht nachgekommen ist, Abhilfe zu schaffen, sind meßbare Kriterien erforderlich, mit denen diese Umstände belegt werden können.

"Wichtige" Kündigungsgründe beim VOB-Vertrag

- **§ 8 Abs. 2 VOB/B**
  Kündigung, wenn
  - Auftragnehmer Zahlungen einstellt, Vergleichsverfahren beantragt oder in Konkurs gerät.
- **§ 8 Abs. 3 VOB/B**
  Entziehung des Auftrags nach fruchtlosem Ablauf der gesetzten Frist und Kündigungsandrohung, wenn
  - der Auftragnehmer der Pflicht zur Beseitigung eines Mangels nicht nachkommt (§ 4 Abs. 7 VOB/B),
  - der Auftragnehmer ohne Zustimmung des Auftraggebers Leistungen nicht im eigenen Betrieb erbringt, obwohl sein Betrieb darauf eingerichtet ist (§ 4 Abs. 8 VOB/B - 2000),
  - der Auftragnehmer den Beginn der Ausführung verzögert oder mit der Vollendung in Verzug gerät (§ 5 Abs. 4 VOB/B),
  - der Auftragnehmer der Verpflichtung nicht nachkommt, bei unzureichender Personal- und Materialausstattung Abhilfe zu schaffen (§ 5 Abs. 4 VOB/B i.V.m. § 5 Abs. 3 VOB/B).

  Die Entziehung des Auftrags kann auf einen in sich abgeschlossenen Teil der vertraglichen Leistung beschränkt werden.
- **§ 8 Abs. 4 VOB/B**
  Entziehung des Auftrags, wenn
  - der Auftragnehmer aus Anlaß der Vergabe eine Abrede getroffen hatte, die eine unzulässige Wettbewerbsbeschränkung darstellt.

Abb. 29: "Wichtige" Kündigungsgründe beim VOB-Vertrag

Solche Kriterien sind beispielsweise Mindestleistungen pro Tag oder Woche oder eine Mindestausstattung mit Personal oder Gerät. Wenn diese Kriterien bindend sein sollen, müssen sie vertraglich vereinbart werden.

Zum Beleg der durch die Verspätung entstandenen Folgen kommt dem Nachweis eindeutiger Abhängigkeiten insbesondere bei einem Nebeneinander mehrerer Unternehmer entscheidende Bedeutung zu. Hierzu sind beispielsweise verbindlich vereinbarte, detaillierte Bauablauf- und Terminpläne unverzichtbare Hilfsmittel.

Darauf wird bei der Abwehr von Entschädigungs-Ansprüchen noch näher eingegangen (Kapitel 13.3).

Vertrag weder eine Regelung noch eine Auslegung gibt, die der des § 2 VOB/B "Die Regelungen Abs. 4, 5 und 6 gelten auch bei Vereinbarung einer Pauschalsumme." entsprechen würde.

In der vorangehenden Abbildung sind einige wichtige Regelungen der VOB/B die des BGB gegenübergestellt. Diese Gegenüberstellung ist jedoch keinesfalls abschließend.

Sie soll lediglich deutlich machen, daß BGB-Verträge zumindest für die Ausführung von Bauleistungen einige Besonderheiten enthalten können, zu deren Klärung juristischer Rat eingeholt werden sollte, und zwar am besten vor Abschluß des Vertrages und vor Beginn der Abwicklung.

9 Pauschalpreisvertrag beim Schlüsselfertigbau

Der Standard-Vertrag für den Schlüsselfertigbau ist der Rein-Funktionale Pauschalpreisvertrag. Für den Auftragnehmer enthält dieser Vertragstyp immer, auch bei Planung durch den Auftraggeber, die Verpflichtung zu einer Plausibilitätskontrolle, denn das Leistungsversprechen geht auf Vollständigkeit und Funktionsfähigkeit. Das ist sozusagen eine den Verträgen beim Schlüsselfertigbau innewohnende "Besondere Risikoübernahme".

Dennoch ist entscheidend, was unter die Pauschale fällt und was nicht. Und entscheidend ist beim Schlüsselfertigbau-Vertrag auch, ob die zu erbringende Leistung für den Bieter bei durchschnittlich sorgfältiger Prüfung erkennbar war oder nicht.

War sie erkennbar, ist sie Bestandteil der vertraglichen Leistung - jedenfalls soweit beim öffentlichen Auftraggeber nicht von außergewöhnlichem Wagnis (§ 9 Abs. 2 VOB/A) oder beim privaten Auftraggeber nicht vom Wegfall der Geschäftsgrundlage (§ 2 Abs. 7 Nr. 1, Satz 2 VOB/B) gesprochen werden muß.

War sie mit durchschnittlicher Sorgfalt nicht erkennbar, greifen die Regelungen bei unklarer Ausschreibung mit allen unklaren Folgen.

Viel entscheidender beim Schlüsselfertigbau ist die Frage, ob die Ausführungsplanung nur Konkretisierung der Entwurfsplanung ist oder diese ändert. Die Beantwortung dieser Frage macht gründliche und kontinuierliche Planinhaltskontrolle unabdingbar, macht Planinhaltskontrolle damit zu einer der wichtigsten Aufgaben der Projektleitung.

Dabei macht es keinen Unterschied, ob die Ausführungsplanung vom Auftraggeber oder ob sie von einem Planer im Auftrag des Auftragnehmers erstellt wird. In beiden Fällen ist sie daraufhin zu prüfen, ob sie die Entwurfsplanung nur konkretisiert oder sie zu Ungunsten des Auftragnehmers verändert.

Wird die dem Vertrag zugrunde liegende Planung - in der Regel lediglich Entwurfs- oder Genehmigungsplanung - nur fortgeschrieben, liegt keine Änderung vor. Wird sie geändert, löst diese Änderung in der Regel einen Anspruch auf Anpassung der Vergütung aus. Zu dessen Durchsetzung müssen Voraussetzungen erfüllt werden, die meist ein sofortiges Handeln nach Eingang und Prüfung der Planung erforderlich machen.

Zusammengefaßt gilt für den Pauschalpreisvertrag beim Schlüsselfertigbau:

Der Auftraggeber will

- die schlüsselfertige Erstellung, vollständig und funktionsfähig,
- einen Vertragspartner,
- eine pauschale Vergütung, die bei Vertragsabschluß feststeht.

Und er will weiter

- Risiken,
- Koordinationspflichten
  und
- Schnittstellen

verlagern, vermeiden oder reduzieren.

Funktionaler Pauschalpreisvertrag
Regelfall beim Schlüsselfertigbau

Der Auftraggeber will

- die Schlüsselfertige Erstellung, vollständig und funktionsfähig
- einen Vertragspartner
- eine pauschale Vergütung, die bei Vertragsschluß feststeht

und er will

- Risiken
- Koordinationspflichten
- Schnittstellen

verlagern, vermeiden oder reduzieren

Konsequenzen für den Auftragnehmer

- Beherrschung der Schnittstellen durch Vertrag und Auftragsmanagement
- Bestimmung des Leistungsinhalts in Planung und Ausführung

Abb. 31: Bestimmung der Leistung beim Detaillierten Pauschalpreisvertrag

Daraus resultieren für den Auftragnehmer zwei Kernaufgaben,

- Beherrschung der Schnittstellen

  und

- Bestimmung des Leistungsinhalts,

die durch Vertrag geregelt und durch Management beherrschbar gemacht werden müssen.

9.1 Beherrschung der Schnittstellen zum Auftraggeber

Beherrschung der Schnittstellen verlangt nach vertraglichen Regelungen. Die wichtigste externe Schnittstelle ist die zwischen Auftragnehmer und Auftraggeber. Doch gerade diese ist vom Auftragnehmer im Wettbewerb um Aufträge am wenigsten gestaltbar.

Dort, wo sich Gestaltungsspielräume öffnen, sollten sie deshalb gezielt genutzt werden.

Wie der Fall "Farbton: Uni, nach Wahl des Auftraggebers" zeigt, bergen unklare vertragliche Regelungen ein erhebliches Risikopotential. Im Fall "Farbton" ist das schließlich für den Auftragnehmer nach Jahren (10 Jahre und fünf Instanzen) gut ausgegangen. Aber darauf darf sich der Auftragnehmer nicht verlassen.

Er muß im eigenen Interesse alles daran setzen, den vertraglichen Leistungsumfang und Leistungsinhalt so präzise wie möglich zu fassen. Neben der präzisen Fassung des Leistungsumfangs muß er darauf sehen, ungeregelte Schnittstellen so weit wie möglich zu vermeiden.

An den Beispielen Ausführungsplanung und Mitwirkung des Auftraggebers wird dies deutlich.

(1) Ausführungsplanung.

Für die Preisbildung unterstellt der Auftragnehmer unausgesprochen, daß er eine Ausführungsplanung erhält, in der die Leistungen eindeutig in Plänen dargestellt und vermaßt sind, so daß er und / oder seine Nachunternehmer ohne weiteres Zutun die Leistungen auch ausführen können.

Der Regelfall ist jedoch eher, daß die Planung unzureichend und unvollständig ist und nicht nur ein Plan, sondern mehrere in Verbindung mit Leistungsbeschreibung und Deckblättern für die Ausführung der Leistung herangezogen werden müssen.

Für einen im Wettbewerb um Aufträge kalkulierten Pauschalpreis ist derart unzureichende Planung nicht hinnehmbar. Die Anforderungen an die Qualität der Planung sollten deshalb bereits bei Vertragsschluß festgelegt und geregelt werden.

(2) Mitwirkung

Auch die Mitwirkung des Auftraggebers bedarf vertraglicher Festlegungen, beispielsweise dazu, wann er Pläne freigeben und vorbehaltene Entscheidungen, wie Bemusterungsentscheidungen, treffen muß.

Nur mit solchen Regelungen läßt sich die Schnittstelle zum Auftraggeber sicher beherrschen.

Weitere, aber nicht minder wichtige Schnittstellen sind die zwischen Planern und die zwischen Nachunternehmern.

Auch diese Schnittstellen lassen sich nur mit gezielten Vorgaben beherrschen:

- bei Planern:
  beispielsweise mit Vorgaben für Planlieferung, Planinhalt, Planlayout, Planbezeichnung, Änderungskennzeichnung, Layerordnung und -verwaltung in CAD-Programmen und Datenaustausch.

- bei Nachunternehmern
  mit exakter Leistungserfassung und Leistungsabgrenzung, beispielsweise mit einer vom Nachunternehmer erstellten Auflistung der Vorleistungen, die er für die Ausführung seiner Leistung als gegeben voraussetzt, wie sie bei Aufzugsbauern gang und gäbe ist (Abb. 32).

Dies hätte einen doppelten Effekt:

- Auseinandersetzungen um die vorausgesetzten Vorleistungen würde damit vorgebeugt
  und
- Teile dieser Vorleistungen könnten bei den Vertragsverhandlungen mit dem Preis erfaßt und vergeben werden.

Perfekt wäre es, wenn solche Listen für alle Gewerke vorlägen und miteinander abgeglichen wären.

Das wäre Schnittstellen-Management in Perfektion, gerade bei der Abwicklung von Verträgen im Schlüsselfertigbau ein entscheidender Erfolgsfaktor.

Vorleistungen für die Montage von Aufzügen

Maschinenraum

- Estrich hergestellt
- Ölfester Anstrich und Leckölschwelle hergestellt
- Tür vorhanden, versehen mit Beschlägen und Schließzylinder
- Beleuchtung und Stromanschluß installiert
- Aussparung für Be- und Entlüftung hergestellt
- Beleuchtete und unfallsichere Zugangsmöglichkeit vorhanden
- Raumhöhe nach Ausführungszeichnung hergestellt
- Bauschutt und Schalungsreste beseitigt

Schachttüröffnungen

- Bodenanschlüsse an den Schachttüren hergestellt
- Aussparungen für Außentableaus und Etagenanzeigen vorhanden
- Türöffnungen nach Ausführungszeichnung innerhalb der zulässigen Toleranzen hergestellt
- Sturzhöhe nach Ausführungszeichnung hergestellt

Schacht

- Estrich hergestellt
- Ölfester Anstrich vorhanden
- Schachtentlüftung / Schachtentrauchung hergestellt
- Schachtgrubenzugangstür vorhanden, mit Türbeschlägen und Panikschloß versehen
- Beleuchtung vor Zugangstüren installiert
- Halfenschienen für Fahrkorb, Gegengewicht und Türen nach Ausführungszeichnung vorhanden, freigelegt und gesäubert
- Montageträger / Lastösen nach Ausführungszeichnung montiert
- Gerüsthülsen nach Ausführungszeichnung vorhanden, freigelegt und gesäubert
- Gerüstbühnen montiert
- Bauschutt, Wasser und Schalungsreste beseitigt
- Schachtwände entgratet und Nägel entfernt
- Toleranzen für Schacht und Einbauteile eingehalten

Abb. 32: Vorleistungen für die Montage von Aufzügen

9.2 Bestimmung des Leistungsinhalts

Unabhängig davon, ob der Auftragnehmer planen läßt oder der Auftraggeber plant, ohne Kenntnis des Vertrages und laufende Kontrolle der Ausführungsplanung lassen sich Abweichungen vom Vertrag nicht erkennen.

Da mit der Ausführungsplanung der Grundstein für die Ausführung gelegt wird, ist laufende und nachhaltige Prüfung dieser Unterlagen und ein Vergleich mit den Vertragsunterlagen zwingend erforderlich.

Mit anderen Worten:
Ohne Management und konsequentes Claim-Management sind die mit dem Pauschalpreisvertrag im Schlüsselfertigbau übernommenen Risiken und Pflichten nicht beherrschbar zu machen.

10 Vertragsmanagement

10.1 Managementfunktionen

Management ist die Einheit der Funktionen Leitung, Planung, Organisation und Kontrolle, die jedes zielorientierte menschliche Handeln bestimmen.

Bedeutung und Inhalt der Management-Funktionen sind auf strategischer wie operativer Ebene:

Leitung	Ziele setzen, Entscheidungen treffen, Verantwortung tragen
Planung	Vorgaben daraus ableiten
Organisation	Umsetzen und Durchsetzen der Vorgaben Strukturen schaffen, mit Menschen ausfüllen
Kontrolle	Überprüfen und Überwachen der Abläufe auf ihren Erfolg

Die erste der Management-Funktionen, die Leitung, leitet sich ab aus der ursprünglich gegebenen Einheit von Eigentum und Verfügungsgewalt, unternehmerischem Wagnis und Gewinn in der Person des Unternehmers. Sie ist nicht delegierbar.

Delegierbar dagegen sind die Funktionen Planung, Organisation und Kontrolle. Sie werden häufig unter dem Begriff Steuerung zusammengefaßt.

Dargestellt an der Abwicklung von Projekten:
Projektmanagement ist die verantwortliche Projekt-Leitung einschließlich Planung, Organisation und Kontrolle.

Projektsteuerung dagegen umfaßt die Projekt-Planung, -Organisation und -Kontrolle als delegierte Funktion, wobei Zielsetzung, Entscheidung und Verantwortung bei der Leitung verbleiben.

Die Managementfunktionen

Leitung	Ziele setzen, Entscheidungen treffen, Verantwortung tragen - nicht delegierbar
Planung	Vorgaben daraus ableiten
Organisation	Umsetzen und Durchsetzen der Vorgaben Strukturen schaffen, mit Menschen ausfüllen
Kontrolle	Überprüfen und Überwachen der Abläufe auf ihren Erfolg

Abb. 33: Die Managementfunktionen

Unter Organisation ist hier auch das Schaffen von Strukturen und Ausfüllen mit Menschen gefaßt. Der Ton liegt auf Ausfüllen. In Bauunternehmen, die man als produzierende Dienstleister beschreiben kann, entscheiden (fast) ausschließlich die Mitarbeiter und ihre Qualifikation, Motivation und Kompetenz über den Unternehmenserfolg.

Die Kontrolle schließt neben Überprüfen und Überwachen der Abläufe auch die Prüfung der Zielsetzungen auf Umsetzbarkeit und mögliche Zielerreichung mit ein, also die Kontrolle darüber, ob die richtigen Ziele und die Ziele richtig gesetzt sind.

10.2 Auftragsmanagement

Auf operativer Ebene sind für Bauunternehmen die Management-Aufgaben bei Angebot und Auftrag die wichtigsten, so wichtig deshalb, weil hier im wahrsten Sinne auf breiter Front über den Unternehmenserfolg entschieden wird.

Claim-Management ist Teil von Auftragsmanagement.

Auftragsmanagement ist in erster Linie eine unternehmerische Aufgabe. Da der Bauvertrag der Gegenstand ist, sind Rechtsfragen natürlich ein Teil von Auftragsmanagement. Allerdings wäre es fatal, Auftragsmanagement allein Juristen zu überlassen.

Auftragsmanagement andererseits nur als Claim-Management zu verstehen, würde eine unzulässige Einengung auf einen Teilaspekt bedeuten.

Unter dem Dach von Auftragsmanagement (Abb. 34) finden sich

- Baubetriebliches Vertragsmanagement
- Claim-Management
  und
- Rechtliches Vertragsmanagement

vereint.

Rechtliches Vertragsmanagement ist nur bei wirklich großen Projekten angezeigt und vor allem dann, wenn sich die Gegenseite juristisch "bewaffnet" hat; bei den kleineren, alltäglichen Projekten ist es, von der Analyse des Vertrages abgesehen, nur in besonderen Fällen angezeigt.

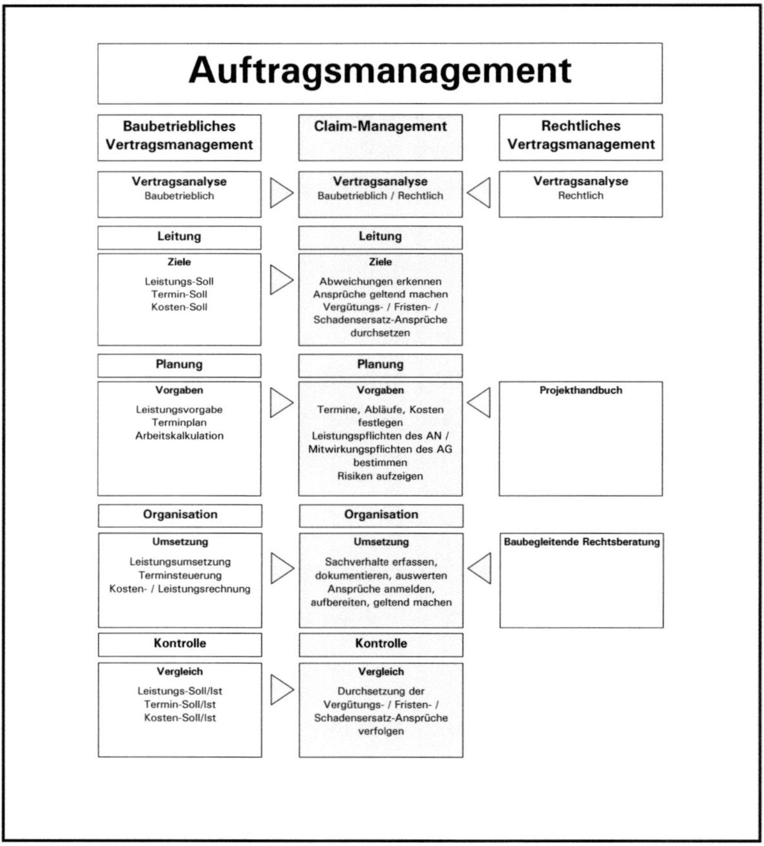

Abb. 34: Auftragsmanagement

Vertragsmanagement beginnt mit einer Analyse des geschlossenen Vertrages, also damit, welche Anforderungen der Auftraggeber stellt und welche Leistung der Auftragnehmer schuldet.

Das heißt im Klartext:
Die geschuldete Leistung muß in der Angebotsphase wirklich

exakt erfaßt und die Überleitung in die Auftragsphase sichergestellt werden.

10.3 Baubetriebliches Vertragsmanagement

Baubetriebliches Vertragsmanagement bedeutet Umsetzung des Vertrages nach Leistungen, Terminen und Kosten.

Im Baubetrieblichen Vertragsmanagement finden sich die vier Management-Funktionen wieder. Selbstverständlich.

Also:
Gezielte, geplante, organisierte und kontrollierte Umsetzung des Vertrages nach Leistungen, Terminen und Kosten.

Das bedeutet zum einen:
Systematische Arbeitsvorbereitung. Planen und Optimieren von Bauabläufen und vorausschauender Einsatz von Ressourcen.

Und bedeutet zum anderen:

- bei Eigenleistungen
  konsequente Anwendung der Arbeitskalkulation,
- bei Fremdleistungen
  Erstellen der Budgetliste und ihre Fortschreibung, Auswertung und Hochrechnung.

Arbeitsvorbereitung und Arbeitskalkulation zusammen sind die Voraussetzung für das Management von Leistungen, Terminen und Kosten.

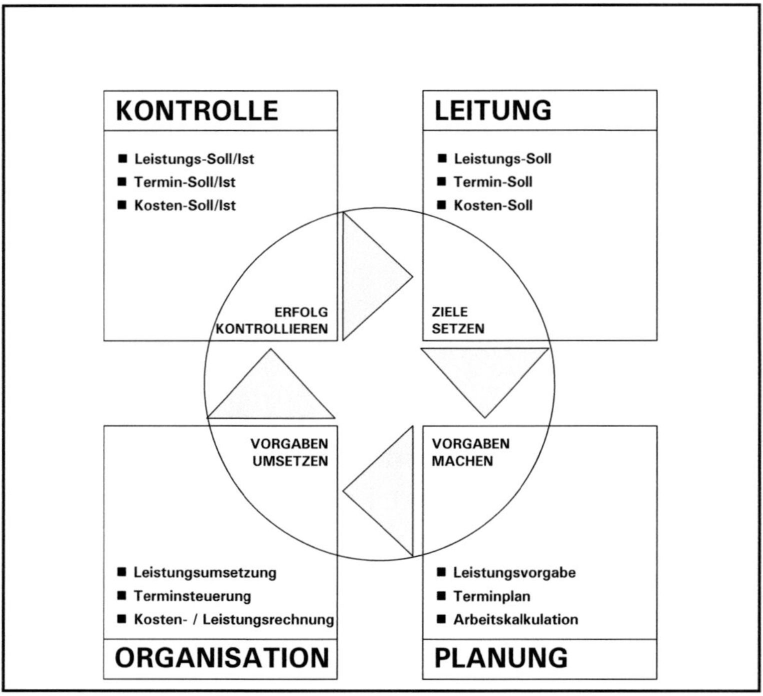

Abb. 35: Operatives Controlling

Baubetriebliches Vertragsmanagement heißt dann in einem kontinuierlichen Prozeß

- Soll-Vorgaben machen
- Voraussetzungen schaffen
- Vorgaben umsetzen
- Soll-Ist vergleichen

für Bauablauf, Bauleistungen und Baukosten.

Operatives Controlling ist der moderne Fachausdruck dafür.

10.4 Claim-Management

Claim-Management ist das gezielte, geplante und organisierte Handeln bei Ansprüchen aus Abweichungen vom Vertrag.

Claim-Management

Leitung

Ziele

Abweichungen erkennen
Ansprüche geltend machen
Vergütungs- / Fristen- / Schadensersatz-Ansprüche durchsetzen

Planung

Vorgaben

Termine, Abläufe, Kosten festlegen
Leistungspflichten des AN / Mitwirkungspflichten des AG bestimmen
Risiken aufzeigen

Abb. 36: Claim-Management, Ziele und Vorgaben

Die Ziele sind:

- Abweichungen erkennen
- Ansprüche geltend machen

- Vergütungs-, Fristen- und Schadensersatz-Ansprüche durchsetzen

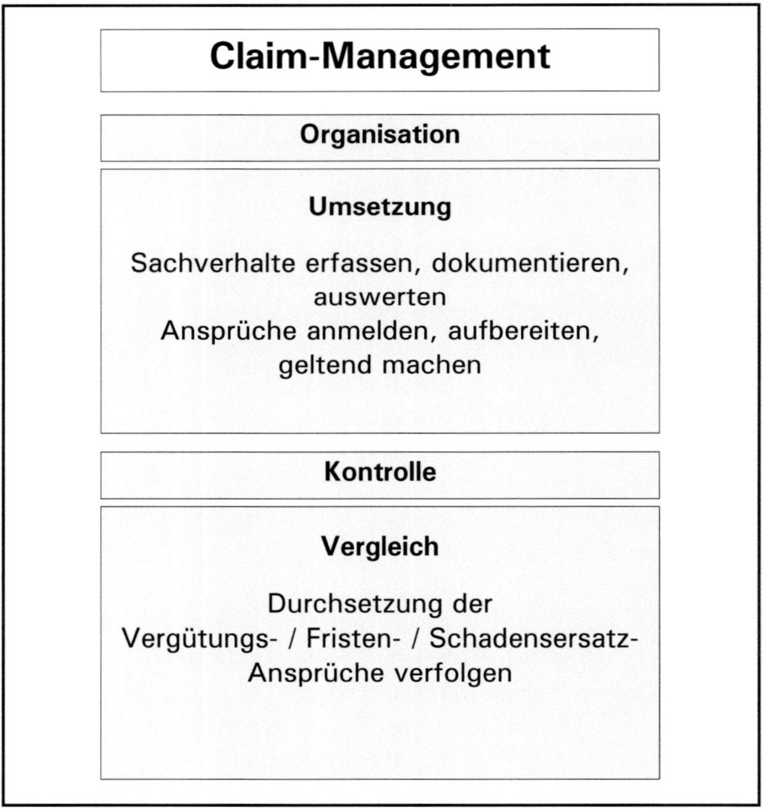

Abb. 37: Claim-Management, Umsetzung und Kontrolle

Daraus resultieren Vorgaben, nämlich

- Termine, Abläufe, Kosten festlegen
- Leistungspflichten des AN / Mitwirkungspflichten des AG bestimmen

- Risiken aufzeigen, und zwar Kapazitäts-Risiken, Termin-Risiken (Fehlende Puffer) und Leistungs-Risiken (Schnittstellen).

Zur Umsetzung sind
- Sachverhalte zu erfassen, zu dokumentieren und auszuwerten,
- Ansprüche anzumelden, aufzubereiten und geltend zu machen.

Und schließlich ist im Rahmen der Kontrolle die Durchsetzung der Vergütungs-, Fristen- und Schadensersatz-Ansprüche zu verfolgen.

Viel Aufwand, denn die Abweichungs-Tatbestände müssen erkannt, erfaßt, dokumentiert und ausgewertet werden.

11 Claim-Management - Verfolgung von Ansprüchen

Claim-Management hat das Ziel, Abweichungen vom vertraglich Vereinbarten zu erkennen, Ansprüche daraus geltend zu machen und durchzusetzen.

Zur Erreichung dieses Zieles müssen Vorgaben gemacht, Sachverhalte erfaßt und ausgewertet und daraus resultierende Ansprüche angemeldet, aufbereitet und geltend gemacht und ihre Durchsetzung verfolgt werden.

Was an Planung geleistet, an Dokumentation erstellt und an Aufbereitung erbracht und verfolgt werden muß, ist abhängig von der Art des geltend gemachten Anspruchs.

11.1 Vergütungs-Ansprüche

Für die Durchsetzung von Vergütungs-Ansprüchen ist nachzuweisen, daß

- eine Abweichung vom Vertrag vorliegt,
- der Auftraggeber wirksam angeordnet hat,
  oder, hilfsweise,
  die Leistung im Interesse und Willen des Auftraggebers ist,
- Vergütungs- und Fristen-Ansprüche angekündigt wurden,
- bei zusätzlichen Leistungen der Anspruch auf Mehrvergütung vor Beginn der Ausführung angezeigt wurde
  und
- dem Auftraggeber ein Angebot auf Grundlage der Preisermittlung für die vertragliche Leistung vorliegt.

Die Nachweise müssen schlüssig, auch für Nichtfachleute verständlich und zweifelsfrei aufbereitet werden.

Claim-Management bei Vergütungs-Ansprüchen

Anforderungen

1. **Nachweise**
   - Abweichung vom Vertrag
   - Wirksame Anordnung des Auftraggebers
     Hilfsweise: Leistung im Interesse und Willen des Auftraggebers
   - Ankündigung der Vergütungs- und Fristen-Ansprüche
     Bei zusätzlichen Leistungen:
     Ankündigung vor Beginn der Ausführung
   - Angebot auf Grundlage der Vertragskalkulation
2. **Aufbereitung**
   - Schlüssig
   - Verständlich (auch für Nichtfachleute)
   - Zweifelsfrei

Abb. 38: Claim-Management bei Vergütungs-Ansprüchen, Anforderungen

Bei Vergütungs-Ansprüchen muß die Dokumentation und Aufbereitung deshalb Antworten zu folgenden Fragen liefern:

- Ist eine Abweichung vom Vertrag gegeben, wenn ja, worin besteht diese Abweichung?
- Liegt eine wirksame Anordnung des Auftraggebers vor?
- Wurde die Leistung im Interesse und Willen des Auftraggebers ausgeführt?
- Wann wurde die Leistung angeordnet, wann wurde der Vergütungs-Anspruch angezeigt, wann wurde mit der Ausführung der Leistung begonnen?

Und bei zusätzlichen Leistungen:
Wurde der Vergütungs-Anspruch vor Beginn der Leistung angezeigt?

- Handelt es sich bei den Abweichungen vom Vertrag um Leistungen, die zur Ausführung der vertraglichen Leistung erforderlich sind?
- Wurde dem Auftraggeber ein Angebot auf Grundlage der Preisermittlung für die vertragliche Leistung vorgelegt?
- Hat die Ausführung der abweichenden Leistungen eine Verlängerung der Ausführungsfristen zur Folge?
- Wurden die finanziellen Auswirkungen dieser Verlängerung der Ausführungsfristen bei der Preisbildung berücksichtigt oder zumindest der Anspruch darauf vorbehalten?
- Werden diese Leistungen innerhalb und im Rahmen der vertraglichen Bauzeit verlangt, oder sind sie außerhalb der vertraglich vereinbarten Bauzeit zu erbringen?
- Haben diese Leistungen eine Überschreitung der Auftragssumme zur Folge?

Dazu müssen Voraussetzungen geschaffen werden:

- Erste und nur selten erfüllte Voraussetzung:
  Die Vertragsunterlagen sind komplett zusammenzustellen. Dazu gehören auch solche Unterlagen, auf die im Vertrag nur verwiesen wird, beispielsweise Pläne, in die während der Angebotsphase Einsicht genommen werden konnte und sollte.
- Die Ausführungsplanung, ob intern oder extern erstellt, ist laufend darauf hin zu prüfen, ob sie nur die Konkretisierung der vertraglichen Leistung oder Abweichungen vom Vertrag enthält.

- Die Ansprüche sind gegenüber dem Auftraggeber zusammen mit einer konkreten und umfassenden Darstellung des Sachverhalts, die Antworten zu den oben genannten Fragen liefert, anzuzeigen und damit zu dokumentieren.

Claim-Management bei Vergütungs-Ansprüchen

Umsetzung

1. **Voraussetzungen schaffen**
   - Vertragsunterlagen komplett zusammenstellen
   - Planung auf Abweichungen prüfen
   - Eigene Planung steuern
   - Ansprüche anzeigen
   - Sachverhalte dokumentieren

2. **Ansprüche bestimmen**
   - Vergütung berechnen
     entweder: Herleitung aus Vertragskalkulation
     oder: Herleitung aus neutraler Preisbasis
   - Fristen ermitteln

3. **Ansprüche durchsetzen**
   - Angebot vorlegen
   - Vereinbarung mit Fristsetzung anbieten
   - Rechnung stellen
   - Zahlung anmahnen
   - Zinsen berechnen

Abb. 39: Claim-Management bei Vergütungs-Ansprüchen, Umsetzung

- Die Anspruchshöhe ist entweder aus Vertragskalkulation oder aus neutraler Preisbasis herzuleiten und zu belegen.
- Zur Durchsetzung der Ansprüche sind diese dem Auftraggeber zusammen mit einer Frist zur Vereinbarung anzubie-

ten, nach Ablauf der Frist und wenn die Leistungen erbracht sind, in Rechnung zu stellen, deren Bezahlung anzumahnen und nach Überschreiten der Nachfrist die Zinsen zu ermitteln und ebenfalls in Rechnung zu stellen.
- Die geltend gemachten Ansprüche, der Schriftverkehr und Verhandlungen hierüber sind in Übersichten festzuhalten, zusammenzustellen und zu verfolgen.

11.2 Schadensersatz-Ansprüche

Für die Durchsetzung von Schadensersatz-Ansprüche ist nachzuweisen, daß

- eine Abweichung vom Vertrag (Störung) vorlag,
- Verzögerungen des Bauablaufs eingetreten sind, die durch diese Störung ausgelöst wurden,
- dem Auftraggeber die hindernden Umstände angezeigt wurden, oder, wenn versäumt, ihm offenkundig waren,
- der Auftraggeber die hindernden Umstände zu vertreten hat,
- die gestörten Arbeiten planmäßig vorgesehen waren,
- Vorlauffristen tatsächlich benötigt wurden,
- Ausweichmöglichkeiten nicht gegeben und Ablaufumstellungen nicht möglich waren,
  und
- die angesetzte Leistungsfähigkeit in ungestörten Zeiträumen tatsächlich erreicht wurde.

Erst recht bei Schadensersatz-Ansprüchen müssen Dokumentation und Aufbereitung schlüssig, für Nichtfachleute verständlich und zweifelsfrei sein.

Claim-Management bei Schadensersatz-Ansprüchen

Anforderungen

1. **Nachweise**
   - Abweichung vom Vertrag (Störung)
   - Verzögerung des Bauablaufs
   - Ursachenzusammenhang (Behinderung)
   - Behinderungsanzeige
   - Vertretenmüssen der Behinderung
   - Schaden / Schadensminderung
     - Gestörte Arbeiten planmäßig vorgesehen
     - Vorlauffrist tatsächlich benötigt (Pläne/Entscheidungen)
     - Ausweichmöglichkeiten nicht gegeben
     - Ablaufumstellungen nicht möglich
     - Angesetzte Leistungsfähigkeit in ungestörten Zeiträumen tatsächlich erreicht
2. **Aufbereitung**
   - Schlüssig
   - Verständlich (auch für Nichtfachleute)
   - Zweifelsfrei

Abb. 40: Claim-Management bei Schadensersatz-Ansprüchen, Anforderungen

Dokumentation und Aufbereitung in der erforderlichen Qualität können auch hier nur unter Voraussetzungen geleistet werden:

- Der Bauablauf ist zu planen, festzulegen und in kontrollierbaren Abschnitten darzustellen.
- Die Kosten des geplanten Ablaufs sind vorzugeben.

Claim-Management bei Schadensersatz-Ansprüchen

Umsetzung

1. **Voraussetzungen schaffen**
   - Geplanten Ablauf festlegen
   - Kosten für Bauabschnitte vorgeben
   - Baugeschehen dokumentieren
   - Plan- und Entscheidungslauf erfassen
   - Abweichung vom Vertrag nachweisen
   - Behinderung anzeigen
   - Bauablauf in Soll und Ist darstellen
   - Behinderungsfolgen aufzeigen
2. **Ansprüche bestimmen**
   - Kosten des behinderten Bauablaufs festhalten
   - Bauzeitverlängerung ermitteln
   - Schaden berechnen
3. **Ansprüche durchsetzen**
   - Schadensersatz geltend machen
   - Rechnung stellen
   - Zahlung anmahnen

Abb. 41: Claim-Management bei Schadensersatz-Ansprüchen, Umsetzung

- Das Baugeschehen ist zielgerichtet in Schriftverkehr, Protokollen und Bautagesberichten zu dokumentieren, Plan- und Entscheidungsläufe sind zu erfassen und zu belegen.
- Die Abweichungen vom Vertrag sind festzuhalten und dem Auftraggeber anzuzeigen:
  Das durch die Abweichungen verursachte Baugeschehen ist konkret und im Vergleich zum geplanten nachvollziehbar darzustellen; die Behinderungsfolgen sind im einzelnen aufzuzeigen.

- Die Kosten des behinderten Bauablaufs sind festzuhalten, die Bauzeitverlängerung ist zu bestimmen und der Schaden zu ermitteln.
- Schließlich ist Schadensersatz geltend zu machen, in Rechnung zu stellen und die Zahlung hierfür gegebenenfalls anzumahnen.

11.3 Entschädigungs-Ansprüche

Claim-Management bei Entschädigungs-Ansprüchen

Anforderungen / Umsetzung

1. **Voraussetzungen schaffen**
   - Geplanten Ablauf mit Kosten vorgeben
   - Mitwirkung des Auftraggebers festlegen
   - Dürfen, Wollen und Können nachweisen
   - Annahmeverzug belegen
   - Leistung anbieten
   - Behinderung anzeigen
   - Folgen aufzeigen
2. **Ansprüche bestimmen**
   - Kosten des behinderten Bauablaufs bestimmen
   - Bauzeitverlängerung ermitteln
   - Entschädigung berechnen
3. **Ansprüche durchsetzen**
   - Ansprüche schlüssig, verständlich, zweifelsfrei aufbereiten
   - Rechnung stellen
   - Zahlung anmahnen

Abb. 42: Claim-Management bei Entschädigungs-Ansprüchen, Anforderungen

Für die Durchsetzung von Entschädigungs-Ansprüchen ist nachzuweisen, daß

- der Auftraggeber nicht oder nicht rechtzeitig mitgewirkt hat,
- die Leistung zur Ausführung vorgesehen war,
- die Ausführung der Leistung auch beabsichtigt war,
- die eigenen Vorleistungen erbracht waren,
- der Auftraggeber in Annahmeverzug ist,
- die Leistung angeboten, Behinderung angezeigt, und
- die Folgen aufgezeigt wurden.

Die Anforderungen an die Aufbereitung entsprechen denen bei Schadensersatz-Ansprüchen.

Die Aufbereitung muß, nicht anders als bei anderen Ansprüchen, schlüssig, verständlich und zweifelsfrei sein.

12 Rechte und Pflichten des Auftragnehmers

Beim Claim-Management interessierten vordringlich die Rechte und Pflichten des Auftraggebers, weil das Wahrnehmen von Rechten und der Verstoß gegen Pflichten Ansprüche des Auftragnehmers auslösen.

Bei der Claim-Abwehr interessieren entsprechend die Rechte und Pflichten des Auftragnehmers.

12.1 Rechte des Auftragnehmers

Zunächst die Rechte und Pflichten im Überblick.

Rechte und Pflichten des Auftragnehmers beim VOB-Vertrag

Rechte	Pflichten	
	Hauptpflichten	**Nebenpflichten**
▪ **Arbeitseinstellung** ▪ bei Zahlungsverzug § 16 Abs. 5 VOB/B ▪ bei erheblicher Vermögensverschlechterung des AG § 321 BGB ▪ Kündigung ▪ **bei Unterbrechungen von mehr als drei Monaten** § 6 Abs. 7 VOB/B ▪ wenn der AG eine ihm obliegende Handlung unterläßt und den AN dadurch außerstande setzt, die Leistungen auszuführen § 9 Abs. 1 Nr. 1 VOB/B ▪ **bei Zahlungsverzug** § 9 Abs. 1 Nr. 2 VOB/B ▪ bei ausstehender Sicherheitsleistung § 648 a BGB ▪ **Abnahme** § 12 Abs. 1 VOB/B ▪ **Zahlung** § 16 VOB/B ▪ **Sicherungshypothek** § 648 BGB ▪ **Sicherheitsleistung des Auftraggebers** § 648 a BGB	▪ Ausführung der Leistung § 4 Abs. 2 VOB/B	▪ Prüfen der Unterlagen des AG § 3 Abs. 3 VOB/B ▪ Vorlegen eigener Unterlagen § 3 Abs. 5 VOB/B ▪ **Geltendmachen von Bedenken** § 4 Abs. 1 VOB/B ▪ Leiten seiner Leistungen § 4 Abs. 2 VOB/B ▪ **Bedenken gegen Leistungen anderer** § 4 Abs. 3 VOB/B ▪ **Schutz seiner Leistungen** § 4 Abs. 5 VOB/B ▪ Entfernen von nicht vertragsgemäßen Stoffen § 4 Abs. 6 VOB/B ▪ **Beseitigung von Mängeln** § 4 Abs. 7 VOB/B ▪ Ausführung der Leistungen im eigenen Betrieb § 4 Abs. 8 VOB/B ▪ Anzeige von Funden § 4 Abs. 9 VOB/B ▪ **Ausführung nach den Fristen** § 5 Abs. 1 VOB/B ▪ **Ausführungsbeginn 12 Werktage nach Aufforderung** § 5 Abs. 2 VOB/B ▪ **Abhilfe bei unzureichendem Personal und Gerät** § 5 Abs. 3 VOB/B ▪ **Anzeige von Behinderungen** § 6 Abs. 1 VOB/B ▪ **Schadensminderung** § 6 Abs. 3 VOB/B
Folgen: Auslösung von Ansprüchen	**Folgen:** Haftung bei Verzug	**Folgen:** Haftung bei mangelhafter oder verspäteter Mitwirkung

Abb. 43: Rechte und Pflichten des Auftragnehmers beim VOB-Vertrag

Die Rechte im einzelnen:

Der Auftragnehmer hat das Recht auf

- Arbeitseinstellung
  - bei Zahlungsverzug § 16 Abs. 5 VOB/B
    oder
  - bei erheblicher Vermögensverschlechterung des AG
    § 321 BGB
- Kündigung
  - bei Unterbrechungen von mehr als drei Monaten
    § 6 Abs. 7 VOB/B
    oder
  - wenn der AG eine ihm obliegende Handlung unterläßt und den AN dadurch außerstande setzt, die Leistungen auszuführen
    § 9 Abs. 1 Nr. 1 VOB/B
    oder
  - bei Zahlungsverzug
    § 9 Abs. 1 Nr. 2 VOB/B
    oder
  - bei ausstehender Sicherheitsleistung
    § 648 a BGB
- Abnahme § 12 Abs. 1 VOB/B
- Zahlung § 16 VOB/B
- Sicherungshypothek § 648 BGB
- Sicherheitsleistung des Auftraggebers
  § 648 a BGB

12.2 Pflichten des Auftragnehmers

Der Auftragnehmer hat eine einzige Hauptpflicht, nämlich die Pflicht zur Ausführung der Leistung mit Erfolgsversprechen (Werkvertrag).

Und er hat eine lange Liste von Nebenpflichten. Diese Nebenpflichten sind beim VOB-Vertrag:

- Prüfen der Unterlagen des AG § 3 Abs. 3 VOB/B
- Vorlegen eigener Unterlagen § 3 Abs. 5 VOB/B
- Geltendmachen von Bedenken § 4 Abs. 1 VOB/B
- Leiten seiner Leistungen § 4 Abs. 2 VOB/B
- Bedenken gegen Leistungen anderer § 4 Abs. 3 VOB/B
- Schutz seiner Leistungen § 4 Abs. 5 VOB/B
- Entfernen von nicht vertragsgemäßen Stoffen § 4 Abs. 6 VOB/B
- Beseitigung von Mängeln § 4 Abs. 7 VOB/B
- Ausführung der Leistungen im eigenen Betrieb § 4 Abs. 8 VOB/B
- Anzeige von Funden § 4 Abs. 9 VOB/B
- Ausführung nach den Fristen § 5 Abs. 1 VOB/B
- Ausführungsbeginn 12 Werktage nach Aufforderung § 5 Abs. 2 VOB/B
- Abhilfe bei unzureichendem Personal und Gerät § 5 Abs. 3 VOB/B
- Anzeige von Behinderungen § 6 Abs.1 VOB/B
- Schadensminderung § 6 Abs. 3 VOB/B

Eine der wichtigsten dieser Nebenpflichten ist die Pflicht zur Mangelbeseitigung. Auf sie wird deshalb im Folgenden näher eingegangen.

12.3 Nebenpflicht Mangelbeseitigung

Für den Auftraggeber die vielleicht wichtigste der Nebenpflichten seiner Auftragnehmer: Beseitigen von Mängeln an ihren Leistungen.

Und in Verbindung damit das Recht auf Einbehalt, Kündigung und Ersatzvornahme.[28]

Mangelbeseitigung beim VOB-Vertrag	
Vor Abnahme	**Nach Abnahme**
Anspruchsvoraussetzungen ■ Leistung nicht frei von Sachmängeln ■ Mangel vom Auftragnehmer zu vertreten ■ Mangelbeseitigung dem Auftraggeber zumutbar und Mangelbeseitigung möglich und Aufwand zur Beseitigung nicht unangemessen im Verhältnis zum Erfolg **Ansprüche des Auftraggebers** ■ Beseitigung des Mangels ■ Einbehalt und Druckzuschlag ■ Schadensersatz ■ Abnahmeverweigerung bei Vorliegen wesentlicher Mängel ■ Minderung, wenn Mangelbeseitigung unmöglich, unangemessen oder unzumutbar **Voraussetzungen für Verzug des Auftragnehmers** ■ Setzen einer angemessenen Frist ■ Fruchtloser Ablauf der Frist **Rechte des Auftraggebers bei Verzug** ■ Kündigung des Vertrages oder eines in sich abgeschlossenen Teils (nach vorheriger Ankündigung) ■ Erst nach Kündigung: Beseitigung des Mangels durch Dritte zu Lasten des Auftragnehmers	**Anspruchsvoraussetzungen** ■ Gewährleistungsfrist noch nicht abgelaufen ■ Leistung mangelhaft ■ Mangel vom Auftragnehmer zu vertreten ■ Mangelbeseitigung dem Auftraggeber zumutbar und Mangelbeseitigung möglich und Aufwand zur Beseitigung nicht unangemessen im Verhältnis zum Erfolg ■ Schriftliches Verlangen des Auftraggebers ■ Überschreiten einer angemessenen Frist **Rechte des Auftraggebers** ■ Beseitigung des Mangels durch Dritte zu Lasten des Auftragnehmers **Ansprüche des Auftraggebers** ■ Vor Schlußzahlung: Einbehalt und Druckzuschlag Nach Schlußzahlung: Kostenvorschuß ■ Nach Mangelbeseitigung durch Dritte: Kostenerstattung ■ Schadensersatz für Mangel-Folgeschäden ■ Minderung, wenn Mangelbeseitigung unmöglich, unangemessen oder unzumutbar

Abb. 44: Mangelbeseitigung beim VOB-Vertrag

Interessant dabei ist der Anspruch auf Druckzuschlag beim Einbehalt. Bislang war dieser Anspruch nur in Rechtsprechung und Rechtsmeinung geregelt, und zwar so, daß dem Auftraggeber für die Mangelbeseitigung ein Zuschlag in Höhe der zwei-

28) Plum, H: Mangelbeseitigung beim VOB-Vertrag, Rechtliche Grundlagen, baubetriebliche Konsequenzen, in: Festschrift für Karl-Heinz Schiffers zum 60. Geburtstag, Düsseldorf: Werner Verlag, 2001, S. 225 - 250

fachen Kosten zur Beseitigung des Mangels zugestanden wurde.

Seit In-Kraft-Treten des Gesetzes zur Sicherung von Werkunternehmeransprüchen und zur verbesserten Durchsetzung von Forderungen (Forderungssicherungsgesetz - FoSiG) vom 23.10.2008, zumindest für den Zeitraum nach Abnahme, wie folgt gesetzlich geregelt:29

"Kann der Besteller die Beseitigung eines Mangels verlangen, so kann er nach der Abnahme die Zahlung eines angemessenen Teils der Vergütung verweigern; angemessen ist in der Regel das Doppelte der für die Beseitigung erforderlichen Kosten."

Ob diese Regelung bei VOB-Verträgen auch vor Abnahme angewendet werden darf und wo die Grenze für den Druckzuschlag liegt, ist bislang nicht geklärt.

Wenn der Auftragnehmer trotz Einbehalt der Vergütung den Mangel nicht beseitigt, bleibt in der Regel nur die Ersatzvornahme. Doch die ist beim VOB-Vertrag vor der Abnahme problematisch.

Denn nach dem Wortlaut der VOB/B und der dazu ergangenen Rechtsprechung, muß dem Auftragnehmer, der nicht abschließend und endgültig die Beseitigung des Mangels verweigert, vor der Beseitigung des Mangels durch Dritte der Auftrag oder ein in sich abgeschlossener Teil davon entzogen worden sein.

---

29) § 641 Abs. 3 BGB

Zu dem Begriff "in sich abgeschlossener Teil der Leistung" hat die Rechtsprechung bislang keine Kriterien oder Definitionen entwickelt.

In der Rechtsliteratur jedoch wird der Begriff, weil er mit der Formulierung in § 12 Abs. 2 VOB/B begriffsidentisch ist, an der "Abnehmbarkeit" der Leistung gemessen.

Danach wären solche Teile der Leistung als in sich abgeschlossen anzusehen, die selbstständig und in ihrer Funktionsfähigkeit von anderen Leistungsteilen unabhängig oder für den Auftraggeber selbständig funktions- und gebrauchsfähig sind.

13 Claim-Management - Abwehr von Ansprüchen

Vergleichbares, wie bei der Verfolgung von Ansprüchen, jedoch mit umgekehrter Blickrichtung und Zielsetzung, ist bei der Abwehr von Ansprüchen zu leisten.

13.1 Vergütungs-Ansprüche

Bei der Abwehr von Vergütungs-Ansprüchen ist danach zu unterscheiden, ob es sich bei den geltend gemachten Ansprüchen für zusätzliche oder geänderte Leistungen um angeordnete oder nicht angeordnete Leistungen handelt.

Bei angeordneten Leistungen ist der Nachweis zu erbringen, daß

- keine Abweichung vom Vertrag vorliegt,
- der Vergütungs-Anspruch bei zusätzlichen Leistungen nicht vor Beginn der Ausführung angezeigt wurde,
- der Fristen-Anspruch nicht angezeigt oder, wenn angezeigt, bei einer gegebenenfalls vorliegenden Vereinbarung über die Vergütung dieser Leistungen nicht vorbehalten wurde
  und
- die Preise der Leistungen nicht auf sondern über Vertragspreisniveau liegen.

Bei Leistungen ohne Anordnung ist zur Abwehr der Nachweis zu erbringen, daß

- die Vergütungspflicht nicht nachträglich anerkannt wurde,
- die Leistung nicht zur Erfüllung des Vertrages erforderlich war und weder Interesse noch Willen des Auftraggebers entspricht,

- die Leistung nicht bei Beginn der Arbeiten angezeigt,
- die Entschließung des Auftraggebers nicht abgewartet wurde

  und
- die Preise der Leistungen nicht auf sondern über Vertragspreisniveau liegen.

Claim-Abwehr bei Vergütungs-Ansprüchen

Anforderungen

1. **Angeordnete Leistungen**
   - Abweichung vom Vertrag liegt nicht vor
   - Vergütungsanspruch nicht vor Beginn der Leistung angezeigt
   - Fristenanspruch nicht angezeigt
   - Fristenanspruch bei Vergütungsvereinbarung nicht vorbehalten
2. **Nicht angeordnete Leistungen**
   - Vergütungspflicht nicht nachträglich anerkannt
   - Leistung nicht zur der vertraglichen Leistung erforderlich
   - Leistung nicht im Interesse und Willen des Auftraggebers
   - Leistung nicht bei Beginn angezeigt
   - Entschließung des Auftraggebers nicht abgewartet

Abb. 45: Claim-Abwehr bei Vergütungs-Ansprüchen, Anforderungen

Auch hier gilt:

Um diese Nachweise führen zu können, sind sämtliche Vertragsunterlagen zu beschaffen, auch vereinbarte Normen, ergänzende Vorschriften und Richtlinien. Die Vertragsunterlagen sind zu prüfen, Urkalkulationen der Auftragnehmer, möglichst bereits bei Vertragsschluß, einzufordern und neutrale Preisgrundlagen zu beschaffen, mit denen das angebotene Preisniveau mit dem Vertragspreisniveau verglichen werden kann.

Claim-Abwehr bei Vergütungs-Ansprüchen

Umsetzung

1. **Vorbereitung**
   - Sämtliche Vertragsunterlagen beschaffen auch vereinbarte Normen, ergänzende Vorschriften, Richtlinien etc.
   - Vertragsunterlagen prüfen und zusammenstellen
   - Urkalkulation, wenn nicht hinterlegt, einfordern
   - Neutrale Preisbasis beschaffen
2. **Prüfung**
   - Leistung im Vertrag erfaßt?
   - Leistung angeordnet?
   - Leistung zur Ausführung der vertraglichen Leistung erforderlich?
   - Vergütungsanspruch vor Beginn der Ausführung angemeldet?
   - Preise über Vertragspreisniveau?
3. **Abwehr**
   - Angemeldete Ansprüche auf Fakten gestützt zurückweisen

Abb. 46: Claim-Abwehr bei Vergütungs-Ansprüchen, Umsetzung

Gestützt auf diese Nachweise sind die Ansprüche zu prüfen und, soweit unberechtigt, sachlich begründet zurückzuweisen.

13.2 Schadensersatz-Ansprüche

Bei unberechtigten Schadensersatzforderungen ist zur Abwehr der Nachweis zu erbringen, daß

- eine Abweichung nicht vorlag,
- eine gegebene Abweichung keine Verzögerung des Bauablaufs ausgelöst hat,
- die Behinderung nicht vom Auftraggeber zu vertreten ist,
- die Behinderung erst nachträglich angezeigt wurde,
- die Angaben in der Behinderungsanzeige nur unzureichend waren,
- die Behinderung, wenn Anzeige versäumt, nicht offenkundig war,
- die Leistungsfähigkeit des Auftragnehmers in ungestörten Zeiträumen unzureichend war und
- Möglichkeiten zur Schadensminderung, wie Reduzierung der Vorlauffristen, Ausweichmöglichkeiten und Ablaufumstellungen, nicht genutzt wurden.

Um diese Nachweise führen zu können,

- ist das Baugeschehen zu dokumentieren,
- sind Bautagesberichte der Auftragnehmer täglich einzufordern und auf Inhalt, Vollständigkeit und Nachvollziehbarkeit zu prüfen,
- sind Angaben über den geplanten Personal- und Geräteeinsatz und Terminpläne einzufordern und zu verfolgen und
- die Planbeistellung zu überwachen und festzuhalten.

Claim-Abwehr bei Schadensersatz-Ansprüchen

Anforderungen

- Abweichung vom Vertrag?
- Verzögerung des Bauablaufs?
- Behinderungsanzeige?
- Behinderung offenkundig?
- Behinderung vom Auftraggeber zu vertreten?
- Leistung des Auftragnehmers in ungestörten Zeiträumen unzureichend?
- Möglichkeiten zur Schadensminderung genutzt?
  - Waren gestörte Arbeiten planmäßig vorgesehen?
  - Wurde Vorlauffrist tatsächlich benötigt?
  - Hat der Auftragnehmer alles getan, die Arbeiten zu ermöglichen?
  - Waren Ausweichmöglichkeiten gegeben?
  - Wurden Ablaufumstellungen vorgenommen?

Abb. 47: Claim-Abwehr bei Schadensersatz-Ansprüchen, Umsetzung

Bei geltend gemachten Ansprüchen ist zu prüfen, ob

- Ausweichmöglichkeiten vorhanden waren,
- mögliche Ablaufumstellungen genutzt wurden,
- die Vorleistungen erbracht waren,
- betroffene Leistungen auch später hätten ausgeführt werden können,
- die Nachweise des Auftragnehmers konkret oder abstrakt sind

und

- sie Widersprüche enthalten.

Unberechtigte Ansprüche sind dann zeitnah, konkret und auf die bei der Prüfung gewonnenen Fakten gestützt zurückzuweisen.

Claim-Abwehr bei Schadensersatz-Ansprüchen

Umsetzung

1. **Vorbereitung**
   - Baugeschehen dokumentieren
   - Bautagesberichte täglich einfordern und prüfen
   - Personal- und Geräteeinsatz vereinbaren
   - Planbeistellung verfolgen und festhalten
   - Terminplan aufstellen, Abwicklung verfolgen
2. **Prüfung**
   - War der Nachunternehmer leistungsbefugt, leistungsbereit und leistungsfähig?
   - Waren Ausweichmöglichkeiten vorhanden?
   - Wurden Ablaufumstellungen genutzt?
   - Waren die Vorleistungen erbracht?
   - Konnte die Leistung später ausgeführt werden?
   - Sind die Nachweise des Nachunternehmers konkret? Oder sind sie abstrakt?
   - Enthalten die Ausführungen Widersprüche?
3. **Abwehr**
   - Angemeldete Ansprüche zeitnah, konkret und auf Fakten gestützt zurückweisen

Abb. 48: Claim-Abwehr Schadensersatz-Ansprüchen, Umsetzung

13.3 Entschädigungs-Ansprüche

Das Urteil des BGH vom 21.10.1999 ist insbesondere für Generalunternehmer im Verhältnis zu ihren Nachunternehmern (NU) von großer, kaum zu überschätzender Tragweite.

Bei Verspätungen des Vorunternehmers haftet der Generalunternehmer gegenüber dem Nachfolgeunternehmer, auch dann, wenn er die Verspätungen des Vorunternehmers nicht zu vertreten hat.

Der Generalunternehmer kann dann zwar seinerseits Schadensersatz bei dem verursachenden Vorunternehmer geltend machen; der ist jedoch nur dann durchsetzbar, wenn der Nachweis gelingt, daß der Schaden eindeutig durch die Verspätung dieses Vorunternehmers entstanden ist. Gerade bei mehreren parallel arbeitenden Vorunternehmern ist das keine leichte Aufgabe; sie verlangt nach entsprechender Planung und Organisation.

Die Abwehr von Entschädigungs-Ansprüchen ist ohne eine gezielte Doppelstrategie nicht zu leisten.

Zum einen sind, zur Sicherung von Ansprüchen gegen die Verursacher, mit allen Nachtunternehmern vertragliche Vereinbarungen über Mindestleistungen und Mindesteinsätze von Personal und Gerät zu treffen.

Zum anderen sind, zur Vermeidung von Annahmeverzug und Entschädigungs-Ansprüchen, ebenfalls mit allen Nachunternehmern zusätzlich zu voraussichtlichem Beginntermin und verbindlichem Fertigstellungstermin vertragliche Regelungen über die Verschiebung von Ausführungsfristen zu treffen, wie in Abbildung 49 näher ausgeführt.

Und es sollten, da Verspätungen einzelner Nachunternehmer später Beschleunigungsmaßnahmen anderer Nachunternehmer erforderlich machen können, mit allen Nachunternehmern vertragliche Regelungen über entsprechende Beschleunigungsmaßnahmen dem Grunde und der Höhe nach getroffen werden.

Vertragliche Regelungen in NU-Verträgen zur Vermeidung von Entschädigungsansprüchen

I. Sicherung von Ansprüchen gegen die Verursacher

Der Auftragnehmer verpflichtet sich, während der Bauzeit als Mindestleistung die nachfolgend aufgelisteten Teilleistungen mit den genannten Arbeitskräften innerhalb der genannten Fristen zu erbringen, wobei mehrere und zwar bis zu .... Teilleistungen gleichzeitig auszuführen sein werden:

.... Arbeitskräfte .... Werktage
.... Arbeitskräfte .... Werktage

II. Vermeidung von Annahmeverzug

- Voraussichtlicher Beginn der Vertragsleistung in der .... (Kalenderwoche).
  Fertigstellung der kompletten Vertragsleistung bis .... (Datum).
- Der genaue Anfangstermin wird dem NU spätestens 12 Werktage vor dem voraussichtlichen Beginn der Vertragsleistung bekannt gegeben.
  Der NU ist darauf eingerichtet, auch .... Wochen nach dem voraussichtlichen Beginn mit den Vertragsleistungen zu beginnen und diese fristgerecht zum ...... fertigzustellen, ohne daß der Vertragspreis davon berührt wird.
- Die einzelnen Leistungen werden vom Auftraggeber im Sinne einer Konkretisierung der terminlichen Vereinbarung abgerufen; hierzu wird der Auftraggeber in Detailterminplänen Zwischenfristen festlegen, die damit für den NU bindend sind.

Abb. 49: Vertragliche Regelungen in NU-Verträgen zur Vermeidung von Entschädigungs-Ansprüchen

Zusätzlich zu den vertraglichen Regelungen sind weitere Maßnahmen erforderlich, so

- ist das Baugeschehen zu dokumentieren,
- sind Bautagesberichte täglich einzufordern und zu prüfen und
- ein Terminplan mit Darstellung der Abhängigkeiten aufzustellen und die Abwicklung zu verfolgen.

Claim-Abwehr bei Entschädigungs-Ansprüchen

Anforderungen / Umsetzung

1. **Vorbereitung**
   - Baugeschehen dokumentieren
   - Bautagesberichte täglich einfordern und prüfen
   - Personal- und Geräteeinsatz vereinbaren
   - Verschiebungen vertraglich regeln
   - Terminplan mit Darstellung der Abhängigkeiten aufstellen, Abwicklung verfolgen
2. **Prüfung**
   - War der Nachunternehmer leistungsbefugt, leistungsbereit und leistungsfähig?
   - Waren die Vorleistungen erbracht?
   - War Annahmeverzug gegeben?
   - War Ausweichen möglich?
   - Wurden Ablaufumstellungen genutzt?
   - Sind die Nachweise des Nachunternehmers konkret oder abstrakt?
   - Enthalten die Ausführungen Widersprüche?
3. **Abwehr**
   - Ansprüche zeitnah, konkret und auf Fakten gestützt zurückweisen

Abb. 50: Claim-Abwehr Entschädigungs-Ansprüchen, Anforderungen / Umsetzung

Bei geltend gemachten Forderungen ist zu prüfen, ob

- der Nachunternehmer zur Leistung befugt, bereit und imstande war,
- die Vorleistungen erbracht waren,
- Ausweichmöglichkeiten gegeben waren,
- Ablaufumstellungen genutzt wurden,
- die Nachweise des Nachunternehmers konkret sind, oder abstrakt,
  und

- die Ausführungen des Nachunternehmers Widersprüche enthalten.

Nach Prüfung sind die Ansprüche des Nachunternehmers, wenn unberechtigt, zeitnah und konkret auf Fakten gestützt zurückzuweisen.

14 Dokumentationsinstrumente

Ohne sachgerechte, zielorientierte und umfassende baubegleitende Dokumentation können Ansprüche weder erfolgreich durchgesetzt noch abgewehrt werden.

Die Dokumentation muß dazu sämtliche Fakten erfassen, die zum Nachweis der Anspruchsvoraussetzungen und der Anspruchshöhe erforderlich sind, und zwar mit Instrumenten, die in ihrer Aussage eindeutig und nicht nachträglich manipulierbar sind und damit eine hohe Überzeugungs- und Beweiskraft haben.

Folgende Instrumente stehen dafür zur Verfügung:

- Vertragsunterlagen
- Vertragsterminplan mit Fortschreibung
- Plan- und Entscheidungslauf
- Bautagebuch
- Schriftverkehr und Protokolle
- Visualisierung des geplanten und des tatsächlichen Bauablaufs
- Fotos
- Arbeitskalkulation, Budgetliste und zeitnahe Bauablaufkontrolle
- Claim-Liste

14.1 Vertragsunterlagen

Entscheidend sowohl für die Durchsetzung als auch für die Abwehr von Ansprüchen sind Vorliegen und Kenntnis des kompletten Vertrages mit allen Anlagen.

Wird dies nicht bei Vertragsschluß sichergestellt, stehen gegebenenfalls entscheidende Informationen nicht zur Verfügung. Abweichungen vom Vertrag können dann weder sicher identifiziert, noch zeitnah geltend gemacht, noch belegt werden.

14.2 Vertragsterminplan und dessen Fortschreibung

Vorausschauendes und frühzeitiges Erkennen von Abweichungen vom Vertrag, die eine Verzögerung des Bauablaufs auslösen können, macht Vorgaben erforderlich:

- zum einen Vorgaben zu Mitwirkungs-, Entscheidungs- und Bereitstellungsterminen -
  termingebundene Baubedingungen
- zum anderen Vorgaben zu den Randbedingungen der geplanten Abwicklung -
  nicht termingebundene Baubedingungen.

Termingebundene Baubedingungen sind beispielsweise:

- Zeitpunkt für die Vorlage der Baugenehmigung
- Termin für das Abstecken der Hauptachsen
- Abschluß eventueller Vorunternehmerleistungen
- Planliefer- und Planfreigabetermine
- Termine für das Treffen vorbehaltener Entscheidungen
- Termine für die Beistellung beizustellender Materialien

Nicht termingebundene Baubedingungen sind beispielsweise:

- Art und Umfang der vertraglichen Leistungen
- Anzutreffender Baugrund
- Vorhandene Hindernisse im Boden
- Platzverhältnisse
- Bauumfeld
- Infrastruktur

- Witterungsverhältnisse

Diese Baubedingungen, termingebundene wie nicht termingebundene, sind bereits bei Vertragsschluß festzulegen und festzuhalten.

Erstere lassen sich eindeutig im Vertragsterminplan fixieren, letztere finden nur indirekt Eingang in den Vertragsterminplan, beispielsweise in der Länge der Vorgangsdauern. Sie bedürfen deshalb einer gesonderten Dokumentation, beispielsweise in Form einer Liste als Anlage zum Vertragsterminplan, in der die unterstellten nicht termingebundenen Baubedingungen festgehalten sind.

Bei der Abwicklung sind diese Baubedingungen mit Hilfe von Soll-Ist-Vergleichen zu überwachen.

14.3 Plan- und Entscheidungslauf

Zur Feststellung von Abweichungen vom Geplanten müssen insbesondere für den Planeingang Soll-Ist-Vergleiche durchgeführt werden.

Wesentliches Instrument ist die zeitnahe und vollständige Erfassung aller Pläne und Planeingänge in einem Planverzeichnis, das auch die von Index zu Index vorgenommen Änderungen und die Änderungen per Deckblatt erfassen muß.

Das Planverzeichnis muß folgende Informationen enthalten:

- Plannummer
- Index und Erstelldatum

- Planinhalt oder Bezeichnung der dargestellten Bauteile
- Soll-Liefertermin
- Eingangsdatum und Vermerk über den Status des Plans ("Vorabzug" oder "zur Ausführung freigegeben")
- Bauteil, für den der Plan maßgebend ist
- Datum der Weiterleitung an die Arbeitsvorbereitung und des Rücklaufs aus der Arbeitsvorbereitung
- Bezeichnung des zugehörigen Arbeitsvorbereitungsplans
- Umfassende und eindeutige Beschreibung der Änderungen gegenüber dem vorangegangen Index
- Kennzeichnung bei Abweichungen gegenüber dem Vertrag
- Datum der Weiterleitung an Nachunternehmer oder Lieferanten
- Lieferdatum und Lieferscheinnummer bei Lieferungen
- Mängel des Planes

Diese Erfordernisse machen deutlich, daß ein solches Planverzeichnis kaum nachträglich erstellt werden kann und es deshalb tunlichst zeitnah während der Abwicklung auf dem neuesten Stand gehalten werden muß, was bei größeren Baumaßnahmen Planmanagement und Planverwaltungsmanagement zwingend erforderlich macht.

14.4 Bautagebuch

Eines der wichtigsten Dokumentationsinstrumente ist das Bautagebuch. Es hat, wenn es zeitnah dem Auftraggeber zugestellt und zur Kenntnis gebracht wurde, einen außerordentlich hohen Beweis- und damit auch Stellenwert.

Dennoch wird das Bautagebuch vielfach von Personen geführt, die den Stellenwert nicht kennen können, sei es, daß sie nicht ausreichend qualifiziert sind oder nicht wissen, mit welchem Ziel welche Eintragungen im Bautagebuch zu machen sind. Entscheidende Informationen und Sachverhalte werden dann meist nur unvollständig und ungenau und deshalb für spätere Auswertungen unbrauchbar festgehalten.

Das Führen des Bautagebuches ist deshalb immer in die Hand der Bau- und Projektleitung zu legen und es ist durch regelmäßige Kontrolle sicherzustellen, daß entscheidende Sachverhalte, wie

- Abweichungen vom Vertrag,
- Störungen und daraus resultierende Verzögerungen,
- Personal, Gerät und Zuordnung zu den Vorgängen des vertraglich vereinbarte Bauzeitenplanes
- Arbeitszeiten,
- Anordnungen und Verhalten des Auftraggebers und seiner Erfüllungsgehilfen,
- ausgeführte Leistungen mit eindeutiger Angabe des Ortes und
- sonstige besondere Vorkommnisse,

zeitnah, präzise, nachvollziehbar und vollständig im Bautagebuch festgehalten werden.

Insgesamt ist das Baugeschehen im Bautagebuch so festzuhalten, das es mit den dort gemachten Angaben auch nach Monaten und Jahren noch sicher und eindeutig rekonstruiert werden kann.

14.5 Schriftverkehr und Protokolle

Im Schriftverkehr und in Protokollen sind die Sachverhalte ebenso präzise und zielorientiert zu beschreiben und festzuhalten wie für das Bautagebuch bereits ausgeführt.

Überflüssige Ausführungen und Wiederholungen sind ebenso zu vermeiden, wie ungenaue und für Auslegungen zugängliche Formulierungen. Dazu sind Sachverhalte, die auf den Vertrag oder seinen Anlagen gründen, möglichst unter Verwendung der Wortlaute des Vertrages oder seiner Anlagen zu formulieren.

Wird beispielsweise gegen einen unzureichend leistenden Nachtunternehmer statt der VOB/B nahen Formulierung

> "Wie die vorstehenden Ausführungen deutlich machen, sind Ihre Arbeitskräfte, Geräte, Gerüste, Stoffe oder Bauteile so unzureichend, daß die Ausführungsfristen offenbar nicht eingehalten werden können. Wir fordern Sie deshalb auf, unverzüglich Abhilfe zu schaffen, um damit die von Ihnen zu vertretende Verspätung wieder aufzuholen."

die scheinbar gleichwertige Formulierung verwendet

> "Wie wir feststellen mußten, werden Sie Ihre Leistungen nicht zum vereinbarten Termin fertigstellen. Wir fordern Sie deshalb auf, Ihre Arbeiten unverzüglich zu beschleunigen."

wird ein qualifizierter Nachunternehmer diese Formulierungsschwäche nutzen und einen Anspruch auf Vergütung für die nach seiner Lesart vergütungspflichtige Beschleunigungs-

Anordnung geltend machen. Die Abwehr des Anspruches ist in diesem Fall wesentlich schwieriger als bei Verwendung der ersten Formulierung.

Protokolle des Auftraggebers sind sorgfältig zu prüfen und, wenn in ihnen die Sachverhalte nicht eindeutig oder falsch wiedergegeben sind, zeitnah zu korrigieren.

Es ist eine bekannte und verbreitete Unsitte, daß Protokolle zur Fixierung einseitiger Interessen mißbraucht und gezielt erst kurzfristig vor der nächsten Besprechung vorgelegt werden. Probate Abhilfe bietet die Formulierung des Protokolls in der Besprechung, was allerdings kompetente Besprechungsteilnehmer erforderlich, gleichzeitig die Besprechungen aber auch wesentlich effizienter macht.

14.6 Visualisierung des Bauablaufs

(1) Geplanter Bauablauf

Reine Terminpläne, ob Balkenpläne oder Netzpläne, haben den Nachteil, daß sie eine eindeutige Zuordnung von Terminen zu den jeweils vor Ort auszuführenden Leistungen in der Regel nicht leisten können.

Nur wenn die Terminplanung für einzelne kleine bis kleinste Teile des Bauvorhabens erstellt würde, ließe sich eine eindeutige Zuordnung vornehmen. Dies wäre jedoch mit dem Nachteil verbunden, daß solche Terminpläne wegen der dann darzustellenden Fülle von Informationen völlig unübersichtlich würden.

Weg-Zeit-Diagramme, die eine solche Zuordnung leisten könnten, sind nur für Linienvorhaben geeignet, für andere Bauvorhaben dagegen ungeeignet.

Als Lösung bietet sich die Visualisierung des geplanten Bauablaufs[30] an.

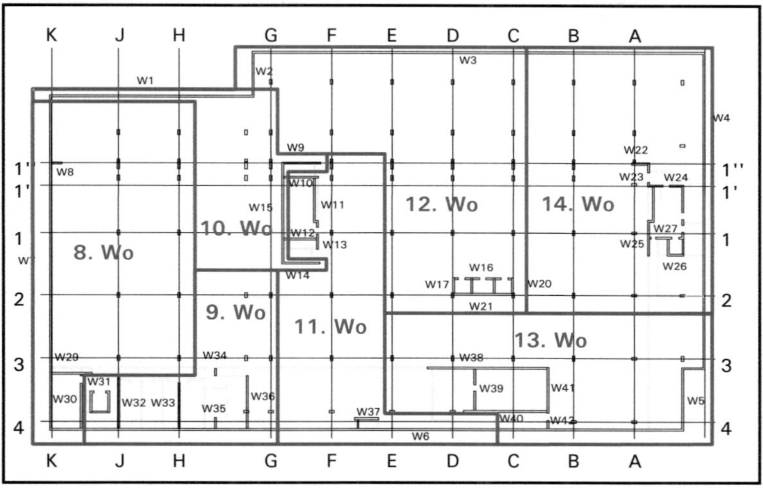

Abb. 51: Visualisierung des geplanten Bauablaufs

Bei der Visualisierung werden die Leistungen für übersichtliche Abschnitte und kurze Perioden, beispielsweise Wochen, schematisch in Grundrissen, Ansichten oder Schnitten des Bauvorhabens dargestellt und eingegrenzt.

Eine solche Darstellung hat den Vorteil, daß sie auch für Nichtfachleute verständlich und, was von besonderer Bedeutung ist, nachvollziehbar und kontrollierbar ist.

Außerdem werden bei konsequenter Anwendung von Visuali-

30) Plum, H., Sachgerechter und prozeßorientierter Nachweis von Behinderungen und Behinderungsfolgen beim VOB-Vertrag, Düsseldorf: Werner Verlag, 1997

sierungen für geplante Abläufe bei der Abwicklung durch Nachunternehmer meßbare Kriterien geschaffen, mit denen die tatsächliche Leistung der Nachunternehmer kontrolliert und überwacht und unzureichende Ausstattung mit Personal und Material belegt werden kann.

Schließlich können Nachunternehmerleistungen mit der Visualisierung des geplanten Bauablaufs exakt zeitlich und örtlich aufeinander abgestimmt werden. Die Leistungsabstimmung ist bei der Abwicklung beispielsweise von Objekten des Schlüsselfertigbaus und bei kurzen Bauzeiten ein entscheidender Erfolgsfaktor.

(2) Tatsächlicher Bauablauf

Die Visualisierung des tatsächlichen Bauablaufs ist eine graphische Darstellung der wesentlichen Vorgänge des Baugeschehens in einer auch für Nichtfachleute verständlichen Form.

Als wesentliche Vorgänge des Baugeschehens werden die für die zeitliche Abwicklung bedeutenden Tatbestände des Ist-Ablaufs wie Planeingang, in Arbeit befindliche und fertiggestellte Bauteile verstanden.

Der Visualisierung des tatsächlichen Bauablaufs kommt insbesondere beim Nachweis von Behinderungen und Behinderungsfolgen und damit bei der Durchsetzung und Abwehr von Schadensersatz-Ansprüchen große Bedeutung zu, und zwar

sowohl bei der Verfolgung von Ansprüchen für den Nachweis, daß

- eine Störung vorlag,

- diese Störung eine Verzögerung des Bauablaufs ausgelöst und tatsächlich zu einer Behinderung geführt hat,
- Ausweichmöglichkeiten nicht gegeben waren und
- der Auftragnehmer zum Zeitpunkt des Eintretens der Störung bereit und imstande war, die vorgesehenen Leistungen auszuführen,

als auch bei der Abwehr von Ansprüchen für den Nachweis, daß

- keine Störung vorlag,
- der Nachunternehmer Ausweichmöglichkeiten nicht genutzt hat und
- weder bereit noch imstande war, seine Leistungen an den angeblich gestörten Stellen zu erbringen.

Informationsgrundlagen der Visualisierung sind die auf der Baustelle üblichen Dokumentationsmittel wie Bautagebuch, Fotos, Planlieferquittungen und Planeingangsverzeichnis.

Auf Grundlage dieser Informationen wird der Ist-Ablauf der wesentlichen Vorgänge des Baugeschehens entwickelt und für festgelegte Zeitabschnitte (z. B. Tag oder Woche) als farbliche Markierung in Grundrisse, Schnitte oder Ansichten eingetragen.

Zur Kennzeichnung werden die Umrisse der Bauteile verwendet.

Zur besseren Übersicht und Handhabung sollten die verwendeten Grundrisse, Schnitte oder Ansichten auf DIN-A4-Format verkleinert werden.

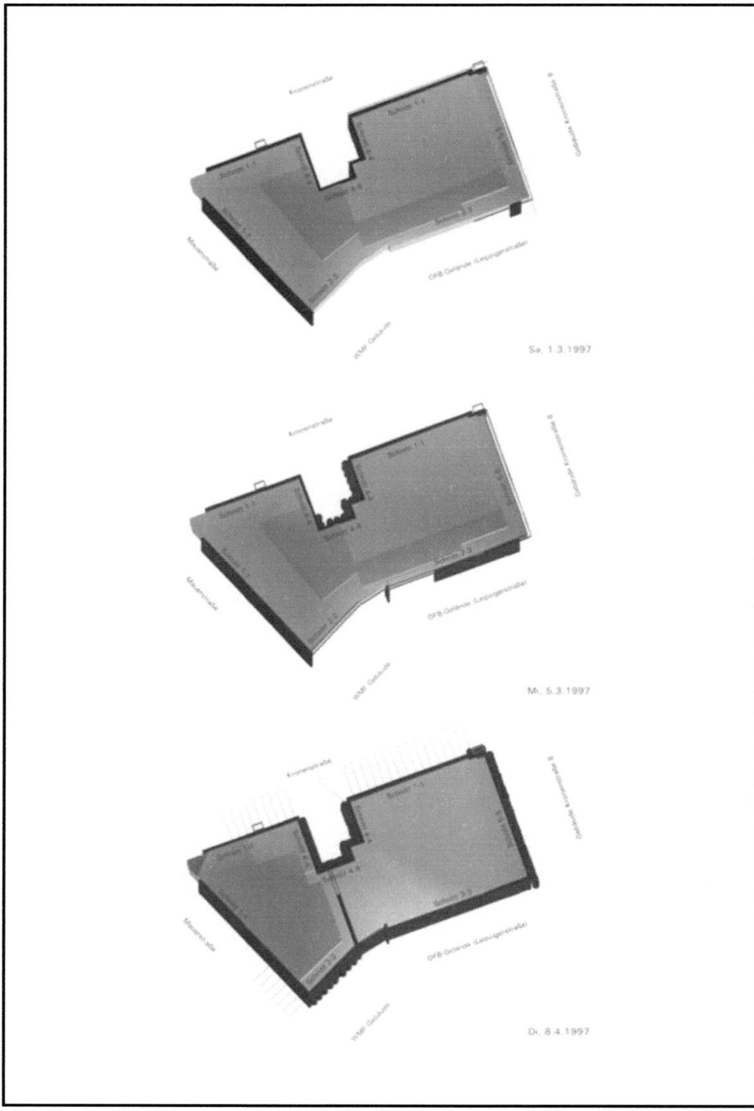

Abb. 52: Visualisierung des Bauablaufs

Besser und flexibler handhabbar ist jedoch die Erstellung solcher Darstellungen mit Hilfe von CAD-Programmen.

Bei entsprechender Planung auf Grundlage von CAD-Files können die Informationen über den Ist-Ablauf in die entsprechenden CAD-Zeichnungen eingetragen werden. Liegt die Planung dreidimensional vor, können die Informationen über den Ist-Ablauf noch bildhafter ebenfalls dreidimensional erfaßt werden.

Um dies sicherzustellen, sollten bereits bei Vertragsschluß Regelungen zur Bereitstellung der Planung als CAD-Daten getroffen werden.

14.7 Fotos

Mit Fotos können örtlich begrenzt Sachverhalte zu bestimmten Zeitpunkten festgehalten werden. Für die Dokumentation von Gesamtübersichten sind sie aber kaum geeignet.

Außerdem sind sie nur dann beweiskräftig, wenn sie eindeutig zeitlich und örtlich zugeordnet werden können und die hierzu erforderlichen Informationen nicht oder nur schwer manipulierbar sind.

Demnach muß in sämtlichen Fotos das jeweils aktuelle Tagesdatum eingeblendet sein und es muß, beispielsweise durch eine Abfolge von Fotos aus unterschiedlicher Näherung erkennbar sein, aus welcher Perspektive das Foto gemacht wurde.

14.8 Arbeitskalkulation und Budgetliste

Neben dem Baugeschehen sind auch Kosten festzuhalten, und zwar in Soll und Ist. Übliche Instrumente hierfür sind die Arbeitskalkulation und, für Nachunternehmerleistungen, die Budgetliste.

Mit diesen Instrumenten werden Soll-Vorgaben für die Bauleistung und das Bauergebnis und für Stunden- und Kostenvergleiche gemacht. Außerdem sind sie Grundlage für die periodische Leistungsermittlung und damit die wichtigsten Steuer- und Kontrollinstrumente für eine ergebnisorientierte Bauabwicklung.

Für den Nachweis behinderungsbedingter Leistungseinbußen sind sie jedoch nur bedingt geeignet. Denn sie sind in aller Regel nicht nach Teilen des Bauvorhabens gegliedert und können deshalb die Auswirkungen der meist lokal begrenzten Störungen nicht erfassen. Außerdem sind die Abstände zwischen den meist monatlichen Feststellungen zu groß, um Auswirkungen im Einzelnen erfassen zu können.

Entscheidender noch ist, daß der Nachweis zwischen "hypothetischer und tatsächlicher Vermögenslage", der Schadensnachweis also, mit diesen Instrumenten nicht erbracht werden kann, weil die Differenz der Leistungsfähigkeit in ungestörten und gestörten Zeiträumen damit nicht nachgewiesen werden kann.

Bei drohenden Störungen ist daher der Einsatz anderer Instrumente, wie der zeitnahen Bauablaufkontrolle, unabdingbar.

14.9 Zeitnahe Bauablaufkontrolle

Mit der zeitnahen Bauablaufkontrolle werden bauteilbezogen Vorgaben für Leistung, Kosten und gegebenenfalls Stunden gemacht und während und nach der Herstellung der einzelnen Bauteile miteinander verglichen.

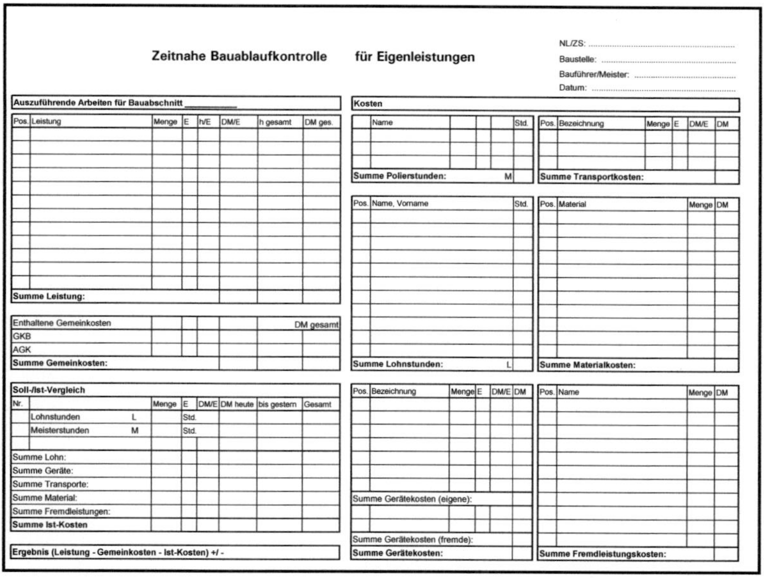
Zeitnahe Bauablaufkontrolle für Eigenleistungen

NL/ZS: ....
Baustelle: ....
Bauführer/Meister: ....
Datum: ....

Auszuführende Arbeiten für Bauabschnitt ____

Pos.	Leistung	Menge	E	h/E	DM/E	h gesamt	DM ges.
Summe Leistung:							

Enthaltene Gemeinkosten					DM gesamt
GKB					
AGK					
Summe Gemeinkosten:					

Soll-/Ist-Vergleich

Nr.		Menge	E	DM/E	DM heute	bis gestern	Gesamt
	Lohnstunden L		Std.				
	Meisterstunden M		Std.				
Summe Lohn:							
Summe Geräte:							
Summe Transporte:							
Summe Material:							
Summe Fremdleistungen:							
Summe Ist-Kosten							

Ergebnis (Leistung - Gemeinkosten - Ist-Kosten) +/-

Kosten

	Name				Std.
Summe Polierstunden: M					

Pos.	Bezeichnung	Menge	E	DM/E	DM
Summe Transportkosten:					

Pos.	Name, Vorname	Std.
Summe Lohnstunden: L		

Pos.	Material	Menge	DM
Summe Materialkosten:			

Pos.	Bezeichnung	Menge	E	DM/E	DM
Summe Gerätekosten (eigene):					
Summe Gerätekosten (fremde):					
Summe Gerätekosten:					

Pos.	Name	Menge	DM
Summe Fremdleistungskosten:			

Abb. 53: Zeitnahe Bauablaufkontrolle für Eigenleistungen

Die zeitnahe Bauablaufkontrolle ist damit ein hervorragendes Management-Instrument, mit dem die Abwicklung von Eigenleistungen vor Ort an den gemachten Vorgaben gemessen und falls erforderlich kurzfristig korrigiert werden kann.

Integriert in das innerbetriebliche Berichtswesen wird dem Bauleiter damit ein Instrument in die Hand gegeben, mit dem laufende Planung erzwungen und eine zeitnahe Überwachung der tatsächlichen Abwicklung bewirkt wird.

So eingesetzt kann mit der zeitnahen Bauablaufkontrolle zudem bauteilbezogen die tatsächliche Leistungsfähigkeit in ungestörten Zeiträumen belegt werden.

14.10 Claim-Liste

Ein besonderes Dokumentationsinstrument des Claim-Management ist die Claim-Liste.

Claim-Listen sind für alle Vertragsverhältnisse, also auch für die zu Nachunternehmern, getrennt zu führen.

In ihnen sind je nach Vertrag alle wesentlichen Informationen zur Verfolgung und Durchsetzung oder, bei umgekehrter Blickrichtung, zur Analyse und Abwehr von Ansprüchen aufzunehmen, wie

- Positionsnummer
- Positionstext
- Datum der Anordnung
- Anordnender
- Datum der Anzeige des Vergütungs-Anspruches
- Beginn der Ausführung
- Ende der Ausführung
- Datum der Rechnung zu der Forderung
- Datum der Mahnung
- Datum der Nachfrist
- Aufgelaufene Zinsen
- Umfang der Leistung

- Nachtragspreis zum Zeitpunkt des ersten Angebotes
- Nachtragspreise weiterer Angebote
- Gesamtpreis der Nachtragsposition
- Positionsnummer einer Vergleichs-Position
- Positionstext der Vergleichs-Position
- Preis der Vergleichs-Position
- Argumente des AG
- Gegenargumente des AN
- Ergebnisse von Verhandlungen

Nur bei konsequenter Anwendung solcher Listen für alle Vertragsverhältnisse kann der Überblick gewahrt werden

- sowohl einerseits über geltend gemachte Ansprüche und deren Verfolgung,
- als andererseits über von Nachunternehmern geltend gemachte Ansprüche und deren Abwehr.

15 Erfolg von Claim-Management

Der Erfolg von Claim-Management hat Voraussetzungen, sachliche, fachliche und personelle, die sowohl intern wie extern geschaffen werden können. Das gilt sowohl für die Verfolgung als auch für die Abwehr von Ansprüchen.

Grundvoraussetzung für den Erfolg ist die Umsetzung der aufgezeigten Handlungserfordernisse in Handlungsanweisungen und die Durchsetzung der Anweisungen auf allen Ebenen.

Die Frage intern oder extern ist eine Frage von Zweckmäßigkeit und Effizienz. Sie entscheidet sich nach Kriterien von Kompetenz, Kosten, Ressourcen, Objektivität und Durchsetzungskraft.

Fachlich und auch wirtschaftlich spricht vieles für den Einsatz externer Kompetenz. Der mindeste Effekt ist Schulung des eigenen Personals und Objektivierung der Informationen.

In jedem Falle bedarf es zunächst und vor allem baubetrieblicher Kompetenz und entsprechender Ressourcen.

15.1 Verfolgung von Ansprüchen - Handlungsanweisung

Was baubetrieblich bei der Verfolgung von Ansprüchen zu leisten ist, zeigt kurzgefaßt die nachfolgende Handlungsanweisung in 7 Schritten.

<u>1. Schritt</u> Schaffen der Voraussetzungen

Der Ausgangspunkt:
Claim-Management ist das gezielte, geplante, organisierte und

kontrollierte Handeln bei Ansprüchen aus Abweichungen vom Vertrag.

Erste Voraussetzung für das Erkennen von Ansprüchen aus Abweichungen vom Vertrag ist deshalb die Kenntnis des Vertrages in allen seinen Teilen: Denn ohne Kenntnis des Vertrages ist das Erkennen von Abweichungen nicht möglich.

Zweite und selbstverständliche, in der Praxis aber selten erfüllte Voraussetzung ist, daß der Vertrag dem verantwortlichen Bauleiter vorliegt, und zwar vollständig.

Verfolgung von Ansprüchen
Handlungsanweisung

1. Schaffen der Voraussetzungen
2. Feststellen der Abweichungen vom Vertrag
3. Sichern der Anspruchsvoraussetzungen
4. Belegen der Ansprüche dem Grunde nach
5. Ermitteln der Ansprüche der Höhe nach
6. Erstellen der Nachträge
7. Verfolgen und Durchsetzen der Nachträge

Abb. 54: Claim-Management, Handlungsanweisung in 7 Schritten

Dritte Voraussetzung schließlich ist, daß in den baubetrieblichen Managementinstrumenten, wie Arbeitskalkulation, Budgetliste und Terminplan, umgesetzt ist, was, wann und wie nach Vertrag zu leisten ist.

Nur wenn diese Voraussetzungen erfüllt sind, lassen sich Abweichungen vom Vertrag und daraus resultierende Ansprüche und Nachtragsforderungen überhaupt bestimmen.

<u>2. Schritt</u> Feststellen der Abweichungen vom Vertrag

Vertragswirksame Anordnungen und Unterlagen sind laufend mit den vertraglichen Vorgaben zu vergleichen.

Abweichungen, die bei diesem Vergleich festgestellt werden, sind in Art und Auswirkung auf Leistungen, Kosten und Termine zu analysieren und zu bewerten.

Bei terminlichen oder finanziellen Auswirkungen ist dann zu entscheiden, ob und wie die daraus resultierenden Ansprüche geltend gemacht werden sollen.

<u>3. Schritt</u> Sichern der Anspruchsvoraussetzungen

Nach Identifikation der Abweichungen und Entscheidung über die Behandlung der Ansprüche sind die Anspruchsvoraussetzungen zu schaffen und zu sichern. Das sind

bei Vergütungs-Ansprüchen

- Wirksame Anordnung des Auftraggebers
  und
- Anzeige des Vergütungs-Anspruches

bei Fristen-Ansprüchen

- Behinderung = Abweichung vom Vertrag und dadurch ausgelöste Verzögerung des Bauablaufs,

sei es durch
Umstände aus dem Risikobereich des Auftraggebers,
Streik, Aussperrung, höhere Gewalt,
Umstände, die für den Auftragnehmer unabwendbar sind oder außergewöhnliche Witterungsverhältnisse
und
- Anzeige der Behinderung

bei Schadensersatz-Ansprüchen
- Behinderung = Abweichung vom Vertrag und dadurch ausgelöste Verzögerung des Bauablaufs
  durch Umstände aus dem Risikobereich des Auftraggebers
- Vertretenmüssen durch den Auftraggeber
  und
- Anzeige der Behinderung

bei Entschädigungs-Ansprüchen
- Annahmeverzug des Auftraggebers
- Berechtigung, Bereitschaft und Befähigung des Auftragnehmers zur Ausführung der Leistung
- Anzeige der Behinderung

Dokumente zur Sicherung der Anspruchsvoraussetzungen sind vor allem Unterlagen, die einen hohen Beweiswert haben, wie vereinbarte Terminpläne, Schriftverkehr, Protokolle, Bautagebuch.

Gerade Letzteres, das Bautagebuch, kann in seinem Beweiswert nicht hoch genug eingeschätzt werden. Es gehört deshalb in die Hand des verantwortlichen Bauleiters, denn nur der kann ermessen, was er später dort dokumentiert finden will.

4. Schritt Belegen der Ansprüche dem Grunde nach

Nach Feststellung der Abweichungen und Sicherung der Anspruchsvoraussetzungen sind die Ansprüche dem Grunde nach zu belegen.

Für jede Abweichung sind die einschlägigen Vertragspassagen und die Belege über die tatsächliche Ausführung zusammenzustellen und die Unterschiede kenntlich zu machen.

Und es sind die entsprechenden Dokumente und Unterlagen zu Anordnung, Behinderung, Pflichtverletzung und Anzeige zusammenzutragen.

Schließlich ist nachzuweisen

- bei Vergütungs-Ansprüchen
  wann mit der Ausführung begonnen wurde,
- bei Fristen-, Schadensersatz- und Entschädigungs-Ansprüchen
  ab wann und bis wann die Behinderung bestanden hat.

Bei Vergütungs-Ansprüchen ist Antwort auf Fragen zu geben wie:
Wer hat wann was angeordnet? Wann wurde der Anspruch angezeigt? Wann wurde mit der Ausführung der angeordneten Leistungen begonnen?

Bei Fristen- und Schadensersatz-Ansprüchen ist Antwort auf Fragen zu geben wie:
Wann war was zur Ausführung vorgesehen? Lagen dazu die vom Auftragnehmer selbst zu schaffenden Voraussetzungen

vor, wie Vorleistungen, Personal und Materialausstattung? Was hat den Auftragnehmer an der planmäßigen Ausführung gehindert? Wurde dadurch eine Verzögerung des Bauablaufs ausgelöst? Wer hat die hindernden Umstände zu vertreten?

<u>5. Schritt</u> Ermitteln der Ansprüche der Höhe nach

Sind die Ansprüche dem Grunde nach belegt, können sie der Höhe nach ermittelt werden.

Bei Vergütungs-Ansprüchen ist dazu im Regelfall der Rückgriff auf die Grundlagen der Preisermittlung für die vertraglichen Leistung (Urkalkulation) erforderlich, gegebenenfalls ergänzt um neutrale Preismaßstäbe.

Nur bei Leistungen, die nicht für die Ausführung der vertraglichen Leistung erforderlich sind, ist der Auftragnehmer frei in der Bestimmung der Anspruchshöhe.

Bei Fristen- und Schadensersatz-Ansprüchen ist die Dauer der Verzögerung durch Vergleich der Leistungsfähigkeit in ungestörten und gestörten Phasen der Bauabwicklung zu bestimmen.

Das macht deutlich, daß nur mit permanenter und zeitnaher Bauablaufkontrolle die Voraussetzungen für Fristen- und Schadensersatz-Ansprüche geschaffen werden können.

Annahmen in Kalkulation und Arbeitsvorbereitung sind als Grundlage für den Nachweis der Leistungsfähigkeit in ungestörten Phasen ungeeignet, denn sie dokumentieren allenfalls den Wunsch, nicht die Wirklichkeit.

Bei den Schadensersatz-Ansprüchen sind dann die finanziellen Auswirkungen durch Vergleich der Vermögenslagen ohne und mit Behinderung zu ermitteln.

Für diesen Nachweis sind Belege über Leistungsfähigkeit und Kosten in unbehinderten Phasen beizubringen und mit den Kosten in behinderten Phasen zu vergleichen, die durch Belege des Rechnungswesens nachzuweisen sind.

6. Schritt Erstellen der Nachträge

Sind die Ansprüche dem Grunde nach belegt und der Höhe nach ermittelt, kann das Nachtragsangebot, kurz der Nachtrag erstellt werden.

Im Nachtrag ist der Sachverhalt klar, umfassend, eindeutig und schlüssig so darzulegen, daß er auch für Nichtfachleute verständlich ist. Abweichung, Anspruch und Anspruchsvoraussetzung sind zu nennen.

Zum Vortrag der Höhe oder der Dauer nach sind die entsprechenden Grundlagen (Urkalkulation, Aufzeichnungen über die Leistungsfähigkeit in ungestörten Phasen) vorzubereiten und vorzuhalten.

Für gegebenenfalls anstehende Verhandlungen sind sämtliche Nachweise und Belege zu den einzelnen Nachträgen zusammenzustellen und verfügbar zu halten.

7. Schritt Verfolgen und Durchsetzen der Nachträge

Nach VOB hat der Auftragnehmer keinen durchsetzbaren Anspruch darauf, daß sein Nachtragsangebot vor Beginn der Leistung verhandelt und beauftragt wird. Das läßt sich auch durch Leistungsverweigerung nicht erzwingen, denn die würde als Verletzung der Kooperationspflicht gewertet.

Wenn allerdings die Anspruchsvoraussetzungen erfüllt, das Nachtragsangebot vorgelegt und die Leistungen erbracht sind, hat der Auftragnehmer Anspruch auf Bezahlung.

Voraussetzung:
Rechnungsstellung, am besten, wegen der kurzen Fälligkeit, als Abschlagsrechnung.

Zahlt der Auftraggeber nicht, muß die Zahlung mit Nachfrist angemahnt werden.
Zahlt der Auftraggeber nach Ablauf der Nachfrist immer noch nicht, sind die Zinsen in Rechnung zu stellen und zwar, bis zu einer Vereinbarung, auf Grundlage der angebotenen Preise.

Und es sind, Folge der Verletzung einer Hauptpflicht, weitere Schritte möglich und zu erwägen, wie Einstellen der Arbeiten, Kündigung und Klage.

Sämtliche Nachträge sind zur Kontrolle in einer Übersicht mit den entsprechenden wichtigen Daten festzuhalten, wie Nummer, Datum und Inhalt des Nachtrags, Datum der Anordnung, Name des Anordnenden, Datum der Anzeige, Beginn und Ende der Ausführung.

Auch die Angaben zu Rechnungslegung, Mahnung, Nachfrist und Zinsen sind in die Übersicht aufzunehmen und bei der weiteren Abwicklung zu verfolgen.

15.2 Abwehr von Ansprüchen - Handlungsanweisung

Was baubetrieblich zur Abwehr von Ansprüchen zu leisten ist, zeigt die nachfolgende Handlungsanweisung in 6 Schritten.

Abwehr von Ansprüchen
Handlungsanweisung

1. Schaffen vertraglicher Voraussetzungen
2. Widerlegen behaupteter Abweichungen vom Vertrag
3. Entkräften unterstellter Anspruchsvoraussetzungen
4. Abweisen vermeintlicher 'Ansprüche dem Grunde nach'
5. Richtigstellen vorgetragener 'Ansprüche der Höhe nach'
6. Abwehren unberechtigter Ansprüche

Abb. 55: Claim-Management, Handlungsanweisung zur Abwehr unberechtigter Forderungen in 6 Schritten

Der entscheidende Unterschied zur Verfolgung von Ansprüchen: Das Schaffen vertraglicher Voraussetzungen.

Was bei vertraglichen Regelungen mit dem Auftraggeber nur höchst eingeschränkt möglich ist, ist im Verhältnis zu den eigenen Auftragnehmern, wenn auch nicht uneingeschränkt, so doch weitgehend möglich.

Was vertraglich zu regeln ist, enthalten Ihre Vertragsunterlagen für NU fast mustergültig und abschließend.

Fast, denn natürlich wären noch Verbesserungen denkbar, vor allem bei den Entschädigungs-Ansprüchen.

Vor allem:
Wenn Ihre Mannen vor Ort das vertraglich Geregelte auch tatsächlich einfordern, sollten sie für die Abwehr von Ansprüchen gut gerüstet sein.

Das gilt insbesondere für das Beibringen der erforderlichen Unterlagen durch Ihre Auftragnehmer wie

- Bautagebuch
- Kalkulation
- Prüfzeugnisse
- Abnahmebescheinigungen
- Produktdatenblätter
- Verarbeitungsrichtlinien
- Revisions- und Wartungsunterlagen

zeitnah und kontrolliert, um nur diese zu nennen.

Für die übrigen Schritte der Handlungsanweisung gilt vor allem:
Widerlegen, Entkräften, Zurückweisen nicht pauschal und hoheitlich, sondern auf Fakten gestützt.

Das ist mühsam und verlangt nicht weniger Einsatz als die Verfolgung von Ansprüchen.

Aber nur dann werden Sie mit der berechtigten Abwehr unberechtigter Ansprüche Erfolg haben.

15.3 Fazit

Der Erfolg von Claim-Management hängt entscheidend von der Schaffung baubetrieblicher Voraussetzungen, der Sicherung der Ansprüche und der überzeugenden, nachvollziehbaren und verständlichen Darlegung ab. Ohne sie vermag auch der beste aller Juristen nur wenig.

16 Antworten zu den Kontrollfragen

Fragen

(1)
Was unterscheidet Einheitspreisvertrag und Pauschalpreisvertrag?

(1.1)
Lösen Leistungsänderungen beim Pauschalpreisvertrag Ansprüche des Auftragnehmers aus?
Wenn ja, warum? Und Mengenänderungen?

(1.2)
Gilt Gleiches auch für den BGB-Vertrag?

(2)
In der VOB/B sind Rechte und Pflichten des Auftraggebers festgelegt, wobei die Juristen zwischen Haupt- und Nebenpflichten unterscheiden.
(2.1)
Nennen Sie die Hauptpflichten und wichtige Nebenpflichten des Auftraggebers.

(2.2)
Was ist der kennzeichnende Unterschied?

(3)
Kommt der Auftraggeber seinen Hauptpflichten nicht nach, so löst dies nach VOB/B unter bestimmten Voraussetzungen Ansprüche beim Auftragnehmer aus.
(3.1)
Nennen Sie diese Voraussetzungen.

Antworten

(1)
Die Verträge unterscheiden sich in der Art der Vergütung.

(1.1)
Leistungs- und Mengenänderungen auf Anordnung des Auftraggebers lösen Ansprüche des Auftragnehmers aus, denn für den Pauschalpreisvertrag nach VOB gilt § 2 Nr. 7 letzter Satz: "Nrn. 4, 5 und 6 bleiben unberührt."

(1.2)
Für den BGB-Vertrag gilt Gleiches nicht. Nach einem Urteil des BGH lösen Leistungsänderungen nur dann Vergütungs-Ansprüche beim Auftragnehmer aus, wenn die Leistungsänderungen erheblich im Vergleich zur ursprünglichen Leistung sind.

(2)

(2.1)
Hauptpflichten sind Zahlung und Abnahme.
Wichtige Nebenpflichten sind Allgemeine Mitwirkungspflicht und Koordinationspflicht.
(2.2)
Kennzeichnender Unterschied ist der, daß Erfüllung der Haupflichten einklagbar ist.

(3)

(3.1)
Die Voraussetzung ist in beiden Fällen Verzug des Auftraggebers.

Fragen

(3,.2)
Welche Ansprüche hat der Auftragnehmer?

(4)
Der Auftraggeber hat das Recht, Leistungen zu ändern und zusätzliche Leistungen anzuordnen.
(4.1)
Was unterscheidet geänderte und zusätzliche Leistungen?

(4.2)
Muß sie der Auftragnehmer ausführen?

(4.3)
Und hat er in jedem Fall Anspruch auf Vergütung?

Antworten

(3.2)
Ansprüche des Auftragnehmers bei Zahlungsverzug des Auftraggebers sind:
Zinsen, Einstellen der Arbeiten, Schadensersatz aus dem Einstellen der Arbeiten, Kündigung nach Fristsetzung mit Kündigungsandrohung, Möglichkeit zur Klage auf Zahlung.

Ansprüche des Auftragnehmers bei Abnahmeverzug des Auftraggebers sind:
Ersatz des Verzugsschadens, Eintritt der Abnahmewirkungen bei grundloser und endgültiger Abnahmeverweigerung, Möglichkeit zur Klage auf Abnahme.

(4)

(4.1)
Eine geänderte Leistung liegt vor, wenn aus einer Teilleistung ein Leistungselement wegfällt oder zu einer Teilleistung ein Leistungselement hinzukommt oder an die Stelle eines wegfallenden Elementes ein verändertes Element tritt.

Eine zusätzliche Leistung liegt vor, wenn die Leistung neu für den Vertrag ist oder die neue Leistung zwar noch im Zusammenhang mit der im Vertrag vorgesehenen Teilleistung steht, aber aus einem anderen Gewerk stammt oder durch Eingriff des Auftraggebers der Umfang der Leistung geändert wird, nicht aber die Art (angeordnete Mengenmehrung).
(4.2)
Der Auftragnehmer muß sie ausführen, wenn sein Betrieb auf die Leistung eingerichtet ist und wenn die Leistung zur Ausführung der vertraglichen Leistung erforderlich ist.
(4.3)
Bei zusätzlichen Leistungen hat er nur dann Anspruch auf Vergütung, wenn er seinen Anspruch vor Beginn der Ausführung anzeigt.

Fragen

(5)
Ohne Auftrag ausgeführte geänderte oder zusätzliche Leistungen werden nach VOB/B nicht oder nur bedingt vergütet. Welches sind die Bedingungen für einen Vergütungsanspruch?

(6)
Der Auftragnehmer hat auf Verlangen des Auftraggebers zusätzliche Leistungen angeboten und erbracht. Prüfung und Beauftragung seines Angebotes lassen auf sich warten.
(6.1)
Welche Ansprüche hat der Auftragnehmer?

(6.2)
Kann er kündigen? Oder die Arbeiten einstellen? Oder was sonst?

(7)
Der Auftraggeber hat auch das Recht, beauftragte Leistungen nicht ausführen zu lassen.
(7.1)
Hat das Folgen?

Antworten

(5)
Ein Vergütungs-Anspruch besteht,
wenn der Auftraggeber die Vergütungspflicht nachträglich anerkennt,
oder
wenn die Leistung zur Erfüllung des Vertrages notwendig ist, dem mutmaßlichen Willen des Auftraggebers entspricht und unverzüglich angezeigt worden ist
oder
wenn, gemäß § 677 ff BGB, die Leistung dem Interesse und dem wirklichen oder mutmaßlichen Willen des Auftraggebers entspricht und, eine Nebenpflicht, die Leistung entsprechend angezeigt wurde.

(6)

(6.1)
Der Auftragnehmer hat keinen Anspruch auf Prüfung und Beauftragung seines Angebotes. Er hat jedoch nach Rechnungslegung und Ablauf der in der VOB/B festgelegten Fristen Anspruch auf Zahlung.
(6.2)
Der Auftragnehmer kann weder Kündigen noch die Arbeiten einstellen. Er hat jedoch nach Mahnung mit Nachfrist und Ablauf der Nachfrist die bereits genannten Ansprüche bei Zahlungsverzug.

(7)

(7.1)
Die Anordnung zur Nichtausführung von Leistungen, die rechtlich als "freie" (Teil-)Kündigung bezeichnet wird, löst einen Vergütungs-Anspruch aus.

Fragen

(10)

Kann ein Auftragnehmer wegen verspäteter Leistung eines Vorunternehmers nicht wie vorgesehen mit der Ausführung seiner Arbeiten beginnen, löst das unter bestimmten Voraussetzungen Ansprüche bei ihm aus.

(10.1)

Nennen Sie die Voraussetzungen.

(10.2)

Welche Ansprüche ergeben sich?

Antworten

(10)

(10.1)
Erste Voraussetzung für Ansprüche des Auftragnehmers ist der Verzug der Annahme durch den Auftraggeber, durch seine verspätete oder unterlassene Mitwirkung. Weitere Voraussetzung ist, daß der Auftragnehmer berechtigt, bereit und imstande ist, die Leistungen auszuführen verbunden mit seinem Leistungsangebot in Form einer Behinderungsanzeige.
(10.2)
Die Ansprüche, die sich aus dem Annahmeverzug des Auftraggebers ergeben, sind neben Fristen-Ansprüche Entschädigungs-Ansprüche.
In der Rechtsliteratur wird alternativ zum Entschädigungs-Anspruch auch ein Schadensersatz-Anspruch gesehen, weil die unterlassene Mitwirkung, eine Verletzung von Nebenpflichten des Auftraggebers ist.

Verwendete Literatur

Baumbach/Lauterbach/ Hartmann	Zivilprozeßordnung, Band 1, 60. Auflage, München: Beck Verlag, 2001
Dornbusch/Plum	Die "freie" Teil-Kündigung - noch Klärungsbedarf aus baubetrieblicher Sicht?, in: Jahrbuch Baurecht 2000, Düsseldorf: Werner-Verlag, 2000, S. 160 - 173
Ingenstau/Korbion	VOB, Teile A und B, 14. Auflage, Düsseldorf: Werner-Verlag, 2001
Kapellmann/Langen	Einführung in die VOB/B: Basiswissen für die Praxis, 10. Auflage, Düsseldorf: Werner-Verlag, 2001
Kapellmann/Schiffers	Vergütung, Nachträge und Behinderungsfolgen beim Bauvertrag, Band 1: Einheitspreisvertrag, 4. Auflage, Düsseldorf: Werner-Verlag, 2000
Kapellmann/Schiffers	Vergütung, Nachträge und Behinderungsfolgen beim Bauvertrag, Band 2: Pauschalvertrag, 3. Auflage, Düsseldorf: Werner-Verlag, 2000
Kleine-Möller/Merl/Oelmaier	Handbuch des privaten Baurechts, 2. Auflage, München: Verlag C.H. Beck, 1997

A.1 VOB/B - Ausgabe 2016

Vergabe- und Vertragsordnung für Bauleistungen, VOB/B
Allgemeine Vertragsbedingungen für die Ausführung von Bauleistungen
DIN 1961 - Ausgabe September 2016

§ 1
Art und Umfang der Leistung

(1) Die auszuführende Leistung wird nach Art und Umfang durch den Vertrag bestimmt. Als Bestandteil des Vertrags gelten auch die Allgemeinen Technischen Vertragsbedingungen für Bauleistungen (VOB/C).

(2) Bei Widersprüchen im Vertrag gelten nacheinander
1. die Leistungsbeschreibung,
2. die Besonderen Vertragsbedingungen,
3. etwaige Zusätzliche Vertragsbedingungen,
4. etwaige Zusätzliche Technische Vertragsbedingungen,
5. die Allgemeinen Technischen Vertragsbedingungen für Bauleistungen,
6. die Allgemeinen Vertragsbedingungen für die Ausführung von Bauleistungen.

(3) Änderungen des Bauentwurfs anzuordnen bleibt dem Auftraggeber vorbehalten.

(4) Nicht vereinbarte Leistungen, die zur Ausführung der vertraglichen Leistung erforderlich werden, hat der Auftragnehmer auf Verlangen des Auftraggebers mit auszuführen, außer wenn sein Betrieb auf derartige Leistungen nicht eingerichtet ist. Andere Leistungen können dem Auftragnehmer nur mit seiner Zustimmung übertragen werden.

§ 2
Vergütung

(1) Durch die vereinbarten Preise werden alle Leistungen abgegolten, die nach der Leistungsbeschreibung, den Besonderen Vertragsbedingungen, den Zusätzlichen Vertragsbedingungen, den Zusätzlichen Technischen Vertragsbedingungen, den Allgemeinen Technischen Vertragsbedingungen für Bauleistungen und der gewerblichen Verkehrssitte zur vertraglichen Leistung gehören.

(2) Die Vergütung wird nach den vertraglichen Einheitspreisen und den tatsächlich ausgeführten Leistungen berechnet, wenn keine andere Berechnungsart (z.B. durch Pauschalsumme, nach Stundenlohnsätzen, nach Selbstkosten) vereinbart ist.

(3) 1. Weicht die ausgeführte Menge der unter einem Einheitspreis erfassten Leistung oder Teilleistung um nicht mehr als 10 v.H. von dem im Vertrag vorgesehenen Umfang ab, so gilt der vertragliche Einheitspreis.

2. Für die über 10 v.H. hinausgehende Überschreitung des Mengenansatzes ist auf Verlangen ein neuer Preis unter Berücksichtigung der Mehr- oder Minderkosten zu vereinbaren.

3. Bei einer über 10 v.H. hinausgehenden Unterschreitung des Mengenansatzes ist auf Verlangen der Einheitspreis für die tatsächlich ausgeführte Menge der Leistung oder Teilleistung zu erhöhen, soweit der Auftragnehmer nicht durch Erhöhung der Mengen bei anderen Ordnungszahlen (Positionen) oder in anderer Weise einen Ausgleich erhält. Die Erhöhung des Einheitspreises soll im Wesentlichen dem Mehrbetrag entsprechen, der sich durch Verteilung der Baustelleneinrichtungs- und Baustellengemeinkosten und der Allgemeinen Geschäftskosten auf die verringerte Menge ergibt. Die Umsatzsteuer wird entsprechend dem neuen Preis vergütet.

4. Sind von der unter einem Einheitspreis erfassten Leistung oder Teilleistung andere Leistungen abhängig, für die eine Pauschalsumme vereinbart ist, so kann mit der Änderung des Einheitspreises auch eine angemessene Änderung der Pauschalsumme gefordert werden.

(4) Werden im Vertrag ausbedungene Leistungen des Auftragnehmers vom Auftraggeber selbst übernommen (z.B. Lieferung von Bau-, Bauhilfs- und Betriebsstoffen), so gilt, wenn nichts anderes vereinbart wird, § 8 Absatz 1 Nummer 2 entsprechend.

(5) Werden durch Änderung des Bauentwurfs oder andere Anordnungen des Auftraggebers die Grundlagen des Preises für eine im Vertrag vorgesehene Leistung geändert, so ist ein neuer Preis unter Berücksichtigung der Mehr- oder Minderkosten zu vereinbaren. Die Vereinbarung soll vor der Ausführung getroffen werden.

(6) 1. Wird eine im Vertrag nicht vorgesehene Leistung gefordert, so hat der Auftragnehmer Anspruch auf besondere Vergütung. Er muss jedoch den Anspruch dem Auftraggeber ankündigen, bevor er mit der Ausführung der Leistung beginnt.

2. Die Vergütung bestimmt sich nach den Grundlagen der Preisermittlung für die vertragliche Leistung und den besonderen Kosten der geforderten Leistung. Sie ist möglichst vor Beginn der Ausführung zu vereinbaren.

(7) 1. Ist als Vergütung der Leistung eine Pauschalsumme vereinbart, so bleibt die Vergütung unverändert. Weicht jedoch die ausgeführte Leistung von der vertraglich vorgesehenen Leistung so erheblich ab, dass ein Festhalten an der Pauschalsumme nicht zumutbar ist (§ 313 BGB), so ist auf Verlangen ein Ausgleich unter Berücksichtigung der Mehr- oder Minderkosten zu gewähren. Für die Bemessung des Ausgleichs ist von den Grundlagen der Preisermittlung auszugehen.

2. Die Regelungen der Absätze 4, 5 und 6 gelten auch bei Vereinbarung einer Pauschalsumme.

3. Wenn nichts anderes vereinbart ist, gelten die Nummern 1 und 2 auch für Pauschalsummen, die für Teile der Leistung vereinbart sind; Absatz 3 Nummer 4 bleibt unberührt.

(8) 1. Leistungen, die der Auftragnehmer ohne Auftrag oder unter eigenmächtiger Abweichung vom Auftrag ausführt, werden nicht vergütet. Der Auftragnehmer hat sie auf Verlangen innerhalb einer angemessenen

Frist zu beseitigen; sonst kann es auf seine Kosten geschehen. Er haftet außerdem für andere Schäden, die dem Auftraggeber hieraus entstehen.

2. Eine Vergütung steht dem Auftragnehmer jedoch zu, wenn der Auftraggeber solche Leistungen nachträglich anerkennt. Eine Vergütung steht ihm auch zu, wenn die Leistungen für die Erfüllung des Vertrags notwendig waren, dem mutmaßlichen Willen des Auftraggebers entsprachen und ihm unverzüglich angezeigt wurden. Soweit dem Auftragnehmer eine Vergütung zusteht, gelten die Berechnungsgrundlagen für geänderte oder zusätzliche Leistungen der Absätze 5 oder 6 entsprechend.

3. Die Vorschriften des BGB über die Geschäftsführung ohne Auftrag (§§ 677 ff.) bleiben unberührt.

(9) 1. Verlangt der Auftraggeber Zeichnungen, Berechnungen oder andere Unterlagen, die der Auftragnehmer nach dem Vertrag, besonders den Technischen Vertragsbedingungen oder der gewerblichen Verkehrssitte, nicht zu beschaffen hat, so hat er sie zu vergüten.

2. Lässt er vom Auftragnehmer nicht aufgestellte technische Berechnungen durch den Auftragnehmer nachprüfen, so hat er die Kosten zu tragen.

(10) Stundenlohnarbeiten werden nur vergütet, wenn sie als solche vor ihrem Beginn ausdrücklich vereinbart worden sind (§ 15).

§ 3
Ausführungsunterlagen

(1) Die für die Ausführung nötigen Unterlagen sind dem Auftragnehmer unentgeltlich und rechtzeitig zu übergeben.

(2) Das Abstecken der Hauptachsen der baulichen Anlagen, ebenso der Grenzen des Geländes, das dem Auftragnehmer zur Verfügung gestellt wird, und das Schaffen der notwendigen Höhenfestpunkte in unmittelbarer Nähe der baulichen Anlagen sind Sache des Auftraggebers.

(3) Die vom Auftraggeber zur Verfügung gestellten Geländeaufnahmen und Absteckungen und die übrigen für die Ausführung übergebenen Unterlagen sind für den Auftragnehmer maßgebend. Jedoch hat er sie, soweit es zur ordnungsgemäßen Vertragserfüllung gehört, auf etwaige Unstimmigkeiten zu überprüfen und den Auftraggeber auf entdeckte oder vermutete Mängel hinzuweisen.

(4) Vor Beginn der Arbeiten ist, soweit notwendig, der Zustand der Straßen und Geländeoberfläche, der Vorfluter und Vorflutleitungen, ferner der baulichen Anlagen im Baubereich in einer Niederschrift festzuhalten, die vom Auftraggeber und Auftragnehmer anzuerkennen ist.

(5) Zeichnungen, Berechnungen, Nachprüfungen von Berechnungen oder andere Unterlagen, die der Auftragnehmer nach dem Vertrag, besonders den Technischen Vertragsbedingungen, oder der gewerblichen Verkehrssitte oder auf besonderes Verlangen des Auftraggebers (§ 2 Absatz 9) zu beschaffen hat, sind dem Auftraggeber nach Aufforderung rechtzeitig vorzulegen.

(6) 1. Die in Absatz 5 genannten Unterlagen dürfen ohne Genehmigung ihres Urhebers nicht veröffentlicht, vervielfältigt, geändert oder für einen anderen als den vereinbarten Zweck benutzt werden.

2. An DV-Programmen hat der Auftraggeber das Recht zur Nutzung mit den vereinbarten Leistungsmerkmalen in unveränderter Form auf den festgelegten Geräten. Der Auftraggeber darf zum Zwecke der Datensicherung zwei Kopien herstellen. Diese müssen alle Identifikationsmerkmale enthalten. Der Verbleib der Kopien ist auf Verlangen nachzuweisen.
3. Der Auftragnehmer bleibt unbeschadet des Nutzungsrechts des Auftraggebers zur Nutzung der Unterlagen und der DV-Programme berechtigt.

§ 4
Ausführung

(1) 1. Der Auftraggeber hat für die Aufrechterhaltung der allgemeinen Ordnung auf der Baustelle zu sorgen und das Zusammenwirken der verschiedenen Unternehmer zu regeln. Er hat die erforderlichen öffentlich-rechtlichen Genehmigungen und Erlaubnisse - z.B. nach dem Baurecht, dem Straßenverkehrsrecht, dem Wasserrecht, dem Gewerberecht - herbeizuführen.
2. Der Auftraggeber hat das Recht, die vertragsgemäße Ausführung der Leistung zu überwachen. Hierzu hat er Zutritt zu den Arbeitsplätzen, Werkstätten und Lagerräumen, wo die vertragliche Leistung oder Teile von ihr hergestellt oder die hierfür bestimmten Stoffe und Bauteile gelagert werden. Auf Verlangen sind ihm die Werkzeichnungen oder andere Ausführungsunterlagen sowie die Ergebnisse von Güteprüfungen zur Einsicht vorzulegen und die erforderlichen Auskünfte zu erteilen, wenn hierdurch keine Geschäftsgeheimnisse preisgegeben werden. Als Geschäftsgeheimnis bezeichnete Auskünfte und Unterlagen hat er vertraulich zu behandeln.
3. Der Auftraggeber ist befugt, unter Wahrung der dem Auftragnehmer zustehenden Leitung (Absatz 2) Anordnungen zu treffen, die zur vertragsgemäßen Ausführung der Leistung notwendig sind. Die Anordnungen sind grundsätzlich nur dem Auftragnehmer oder seinem für die Leitung der Ausführung bestellten Vertreter zu erteilen, außer wenn Gefahr im Verzug ist. Dem Auftraggeber ist mitzuteilen, wer jeweils als Vertreter des Auftragnehmers für die Leitung der Ausführung bestellt ist.
4. Hält der Auftragnehmer die Anordnungen des Auftraggebers für unberechtigt oder unzweckmäßig, so hat er seine Bedenken geltend zu machen, die Anordnungen jedoch auf Verlangen auszuführen, wenn nicht gesetzliche oder behördliche Bestimmungen entgegenstehen. Wenn dadurch eine ungerechtfertigte Erschwerung verursacht wird, hat der Auftraggeber die Mehrkosten zu tragen.

(2) 1. Der Auftragnehmer hat die Leistung unter eigener Verantwortung nach dem Vertrag auszuführen. Dabei hat er die anerkannten Regeln der Technik und die gesetzlichen und behördlichen Bestimmungen zu beachten. Es ist seine Sache, die Ausführung seiner vertraglichen Leistung zu leiten und für Ordnung auf seiner Arbeitsstelle zu sorgen.
2. Er ist für die Erfüllung der gesetzlichen, behördlichen und berufsgenossenschaftlichen Verpflichtungen gegenüber seinen Arbeitnehmern allein verantwortlich. Es ist ausschließlich seine Aufgabe,

die Vereinbarungen und Maßnahmen zu treffen, die sein Verhältnis zu den Arbeitnehmern regeln.

(3) Hat der Auftragnehmer Bedenken gegen die vorgesehene Art der Ausführung (auch wegen der Sicherung gegen Unfallgefahren), gegen die Güte der vom Auftraggeber gelieferten Stoffe oder Bauteile oder gegen die Leistungen anderer Unternehmer, so hat er sie dem Auftraggeber unverzüglich - möglichst schon vor Beginn der Arbeiten - schriftlich mitzuteilen; der Auftraggeber bleibt jedoch für seine Angaben, Anordnungen oder Lieferungen verantwortlich.

(4) Der Auftraggeber hat, wenn nichts anderes vereinbart ist, dem Auftragnehmer unentgeltlich zur Benutzung oder Mitbenutzung zu überlassen:

1. die notwendigen Lager- und Arbeitsplätze auf der Baustelle,
2. vorhandene Zufahrtswege und Anschlussgleise,
3. vorhandene Anschlüsse für Wasser und Energie. Die Kosten für den Verbrauch und den Messer oder Zähler trägt der Auftragnehmer, mehrere Auftragnehmer tragen sie anteilig.

(5) Der Auftragnehmer hat die von ihm ausgeführten Leistungen und die ihm für die Ausführung übergebenen Gegenstände bis zur Abnahme vor Beschädigung und Diebstahl zu schützen. Auf Verlangen des Auftraggebers hat er sie vor Winterschäden und Grundwasser zu schützen, ferner Schnee und Eis zu beseitigen. Obliegt ihm die Verpflichtung nach Satz 2 nicht schon nach dem Vertrag, so regelt sich die Vergütung nach § 2 Absatz 6.

(6) Stoffe oder Bauteile, die dem Vertrag oder den Proben nicht entsprechen, sind auf Anordnung des Auftraggebers innerhalb einer von ihm bestimmten Frist von der Baustelle zu entfernen. Geschieht es nicht, so können sie auf Kosten des Auftragnehmers entfernt oder für seine Rechnung veräußert werden.

(7) Leistungen, die schon während der Ausführung als mangelhaft oder vertragswidrig erkannt werden, hat der Auftragnehmer auf eigene Kosten durch mangelfreie zu ersetzen. Hat der Auftragnehmer den Mangel oder die Vertragswidrigkeit zu vertreten, so hat er auch den daraus entstehenden Schaden zu ersetzen. Kommt der Auftragnehmer der Pflicht zur Beseitigung des Mangels nicht nach, so kann ihm der Auftraggeber eine angemessene Frist zur Beseitigung des Mangels setzen und erklären, dass er ihm nach fruchtlosem Ablauf der Frist den Vertrag kündigen werde (§ 8 Absatz 3).

(8) 1. Der Auftragnehmer hat die Leistung im eigenen Betrieb auszuführen. Mit schriftlicher Zustimmung des Auftraggebers darf er sie an Nachunternehmer übertragen. Die Zustimmung ist nicht notwendig bei Leistungen, auf die der Betrieb des Auftragnehmers nicht eingerichtet ist. Erbringt der Auftragnehmer ohne schriftliche Zustimmung des Auftraggebers Leistungen nicht im eigenen Betrieb, obwohl sein Betrieb darauf eingerichtet ist, kann der Auftraggeber ihm eine angemessene Frist zur Aufnahme der Leistung im eigenen Betrieb setzen und erklären, dass er ihm nach fruchtlosem Ablauf der Frist den kündigen werde (§ 8 Absatz 3).

2. Der Auftragnehmer hat bei der Weitervergabe von Bauleistungen an Nachunternehmer die Vergabe und Vertragsordnung für Bauleistungen Teile B und C zugrunde zu legen.

3. Der Auftragnehmer hat dem Auftraggeber die Nachunternehmer und deren Nachunternehmer ohne Aufforderung spätestens bis zum Leistungsbeginn des Nachunternehmers mit Namen, gesetzlichen Vertretern und Kontaktdaten bekannt zu geben. Auf Verlangen des Auftraggebers hat der Auftragnehmer für seine Nachunternehmer Erklärungen und Nachweise zur Eignung vorzulegen.

(9) Werden bei Ausführung der Leistung auf einem Grundstück Gegenstände von Altertums-, Kunst- oder wissenschaftlichem Wert entdeckt, so hat der Auftragnehmer vor jedem weiteren Aufdecken oder Ändern dem Auftraggeber den Fund anzuzeigen und ihm die Gegenstände nach näherer Weisung abzuliefern. Die Vergütung etwaiger Mehrkosten regelt sich nach § 2 Absatz 6. Die Rechte des Entdeckers (§ 984 BGB) hat der Auftraggeber.

(10) Der Zustand von Teilen der Leistung ist auf Verlangen gemeinsam von Auftraggeber und Auftragnehmer festzustellen, wenn diese Teile der Leistung durch die weitere Ausführung der Prüfung und Feststellung entzogen werden. Das Ergebnis ist schriftlich niederzulegen.

§ 5
Ausführungsfristen

(1) Die Ausführung ist nach den verbindlichen Fristen (Vertragsfristen) zu beginnen, angemessen zu fördern und zu vollenden. In einem Bauzeitenplan enthaltene Einzelfristen gelten nur dann als Vertragsfristen, wenn dies im Vertrag ausdrücklich vereinbart ist.

(2) Ist für den Beginn der Ausführung keine Frist vereinbart, so hat der Auftraggeber dem Auftragnehmer auf Verlangen Auskunft über den voraussichtlichen Beginn zu erteilen. Der Auftragnehmer hat innerhalb von 12 Werktagen nach Aufforderung zu beginnen. Der Beginn der Ausführung ist dem Auftraggeber anzuzeigen.

(3) Wenn Arbeitskräfte, Geräte, Gerüste, Stoffe oder Bauteile so unzureichend sind, dass die Ausführungsfristen offenbar nicht eingehalten werden können, muss der Auftragnehmer auf Verlangen unverzüglich Abhilfe schaffen.

(4) Verzögert der Auftragnehmer den Beginn der Ausführung, gerät er mit der Vollendung in Verzug oder kommt er der in Absatz 3 erwähnten Verpflichtung nicht nach, so kann der Auftraggeber bei Aufrechterhaltung des Vertrages Schadensersatz nach § 6 Absatz 6 verlangen oder dem Auftragnehmer eine angemessene Frist zur Vertragserfüllung setzen und erklären, dass er nach fruchtlosem Ablauf der Frist den Vertrag kündigen werde (§ 8 Absatz 3).

§ 6
Behinderung und Unterbrechung der Ausführung

(1) Glaubt sich der Auftragnehmer in der ordnungsgemäßen Ausführung der Leistung behindert, so hat er es dem Auftraggeber unverzüglich schriftlich anzuzeigen. Unterlässt er die Anzeige, so hat er nur dann Anspruch auf

Berücksichtigung der hindernden Umstände, wenn dem Auftraggeber offenkundig die Tatsache und deren hindernde Wirkung bekannt waren.

(2) 1. Ausführungsfristen werden verlängert, soweit die Behinderung verursacht ist

a) durch einen Umstand aus dem Risikobereich des Auftraggebers,

b) durch Streik oder eine von der Berufsvertretung der Arbeitgeber angeordnete Aussperrung im Betrieb des Auftragnehmers oder in einem unmittelbar für ihn arbeitenden Betrieb,

c) durch höhere Gewalt oder andere für den Auftragnehmer unabwendbare Umstände.

2. Witterungseinflüsse während der Ausführungszeit, mit denen bei Abgabe des Angebots normalerweise gerechnet werden musste, gelten nicht als Behinderung.

(3) Der Auftragnehmer hat alles zu tun, was ihm billigerweise zugemutet werden kann, um die Weiterführung der Arbeiten zu ermöglichen. Sobald die hindernden Umstände wegfallen, hat er ohne weiteres und unverzüglich die Arbeiten wieder aufzunehmen und den Auftraggeber davon zu benachrichtigen.

(4) Die Fristverlängerung wird berechnet nach der Dauer der Behinderung mit einem Zuschlag für die Wiederaufnahme der Arbeiten und die etwaige Verschiebung in eine ungünstigere Jahreszeit.

(5) Wird die Ausführung für voraussichtlich längere Dauer unterbrochen, ohne dass die Leistung dauernd unmöglich wird, so sind die ausgeführten Leistungen nach den Vertragspreisen abzurechnen und außerdem die Kosten zu vergüten, die dem Auftragnehmer bereits entstanden und in den Vertragspreisen des nicht ausgeführten Teils der Leistung enthalten sind.

(6) Sind die hindernden Umstände von einem Vertragsteil zu vertreten, so hat der andere Teil Anspruch auf Ersatz des nachweislich entstandenen Schadens, des entgangenen Gewinns aber nur bei Vorsatz oder grober Fahrlässigkeit. Im Übrigen bleibt der Anspruch des Auftragnehmers auf angemessene Entschädigung nach § 642 BGB unberührt, sofern die Anzeige nach Absatz 1 Satz 1 erfolgt oder wenn Offenkundigkeit nach Absatz 1 Satz 2 gegeben ist.

(7) Dauert eine Unterbrechung länger als 3 Monate, so kann jeder Teil nach Ablauf dieser Zeit den Vertrag schriftlich kündigen. Die Abrechnung regelt sich nach den Absätzen 5 und 6; wenn der Auftragnehmer die Unterbrechung nicht zu vertreten hat, sind auch die Kosten der Baustellenräumung zu vergüten, soweit sie nicht in der Vergütung für die bereits ausgeführten Leistungen enthalten sind.

§ 7
Verteilung der Gefahr

(1) Wird die ganz oder teilweise ausgeführte Leistung vor der Abnahme durch höhere Gewalt, Krieg, Aufruhr oder andere objektiv unabwendbare vom Auftragnehmer nicht zu vertretende Umstände beschädigt oder zerstört, so hat dieser für die ausgeführten Teile der Leistung die Ansprüche nach § 6 Absatz 5; für andere Schäden besteht keine gegenseitige Ersatzpflicht.

(2) Zu der ganz oder teilweise ausgeführten Leistung gehören alle mit der baulichen Anlage unmittelbar verbundenen, in ihre Substanz eingegangenen Leistungen, unabhängig von deren Fertigstellungsgrad.

(3) Zu der ganz oder teilweise ausgeführten Leistung gehören nicht die noch nicht eingebauten Stoffe und Bauteile sowie die Baustelleneinrichtung und Absteckungen. Zu der ganz oder teilweise ausgeführten Leistung gehören ebenfalls nicht Hilfskonstruktionen und Gerüste, auch wenn diese als Besondere Leistung oder selbstständig vergeben sind.

§ 8
Kündigung durch den Auftraggeber

(1) 1. Der Auftraggeber kann bis zur Vollendung der Leistung jederzeit den Vertrag kündigen.

2. Dem Auftragnehmer steht die vereinbarte Vergütung zu. Er muss sich jedoch anrechnen lassen, was er infolge der Aufhebung des Vertrags an Kosten erspart oder durch anderweitige Verwendung seiner Arbeitskraft und seines Betriebs erwirbt oder zu erwerben böswillig unterlässt (§ 649 BGB).

(2) 1. Der Auftraggeber kann den Vertrag kündigen, wenn der Auftragnehmer seine Zahlungen einstellt, von ihm oder zulässigerweise vom Auftraggeber oder einem anderen Gläubiger das Insolvenzverfahren (§§ 14 und 15 InsO) beziehungsweise ein vergleichbares gesetzliches Verfahren beantragt ist, ein solches Verfahren eröffnet wird oder dessen Eröffnung mangels Masse abgelehnt wird.

2. Die ausgeführten Leistungen sind nach § 6 Absatz 5 abzurechnen. Der Auftraggeber kann Schadensersatz wegen Nichterfüllung des Restes verlangen.

(3) 1. Der Auftraggeber kann den Vertrag kündigen, wenn in den Fällen des § 4 Absatz 7 und 8 Nummer 1 und des § 5 Absatz 4 die gesetzte Frist fruchtlos abgelaufen ist. Die Kündigung kann auf einen in sich abgeschlossenen Teil der vertraglichen Leistung beschränkt werden.

2. Nach der Kündigung ist der Auftraggeber berechtigt, den noch nicht vollendeten Teil der Leistung zu Lasten des Auftragnehmers durch einen Dritten ausführen zu lassen, doch bleiben seine Ansprüche auf Ersatz des etwa entstehenden weiteren Schadens bestehen. Er ist auch berechtigt, auf die weitere Ausführung zu verzichten und Schadensersatz wegen Nichterfüllung zu verlangen, wenn die Ausführung aus den Gründen, die zur Kündigung geführt haben, für ihn kein Interesse mehr hat.

3. Für die Weiterführung der Arbeiten kann der Auftraggeber Geräte, Gerüste, auf der Baustelle vorhandene andere Einrichtungen und angelieferte Stoffe und Bauteile gegen angemessene Vergütung in Anspruch nehmen.

4. Der Auftraggeber hat dem Auftragnehmer eine Aufstellung über die entstandenen Mehrkosten und über seine anderen Ansprüche spätestens binnen 12 Werktagen nach Abrechnung mit dem Dritten zuzusenden.

(4) Der Auftraggeber kann den Vertrag kündigen,

1. wenn der Auftragnehmer aus Anlass der Vergabe eine Abrede getroffen hatte, die eine unzulässige Wettbewerbsbeschränkung darstellt. Absatz 3 Nummer 1 Satz 2 Nummer 2 bis 4 gilt entsprechend.
2. sofern dieser im Anwendungsbereich des 4. Teils des GWB geschlossen wurde,
a) wenn der Auftragnehmer wegen eines zwingenden Ausschlussgrundes zum Zeitpunkt des Zuschlags nicht hätte beauftragt werden dürfen. Absatz. 3 Nummer 1 Satz 2 und Nummer 2 bis 4 gilt entsprechend.
b) bei wesentlicher Änderung des Vertrages oder bei Feststellung einer schweren Verletzung der Verträge über die Europäische Union und die Arbeitswese der Europäischen Union durch den Europäischen Gerichtshof. Die ausgeführten Leistungen sind nach § 6 Absatz 5 abzurechnen. Etwaige Schadensersatzansprüche der Parteien bleiben unberührt.
Die Kündigung ist innerhalb von 12 Werktagen nach Bekanntwerden des Kündigungsgrundes auszusprechen.

(5) Sofern der Auftragnehmer die Leistung, ungeachtet des Anwendungsbereichs des 4. Teils des GWB, ganz oder teilweise an Nachunternehmer weitervergeben hat, steht auch ihm das Kündigungsrecht gemäß Absatz 4 Nummer 2 Buchstabe b zu, wenn der ihn als Auftragnehmer verpflichtende Vertrag (Hauptauftrag) gemäß Absatz 4 Nummer 2 Buchstabe b gekündigt wurde. Entsprechendes gilt für jeden Auftraggeber der Nachunternehmerkette, sofern sein jeweiliger Auftraggeber den Vertrag gemäß Satz 1 gekündigt hat.

(6) Die Kündigung ist schriftlich zu erklären.

(7) Der Auftragnehmer kann Aufmaß und Abnahme der von ihm ausgeführten Leistungen alsbald nach der Kündigung verlangen; er hat unverzüglich eine prüfbare Rechnung über die ausgeführten Leistungen vorzulegen.

(8) Eine wegen Verzugs verwirkte, nach Zeit bemessene Vertragsstrafe kann nur für die Zeit bis zum Tag der Kündigung des Vertrags gefordert werden.

§ 9
Kündigung durch den Auftragnehmer

(1) Der Auftragnehmer kann den Vertrag kündigen,
1. wenn der Auftraggeber eine ihm obliegende Handlung unterlässt und dadurch den Auftragnehmer außerstande setzt, die Leistung auszuführen (Annahmeverzug nach §§ 293 ff. BGB),
2. wenn der Auftraggeber eine fällige Zahlung nicht leistet oder sonst in Schuldnerverzug gerät.

(2) Die Kündigung ist schriftlich zu erklären. Sie ist erst zulässig, wenn der Auftragnehmer dem Auftraggeber ohne Erfolg eine angemessene Frist zur Vertragserfüllung gesetzt und erklärt hat, dass er nach fruchtlosem Ablauf der Frist den Vertrag kündigen werde.

(3) Die bisherigen Leistungen sind nach den Vertragspreisen abzurechnen. Außerdem hat der Auftragnehmer Anspruch auf angemessene Entschädigung nach § 642 BGB; etwaige weitergehende Ansprüche des Auftragnehmers bleiben unberührt.

§ 10
Haftung der Vertragsparteien

(1) Die Vertragsparteien haften einander für eigenes Verschulden sowie für das Verschulden ihrer gesetzlichen Vertreter und der Personen, deren sie sich zur Erfüllung ihrer Verbindlichkeiten bedienen (§§ 276, 278 BGB).

(2) 1. Entsteht einem Dritten im Zusammenhang mit der Leistung ein Schaden, für den auf Grund gesetzlicher Haftpflichtbestimmungen beide Vertragsparteien haften, so gelten für den Ausgleich zwischen den Vertragsparteien die allgemeinen gesetzlichen Bestimmungen, soweit im Einzelfall nichts anderes vereinbart ist. Soweit der Schaden des Dritten nur die Folge einer Maßnahme ist, die der Auftraggeber in dieser Form angeordnet hat, trägt er den Schaden allein, wenn ihn der Auftragnehmer auf die mit der angeordneten Ausführung verbundene Gefahr nach § 4 Absatz 3 hingewiesen hat.

(2) Der Auftragnehmer trägt den Schaden allein, soweit er ihn durch Versicherung seiner gesetzlichen Haftpflicht gedeckt hat oder durch eine solche zu tarifmäßigen, nicht auf außergewöhnliche Verhältnisse abgestellten Prämien und Prämienzuschlägen bei einem im Inland zum Geschäftsbetrieb zugelassenen Versicherer hätte decken können.

(3) Ist der Auftragnehmer einem Dritten nach den §§ 823 ff. BGB zu Schadensersatz verpflichtet wegen unbefugten Betretens oder Beschädigung angrenzender Grundstücke, wegen Entnahme oder Auflagerung von Boden oder anderen Gegenständen außerhalb der vom Auftraggeber dazu angewiesenen Flächen oder wegen der Folgen eigenmächtiger Versperrung von Wegen oder Wasserläufen, so trägt er im Verhältnis zum Auftraggeber den Schaden allein.

(4) Für die Verletzung gewerblicher Schutzrechte haftet im Verhältnis der Vertragsparteien zueinander der Auftragnehmer allein, wenn er selbst das geschützte Verfahren oder die Verwendung geschützter Gegenstände angeboten oder wenn der Auftraggeber die Verwendung vorgeschrieben und auf das Schutzrecht hingewiesen hat.

(5) Ist eine Vertragspartei gegenüber der anderen nach den Absätzen 2, 3 oder 4 von der Ausgleichspflicht befreit, so gilt diese Befreiung auch zugunsten ihrer gesetzlichen Vertreter und Erfüllungsgehilfen, wenn sie nicht vorsätzlich oder grob fahrlässig gehandelt haben.

(6) Soweit eine Vertragspartei von dem Dritten für einen Schaden in Anspruch genommen wird, den nach den Absätzen 2, 3 oder 4 die andere Vertragspartei zu tragen hat, kann sie verlangen, dass ihre Vertragspartei sie von der Verbindlichkeit gegenüber dem Dritten befreit.
Sie darf den Anspruch des Dritten nicht anerkennen oder befriedigen, ohne der anderen Vertragspartei vorher Gelegenheit zur Äußerung gegeben zu haben.

§ 11
Vertragsstrafe

(1) Wenn Vertragsstrafen vereinbart sind, gelten die §§ 339 bis 345 BGB.

(2) Ist die Vertragsstrafe für den Fall vereinbart, dass der Auftragnehmer nicht in der vorgesehenen Frist erfüllt, so wird sie fällig, wenn der Auftragnehmer in Verzug gerät.

(3) Ist die Vertragsstrafe nach Tagen bemessen, so zählen nur Werktage; ist sie nach Wochen bemessen, so wird jeder Werktag angefangener Wochen als 1/6 Woche gerechnet.

(4) Hat der Auftraggeber die Leistung abgenommen, so kann er die Strafe nur verlangen, wenn er dies bei der Abnahme vorbehalten hat.

§ 12
Abnahme

(1) Verlangt der Auftragnehmer nach der Fertigstellung - gegebenenfalls auch vor Ablauf der vereinbarten Ausführungsfrist - die Abnahme der Leistung, so hat sie der Auftraggeber binnen 12 Werktagen durchzuführen; eine andere Frist kann vereinbart werden.

(2) Auf Verlangen sind in sich abgeschlossene Teile der Leistung besonders abzunehmen.

(3) Wegen wesentlicher Mängel kann die Abnahme bis zur Beseitigung verweigert werden.

(4) 1. Eine förmliche Abnahme hat stattzufinden, wenn eine Vertragspartei es verlangt. Jede Partei kann auf ihre Kosten einen Sachverständigen zuziehen. Der Befund ist in gemeinsamer Verhandlung schriftlich niederzulegen. In die Niederschrift sind etwaige Vorbehalte wegen bekannter Mängel und wegen Vertragsstrafen aufzunehmen, ebenso etwaige Einwendungen des Auftragnehmers. Jede Partei erhält eine Ausfertigung.

2. Die förmliche Abnahme kann in Abwesenheit des Auftragnehmers stattfinden, wenn der Termin vereinbart war oder der Auftraggeber mit genügender Frist dazu eingeladen hatte. Das Ergebnis der Abnahme ist dem Auftragnehmer alsbald mitzuteilen.

(5) 1. Wird keine Abnahme verlangt, so gilt die Leistung als abgenommen mit Ablauf von 12 Werktagen nach schriftlicher Mitteilung über die Fertigstellung der Leistung.

2. Wird keine Abnahme verlangt und hat der Auftraggeber die Leistung oder einen Teil der Leistung in Benutzung genommen, so gilt die Abnahme nach Ablauf von 6 Werktagen nach Beginn der Benutzung als erfolgt, wenn nichts anderes vereinbart ist. Die Benutzung von Teilen einer baulichen Anlage zur Weiterführung der Arbeiten gilt nicht als Abnahme.

3. Vorbehalte wegen bekannter Mängel oder wegen Vertragsstrafen hat der Auftraggeber spätestens zu den in den Nummern 1 und 2 bezeichneten Zeitpunkten geltend zu machen.

(6) Mit der Abnahme geht die Gefahr auf den Auftraggeber über, soweit er sie nicht schon nach § 7 trägt.

§ 13
Mängelansprüche

(1) Der Auftragnehmer hat dem Auftraggeber seine Leistung zum Zeitpunkt der Abnahme frei von Sachmängeln zu verschaffen. Die Leistung ist zur

Zeit der Abnahme frei von Sachmängeln, wenn sie die vereinbarte Beschaffenheit hat und den anerkannten Regeln der Technik entspricht. Ist die Beschaffenheit nicht vereinbart, so ist die Leistung zur Zeit der Abnahme frei von Sachmängeln,

1. wenn sie sich für die nach dem Vertrag vorausgesetzte sonst
2. für die gewöhnliche Verwendung eignet und eine Beschaffenheit aufweist, die bei Werken der gleichen Art üblich ist und die der Auftraggeber nach der Art der Leistung erwarten kann.

(2) Bei Leistungen nach Probe gelten die Eigenschaften der Probe als vereinbarte Beschaffenheit, soweit nicht Abweichungen nach der Verkehrssitte als bedeutungslos anzusehen sind. Dies gilt auch für Proben, die erst nach Vertragsabschluss als solche anerkannt sind.

(3) Ist ein Mangel zurückzuführen auf die Leistungsbeschreibung oder auf Anordnungen des Auftraggebers, auf die von diesem gelieferten oder vorgeschriebenen Stoffe oder Bauteile oder die Beschaffenheit der Vorleistung eines anderen Unternehmers, haftet der Auftragnehmer, es sei denn, er hat die ihm nach § 4 Absatz 3 obliegende Mitteilung gemacht.

(4) 1. Ist für Mängelansprüche keine Verjährungsfrist im Vertrag vereinbart, so beträgt sie für Bauwerke 4 Jahre, für andere Werke, deren Erfolg in der Herstellung, Wartung oder Veränderung einer Sache besteht, und für die vom Feuer berührten Teile von Feuerungsanlagen 2 Jahre. Abweichend von Satz 1 beträgt die Verjährungsfrist für feuerberührte und abgasdämmende Teile von industriellen Feuerungsanlagen 1 Jahr.

2. Ist für Teile von maschinellen und elektrotechnischen/ elektronischen Anlagen, bei denen die Wartung Einfluss auf Sicherheit und Funktionsfähigkeit hat, nichts anderes vereinbart, beträgt für diese Anlagenteile die Verjährungsfrist für Mängelansprüche abweichend von Nummer 1 zwei Jahre, wenn der Auftraggeber sich dafür entschieden hat, dem Auftragnehmer die Wartung für die Dauer der Verjährungsfrist nicht zu übertragen; dies gilt auch, wenn für weitere Leistungen eine andere Verjährungsfrist vereinbart ist.

3. Die Frist beginnt mit der Abnahme der gesamten Leistung; nur für in sich abgeschlossene Teile der Leistung beginnt sie mit der Teilabnahme (§ 12 Absatz 2).

(5) 1. Der Auftragnehmer ist verpflichtet, alle während der Verjährungsfrist hervortretenden Mängel, die auf vertragswidrige Leistung zurückzuführen sind, auf seine Kosten zu beseitigen, wenn es der Auftraggeber vor Ablauf der Frist schriftlich verlangt. Der Anspruch auf Beseitigung der gerügten Mängel verjährt in 2 Jahren, gerechnet vom Zugang des schriftlichen Verlangens an, jedoch nicht vor Ablauf der Regelfristen nach Absatz 4 oder der an ihrer Stelle vereinbarten Frist. Nach Abnahme der Mängelbeseitigungsleistung beginnt für diese Leistung eine Verjährungsfrist von 2 Jahren neu, die jedoch nicht vor Ablauf der Regelfristen nach Absatz 4 oder der an ihrer Stelle vereinbarten Frist endet.

2. Kommt der Auftragnehmer der Aufforderung zur Mängelbeseitigung in einer vom Auftraggeber gesetzten angemessenen Frist nicht nach, so

kann der Auftraggeber die Mängel auf Kosten des Auftragnehmers beseitigen lassen.

(6) Ist die Beseitigung des Mangels für den Auftraggeber unzumutbar oder ist sie unmöglich oder würde sie einen unverhältnismäßig hohen Aufwand erfordern und wird sie deshalb vom Auftragnehmer verweigert, so kann der Auftraggeber durch Erklärung gegenüber dem Auftragnehmer die Vergütung mindern (§ 638 BGB).

(7) 1. Der Auftragnehmer haftet bei schuldhaft verursachten Mängeln für Schäden aus der Verletzung des Lebens, des Körpers oder der Gesundheit.

2. Bei vorsätzlich oder grob fahrlässig verursachten Mängeln haftet er für alle Schäden

3. Im Übrigen ist dem Auftraggeber der Schaden an der baulichen Anlage zu ersetzen, zu deren Herstellung, Instandhaltung oder Änderung die Leistung dient, wenn ein wesentlicher Mangel vorliegt, der die Gebrauchsfähigkeit erheblich beeinträchtigt und auf ein Verschulden des Auftragnehmers zurückzuführen ist. Einen darüber hinausgehenden Schaden hat der Auftragnehmer nur dann zu ersetzen,

a) wenn der Mangel auf einem Verstoß gegen die anerkannten Regeln der Technik beruht

b) wenn der Mangel in dem Fehlen einer vertraglich vereinbarten Beschaffenheit besteht oder

c) soweit der Auftragnehmer den Schaden durch Versicherung seiner gesetzlichen Haftpflicht gedeckt hat oder durch eine solche zu tarifmäßigen, nicht auf außergewöhnliche Verhältnisse abgestellten Prämien und Prämienzuschlägen bei einem im Inland zum Geschäftsbetrieb zugelassenen Versicherer hätte decken können.

4. Abweichend von Absatz 4 gelten die gesetzlichen Verjährungsfristen, soweit sich der Auftragnehmer nach Nummer 3 durch Versicherung geschützt hat oder hätte schützen können oder soweit ein besonderer Versicherungsschutz vereinbart ist.

5. Eine Einschränkung oder Erweiterung der Haftung kann in begründeten Sonderfällen vereinbart werden.

§ 14
Abrechnung

(1) Der Auftragnehmer hat seine Leistungen prüfbar abzurechnen. Er hat die Rechnungen übersichtlich aufzustellen und dabei die Reihenfolge der Posten einzuhalten und die in den Vertragsbestandteilen enthaltenen Bezeichnungen zu verwenden. Die zum Nachweis von Art und Umfang der Leistung erforderlichen Mengenberechnungen, Zeichnungen und andere Belege sind beizufügen. Änderungen und Ergänzungen des Vertrags sind in der Rechnung besonders kenntlich zu machen; sie sind auf Verlangen getrennt abzurechnen.

(2) Die für die Abrechnung notwendigen Feststellungen sind dem Fortgang der Leistung entsprechend möglichst gemeinsam vorzunehmen. Die Abrechnungsbestimmungen in den Technischen Vertragsbedingungen und den anderen Vertragsunterlagen sind zu beachten. Für Leistungen,

die bei Weiterführung der Arbeiten nur schwer feststellbar sind, hat der Auftragnehmer rechtzeitig gemeinsame Feststellungen zu beantragen.

(3). Die Schlussrechnung muss bei Leistungen mit einer vertraglichen Ausführungsfrist von höchstens 3 Monaten spätestens 12 Werktage nach Fertigstellung eingereicht werden, wenn nichts anderes vereinbart ist; diese Frist wird um je 6 Werktage für je weitere 3 Monate Ausführungsfrist verlängert.

(4) Reicht der Auftragnehmer eine prüfbare Rechnung nicht ein, obwohl ihm der Auftraggeber dafür eine angemessene Frist gesetzt hat, so kann sie der Auftraggeber selbst auf Kosten des Auftragnehmers aufstellen.

§ 15
Stundenlohnarbeiten

(1) 1. Stundenlohnarbeiten werden nach den vertraglichen Vereinbarungen abgerechnet.

2. Soweit für die Vergütung keine Vereinbarungen getroffen worden sind, gilt die ortsübliche Vergütung. Ist diese nicht zu ermitteln, so werden die Aufwendungen des Auftragnehmers für Lohn- und Gehaltskosten der Baustelle, Lohn- und Gehaltsnebenkosten der Baustelle, Stoffkosten der Baustelle, Kosten der Einrichtungen, Geräte, Maschinen und maschinellen Anlagen der Baustelle, Fracht-, Fuhr- und Ladekosten, Sozialkassenbeiträge und Sonderkosten, die bei wirtschaftlicher Betriebsführung entstehen, mit angemessenen Zuschlägen für Gemeinkosten und Gewinn (einschließlich allgemeinem Unternehmerwagnis) zuzüglich Umsatzsteuer vergütet.

(2) Verlangt der Auftraggeber, dass die Stundenlohnarbeiten durch einen Polier oder eine andere Aufsichtsperson beaufsichtigt werden, oder ist die Aufsicht nach den einschlägigen Unfallverhütungsvorschriften notwendig, so gilt Absatz 1 entsprechend.

(3) Dem Auftraggeber ist die Ausführung von Stundenlohnarbeiten vor Beginn anzuzeigen. Über die geleisteten Arbeitsstunden und den dabei erforderlichen, besonders zu vergütenden Aufwand für den Verbrauch von Stoffen, für Vorhaltung von Einrichtungen, Geräten, Maschinen und maschinellen Anlagen, für Frachten, Fuhr- und Ladeleistungen sowie etwaige Sonderkosten sind, wenn nichts anderes vereinbart ist, je nach der Verkehrssitte werktäglich oder wöchentlich Listen (Stundenlohnzettel) einzureichen. Der Auftraggeber hat die von ihm bescheinigten Stundenlohnzettel unverzüglich, spätestens jedoch innerhalb von 6 Werktagen nach Zugang, zurückzugeben. Dabei kann er Einwendungen auf den Stundenlohnzetteln oder gesondert schriftlich erheben. Nicht fristgemäß zurückgegebene Stundenlohnzettel gelten als anerkannt.

(4) Stundenlohnrechnungen sind alsbald nach Abschluss der Stundenlohnarbeiten, längstens jedoch in Abständen von 4 Wochen einzureichen. Für die Zahlung gilt § 16.

(5) Wenn Stundenlohnarbeiten zwar vereinbart waren, über den Umfang der Stundenlohnleistungen aber mangels rechtzeitiger Vorlage der Stundenlohnzettel Zweifel bestehen, so kann der Auftraggeber verlangen, dass für die nachweisbar ausgeführten Leistungen eine Vergütung vereinbart wird, die nach Maßgabe von Absatz 1 Nummer 2 für einen

wirtschaftlich vertretbaren Aufwand an Arbeitszeit und Verbrauch von Stoffen, für Vorhaltung von Einrichtungen, Geräten, Maschinen und maschinellen Anlagen, für Frachten, Fuhr- und Ladeleistungen sowie etwaige Sonderkosten ermittelt wird.

§ 16
Zahlung

(1) 1. Abschlagszahlungen sind auf Antrag in möglichst kurzen Zeitabständen oder zu den vereinbarten Zeitpunkten zu gewähren, und zwar in Höhe des Wertes der jeweils nachgewiesenen vertragsgemäßen Leistungen einschließlich des ausgewiesenen, darauf entfallenden Umsatzsteuerbetrages. Die Leistungen sind durch eine prüfbare Aufstellung nachzuweisen, die eine rasche und sichere Beurteilung der Leistungen ermöglichen muss. Als Leistungen gelten hierbei auch die für die geforderte Leistung eigens angefertigten und bereitgestellten Bauteile sowie die auf der Baustelle angelieferten Stoffe und Bauteile, wenn dem Auftraggeber nach seiner Wahl das Eigentum an ihnen übertragen ist oder entsprechende Sicherheit gegeben wird.

2. Gegenforderungen können einbehalten werden. Andere Einbehalte sind nur in den im Vertrag und in den gesetzlichen Bestimmungen vorgesehenen Fällen zulässig.

3. Ansprüche auf Abschlagszahlungen werden binnen 21 Tagen nach Zugang der Aufstellung fällig.

4. Die Abschlagszahlungen sind ohne Einfluss auf die Haftung des Auftragnehmers; sie gelten nicht als Abnahme von Teilen der Leistung.

(2) 1. Vorauszahlungen können auch nach Vertragsabschluss vereinbart werden; hierfür ist auf Verlangen des Auftraggebers ausreichende Sicherheit zu leisten. Diese Vorauszahlungen sind, sofern nichts anderes vereinbart wird, mit 3 v. H. über dem Basiszinssatz des § 247 BGB zu verzinsen.

2. Vorauszahlungen sind auf die nächstfälligen Zahlungen anzurechnen, soweit damit Leistungen abzugelten sind, für welche die Vorauszahlungen gewährt worden sind.

(3) 1. Der Anspruch auf Schlusszahlung wird alsbald nach Prüfung und Feststellung fällig, spätestens innerhalb von 30 Tagen nach Zugang der Schlussrechnung. Die Frist verlängert sich auf höchstens 60 Tage, wenn sie aufgrund der besonderen Natur oder Merkmale der Vereinbarung sachlich gerechtfertigt ist und ausdrücklich vereinbart wurde. Werden Einwendungen gegen die Prüfbarkeit unter Angabe der Gründe nicht bis zum Ablauf der jeweiligen Frist erhoben, kann der Auftraggeber sich nicht mehr auf die fehlende Prüfbarkeit berufen. Die Prüfung der Schlussrechnung ist nach Möglichkeit zu beschleunigen. Verzögert sie sich, so ist das unbestrittene Guthaben als Abschlagszahlung sofort zu zahlen.

2. Die vorbehaltlose Annahme der Schlusszahlung schließt Nachforderungen aus, wenn der Auftragnehmer über die Schlusszahlung schriftlich unterrichtet und auf die Ausschlusswirkung hingewiesen wurde.

3. Einer Schlusszahlung steht es gleich, wenn der Auftraggeber unter Hinweis auf geleistete Zahlungen weitere Zahlungen endgültig und schriftlich ablehnt.
4. Auch früher gestellte, aber unerledigte Forderungen werden ausgeschlossen, wenn sie nicht nochmals vorbehalten werden.
5. Ein Vorbehalt ist innerhalb von 28 Tagen nach Zugang der Mitteilung nach den Nummern 2 und 3 über die Schlusszahlung zu erklären. Er wird hinfällig, wenn nicht innerhalb von weiteren 28 Tagen - beginnend am Tag nach Ablauf der in Satz 1 genannten 28 Tage - eine prüfbare Rechnung über die vorbehaltenen Forderungen eingereicht oder, wenn das nicht möglich ist, der Vorbehalt eingehend begründet wird.
6. Die Ausschlussfristen gelten nicht für ein Verlangen nach Richtigstellung der Schlussrechnung und -zahlung wegen Aufmaß-, Rechen- und Übertragungsfehlern.

(4) In sich abgeschlossene Teile der Leistung können nach Teilabnahme ohne Rücksicht auf die Vollendung der übrigen Leistungen endgültig festgestellt und bezahlt werden.

(5) 1. Alle Zahlungen sind aufs Äußerste zu beschleunigen.
2. Nicht vereinbarte Skontoabzüge sind unzulässig.
3. Zahlt der Auftraggeber bei Fälligkeit nicht, so kann ihm der Auftragnehmer eine angemessene Nachfrist setzen. Zahlt er auch innerhalb der Nachfrist nicht, so hat der Auftragnehmer vom Ende der Nachfrist an Anspruch auf Zinsen in Höhe der in § 288 Absatz 2 BGB angegebenen Zinssätze, wenn er nicht einen höheren Verzugsschaden nachweist. Der Auftraggeber kommt jedoch, ohne dass es einer Nachfristsetzung bedarf, spätestens 30 Tage nach Zugang der Rechnung oder der Aufstellung bei Abschlagszahlungen in Zahlungsverzug, wenn der Auftragnehmer seine vertraglichen und gesetzlichen Verpflichtungen erfüllt und den fälligen Entgeltbetrag nicht rechtzeitig erhalten hat, es sei denn, der Auftraggeber ist für den Zahlungsverzug nicht verantwortlich. Die Frist verlängert sich auf höchstens 60 Tage, wenn sie aufgrund der besonderen Natur oder Merkmale der Vereinbarung sachlich gerechtfertigt ist und ausdrücklich vereinbart wurde.
4. Der Auftragnehmer darf die Arbeiten bei Zahlungsverzug bis zur Zahlung einstellen, sofern eine dem Auftraggeber zuvor gesetzte angemessene Frist erfolglos verstrichen ist.

(6) Der Auftraggeber ist berechtigt, zur Erfüllung seiner Verpflichtungen aus den Absätzen 1 bis 5 Zahlungen an Gläubiger des Auftragnehmers zu leisten, soweit sie an der Ausführung der vertraglichen Leistung des Auftragnehmers aufgrund eines mit diesem abgeschlossenen Dienst- oder Werkvertrags beteiligt sind, wegen Zahlungsverzugs des Auftragnehmers die Fortsetzung ihrer Leistung zu Recht verweigern und die Direktzahlung die Fortsetzung der Leistung sicherstellen soll. Der Auftragnehmer ist verpflichtet, sich auf Verlangen des Auftraggebers innerhalb einer von diesem gesetzten Frist darüber zu erklären, ob und inwieweit er die Forderungen seiner Gläubiger anerkennt; wird diese Erklärung nicht rechtzeitig abgegeben, so gelten die Voraussetzungen für die Direktzahlung als anerkannt.

§ 17
Sicherheitsleistung

(1) 1. Wenn Sicherheitsleistung vereinbart ist, gelten die §§ 232 bis 240 BGB, soweit sich aus den nachstehenden Bestimmungen nichts anderes ergibt.

2. Die Sicherheit dient dazu, die vertragsgemäße Ausführung der Leistung und die Mängelansprüche sicherzustellen.

(2) Wenn im Vertrag nichts anderes vereinbart ist, kann Sicherheit durch Einbehalt oder Hinterlegung von Geld oder durch Bürgschaft eines Kreditinstituts oder Kreditversicherers geleistet werden, sofern das Kreditinstitut oder der Kreditversicherer

1. in der Europäischen Gemeinschaft oder
2. in einem Staat der Vertragsparteien des Abkommens über den Europäischen Wirtschaftsraum oder
3. in einem Staat der Vertragsparteien des WTO-Übereinkommens über das öffentliche Beschaffungswesen

zugelassen ist.

(3) Der Auftragnehmer hat die Wahl unter den verschiedenen Arten der Sicherheit; er kann eine Sicherheit durch eine andere ersetzen.

(4) Bei Sicherheitsleistung durch Bürgschaft ist Voraussetzung, dass der Auftraggeber den Bürgen als tauglich anerkannt hat. Die Bürgschaftserklärung ist schriftlich unter Verzicht auf die Einrede der Vorausklage abzugeben (§ 771 BGB); sie darf nicht auf bestimmte Zeit begrenzt und muss nach Vorschrift des Auftraggebers ausgestellt sein. Der Auftraggeber kann als Sicherheit keine Bürgschaft fordern, die den Bürgen zur Zahlung auf erstes Anfordern verpflichtet.

(5) Wird Sicherheit durch Hinterlegung von Geld geleistet, so hat der Auftragnehmer den Betrag bei einem zu vereinbarenden Geldinstitut auf ein Sperrkonto einzuzahlen, über das beide nur gemeinsam verfügen können ("Und-Konto"). Etwaige Zinsen stehen dem Auftragnehmer zu.

(6) 1. Soll der Auftraggeber vereinbarungsgemäß die Sicherheit in Teilbeträgen von seinen Zahlungen einbehalten, so darf er jeweils die Zahlung um höchstens 10 v. H. kürzen, bis die vereinbarte Sicherheitssumme erreicht ist. Sofern Rechnungen ohne Umsatzsteuer gemäß § 13 b UStG gestellt werden, bleibt die Umsatzsteuer bei der Berechnung des Sicherheitseinbehalts unberücksichtigt. Den jeweils einbehaltenen Betrag hat er dem Auftragnehmer mitzuteilen und binnen 18 Werktagen nach dieser Mitteilung auf ein Sperrkonto bei dem vereinbarten Geldinstitut einzuzahlen. Gleichzeitig muss er veranlassen, dass dieses Geldinstitut den Auftragnehmer von der Einzahlung des Sicherheitsbetrags benachrichtigt. Absatz 5 gilt entsprechend.

2. Bei kleineren oder kurzfristigen Aufträgen ist es zulässig, dass der Auftraggeber den einbehaltenen Sicherheitsbetrag erst bei der Schlusszahlung auf ein Sperrkonto einzahlt.

3. Zahlt der Auftraggeber den einbehaltenen Betrag nicht rechtzeitig ein, so kann ihm der Auftragnehmer hierfür eine angemessene Nachfrist setzen. Lässt der Auftraggeber auch diese verstreichen, so kann der Auftragnehmer die sofortige Auszahlung des einbehaltenen Betrags verlangen und braucht dann keine Sicherheit mehr zu leisten.

4. Öffentliche Auftraggeber sind berechtigt, den als Sicherheit einbehaltenen Betrag auf eigenes Verwahrgeldkonto zu nehmen; der Betrag wird nicht verzinst.

(7) Der Auftragnehmer hat die Sicherheit binnen 18 Werktagen nach Vertragsabschluss zu leisten, wenn nichts anderes vereinbart ist. Soweit er diese Verpflichtung nicht erfüllt hat, ist der Auftraggeber berechtigt, vom Guthaben des Auftragnehmers einen Betrag in Höhe der vereinbarten Sicherheit einzubehalten. Im Übrigen gelten die Absätze. 5 und 6 außer Nummer 1 Satz 1 entsprechend.

(8) 1. Der Auftraggeber hat eine nicht verwertete Sicherheit für die Vertragserfüllung zum vereinbarten Zeitpunkt, spätestens nach Abnahme und Stellung der Sicherheit für Mängelansprüche zurückzugeben, es sei denn, dass Ansprüche des Auftraggebers, die nicht von der gestellten Sicherheit für Mängelansprüche umfasst sind, noch nicht erfüllt sind. Dann darf er für diese Vertragserfüllungsansprüche einen entsprechenden Teil der Sicherheit zurückhalten

2. Der Auftraggeber hat eine nicht verwertete Sicherheit für Mängelansprüche nach Ablauf von 2 Jahren zurückzugeben, sofern kein anderer Rückgabezeitpunkt vereinbart worden ist. Soweit jedoch zu diesem Zeitpunkt seine geltend gemachten Ansprüche noch nicht erfüllt sind, darf er einen entsprechenden Teil der Sicherheit zurückhalten.

§ 18
Streitigkeiten

(1) Liegen die Voraussetzungen für eine Gerichtsstandvereinbarung nach § 38 der Zivilprozessordnung vor, richtet sich der Gerichtsstand für Streitigkeiten aus dem Vertrag nach dem Sitz der für die Prozessvertretung des Auftraggebers zuständigen Stelle, wenn nichts anderes vereinbart ist. Sie ist dem Auftragnehmer auf Verlangen mitzuteilen.

(2) 1. Entstehen bei Verträgen mit Behörden Meinungsverschiedenheiten, so soll der Auftragnehmer zunächst die der auftraggebenden Stelle unmittelbar vorgesetzte Stelle anrufen. Diese soll dem Auftragnehmer Gelegenheit zur mündlichen Aussprache geben und ihn möglichst innerhalb von 2 Monaten nach der Anrufung schriftlich bescheiden und dabei auf die Rechtsfolgen des Satzes 3 hinweisen. Die Entscheidung gilt als anerkannt, wenn der Auftragnehmer nicht innerhalb von 3 Monaten nach Eingang des Bescheides schriftlich Einspruch beim Auftraggeber erhebt und dieser ihn auf die Ausschlussfrist hingewiesen hat.

2. Mit dem Eingang des schriftlichen Antrages auf Durchführung eines Verfahrens nach Nummer 1 wird die Verjährung des in diesem Antrag geltend gemachten Anspruchs gehemmt. Wollen Auftraggeber oder Auftragnehmer das Verfahren nicht weiter betreiben, teilen sie dies dem jeweils anderen Teil schriftlich mit. Die Hemmung endet 3 Monate nach Zugang des schriftlichen Bescheides oder der Mitteilung nach Satz 2.

(3) Daneben kann ein Verfahren zur Streitbeilegung vereinbart werden. Die Vereinbarung sollte mit Vertragsabschluss erfolgen.

(4) Bei Meinungsverschiedenheiten über die Eigenschaft von Stoffen und Bauteilen, für die allgemein gültige Prüfungsverfahren bestehen, und über

die Zulässigkeit oder Zuverlässigkeit der bei der Prüfung verwendeten Maschinen oder angewendeten Prüfungsverfahren kann jede Vertragspartei nach vorheriger Benachrichtigung der anderen Vertragspartei die materialtechnische Untersuchung durch eine staatliche oder staatlich anerkannte Materialprüfungsstelle vornehmen lassen; deren Feststellungen sind verbindlich. Die Kosten trägt der unterliegende Teil.

(5) Streitfälle berechtigen den Auftragnehmer nicht, die Arbeiten einzustellen.

A.2 Werkvertragsrecht des BGB

Werkvertragsrecht des (BGB)

"Bürgerliches Gesetzbuch in der Fassung der Bekanntmachung vom 2. Januar 2002 (BGBl. I S. 42, 2909; 2003 I S.
738), das zuletzt durch Artikel 1 des Gesetzes vom 27. Juli 2011 (BGBl. I S. 1600) geändert worden ist"

§ 631 Vertragstypische Pflichten beim Werkvertrag
(1) Durch den Werkvertrag wird der Unternehmer zur Herstellung des versprochenen Werkes, der Besteller zur Entrichtung der vereinbarten Vergütung verpflichtet.
(2) Gegenstand des Werkvertrags kann sowohl die Herstellung oder Veränderung einer Sache als auch ein anderer durch Arbeit oder Dienstleistung herbeizuführender Erfolg sein.

§ 632 Vergütung
(1) Eine Vergütung gilt als stillschweigend vereinbart, wenn die Herstellung des Werkes den Umständen nach nur gegen eine Vergütung zu erwarten ist.
(2) Ist die Höhe der Vergütung nicht bestimmt, so ist bei dem Bestehen einer Taxe die taxmäßige Vergütung, in Ermangelung einer Taxe die übliche Vergütung als vereinbart anzusehen.
(3) Ein Kostenanschlag ist im Zweifel nicht zu vergüten.

§ 632a Abschlagszahlungen
(1) Der Unternehmer kann von dem Besteller für eine vertragsgemäß erbrachte Leistung eine Abschlagszahlung in der Höhe verlangen, in der der Besteller durch die Leistung einen Wertzuwachs erlangt hat. Wegen unwesentlicher Mängel kann die Abschlagszahlung nicht verweigert werden. § 641 Abs. 3 gilt entsprechend. Die Leistungen sind durch eine Aufstellung nachzuweisen, die eine rasche und sichere Beurteilung der Leistungen ermöglichen muss. Die Sätze 1 bis 4 gelten auch für erforderliche Stoffe oder Bauteile, die angeliefert oder eigens angefertigt und bereitgestellt sind, wenn dem Besteller nach seiner Wahl Eigentum an den Stoffen oder Bauteilen übertragen oder entsprechende Sicherheit hierfür geleistet wird.
(2) Wenn der Vertrag die Errichtung oder den Umbau eines Hauses oder eines vergleichbaren Bauwerks zum Gegenstand hat und zugleich die Verpflichtung des Unternehmers enthält, dem Besteller das Eigentum an dem Grundstück zu übertragen oder ein Erbbaurecht zu bestellen oder zu übertragen, können Abschlagszahlungen nur verlangt werden, soweit sie gemäß einer Verordnung auf Grund von Artikel 244 des Einführungsgesetzes zum Bürgerlichen Gesetzbuche vereinbart sind.
(3) Ist der Besteller ein Verbraucher und hat der Vertrag die Errichtung oder den Umbau eines Hauses oder eines vergleichbaren Bauwerks zum Gegenstand, ist dem Besteller bei der ersten Abschlagszahlung eine Sicherheit für die rechtzeitige Herstellung des Werkes ohne wesentliche Mängel in Höhe von 5 vom Hundert des Vergütungsanspruchs zu leisten. Erhöht sich der Vergütungsan-

spruch infolge von Änderungen oder Ergänzungen des Vertrages um mehr als 10 vom Hundert, ist dem Besteller bei der nächsten Abschlagszahlung eine weitere Sicherheit in Höhe von 5 vom Hundert des zusätzlichen Vergütungsanspruchs zu leisten. Auf Verlangen des Unternehmers ist die Sicherheitsleistung durch Einbehalt dergestalt zu erbringen, dass der Besteller die Abschlagszahlungen bis zu dem Gesamtbetrag der geschuldeten Sicherheit zurückhält.
(4) Sicherheiten nach dieser Vorschrift können auch durch eine Garantie oder ein sonstiges Zahlungsversprechen eines im Geltungsbereich dieses Gesetzes zum Geschäftsbetrieb befugten Kreditinstituts oder Kreditversicherers geleistet werden.

§ 633 Sach- und Rechtsmangel
(1) Der Unternehmer hat dem Besteller das Werk frei von Sach- und Rechtsmängeln zu verschaffen.
(2) Das Werk ist frei von Sachmängeln, wenn es die vereinbarte Beschaffenheit hat. Soweit die Beschaffenheit nicht vereinbart ist, ist das Werk frei von Sachmängeln,
1. wenn es sich für die nach dem Vertrag vorausgesetzte, sonst
2. für die gewöhnliche Verwendung eignet und eine Beschaffenheit aufweist, die bei Werken der gleichen Art üblich ist und die der Besteller nach der Art des Werkes erwarten kann.
Einem Sachmangel steht es gleich, wenn der Unternehmer ein anderes als das bestellte Werk oder das Werk in zu geringer Menge herstellt.
(3) Das Werk ist frei von Rechtsmängeln, wenn Dritte in Bezug auf das Werk keine oder nur die im Vertrag übernommenen Rechte gegen den Besteller geltend machen können.

§ 634 Rechte des Bestellers bei Mängeln
Ist das Werk mangelhaft, kann der Besteller, wenn die Voraussetzungen der folgenden Vorschriften vorliegen und soweit nicht ein anderes bestimmt ist,
1. nach § 635 Nacherfüllung verlangen,
2. nach § 637 den Mangel selbst beseitigen und Ersatz der erforderlichen Aufwendungen verlangen,
3. nach den §§ 636, 323 und 326 Abs. 5 von dem Vertrag zurücktreten oder nach § 638 die Vergütung mindern und
4. nach den §§ 636, 280, 281, 283 und 311a Schadensersatz oder nach § 284 Ersatz vergeblicher Aufwendungen verlangen.

§ 634a Verjährung der Mängelansprüche
(1) Die in § 634 Nr. 1, 2 und 4 bezeichneten Ansprüche verjähren vorbehaltlich der Nummer 2 in zwei Jahren bei einem Werk, dessen Erfolg in der Herstellung, Wartung oder Veränderung einer Sache oder in der Erbringung von Planungs- oder Überwachungsleistungen hierfür besteht,
2. in fünf Jahren bei einem Bauwerk und einem Werk, dessen Erfolg in der Erbringung von Planungs- oder Überwachungsleistungen hierfür besteht, und
3. im Übrigen in der regelmäßigen Verjährungsfrist.
(2) Die Verjährung beginnt in den Fällen des Absatzes 1 Nr. 1 und 2 mit der Abnahme.

(3) Abweichend von Absatz 1 Nr. 1 und 2 und Absatz 2 verjähren die Ansprüche in der regelmäßigen Verjährungsfrist, wenn der Unternehmer den Mangel arglistig verschwiegen hat. Im Fall des Absatzes 1 Nr. 2 tritt die Verjährung jedoch nicht vor Ablauf der dort bestimmten Frist ein.
(4) Für das in § 634 bezeichnete Rücktrittsrecht gilt § 218. Der Besteller kann trotz einer Unwirksamkeit des Rücktritts nach § 218 Abs. 1 die Zahlung der Vergütung insoweit verweigern, als er auf Grund des Rücktritts dazu berechtigt sein würde. Macht er von diesem Recht Gebrauch, kann der Unternehmer vom Vertrag zurücktreten.
(5) Auf das in § 634 bezeichnete Minderungsrecht finden § 218 und Absatz 4 Satz 2 entsprechende Anwendung.

§ 635 Nacherfüllung
(1) Verlangt der Besteller Nacherfüllung, so kann der Unternehmer nach seiner Wahl den Mangel beseitigen oder ein neues Werk herstellen.
(2) Der Unternehmer hat die zum Zwecke der Nacherfüllung erforderlichen Aufwendungen, insbesondere Transport-, Wege-, Arbeits- und Materialkosten zu tragen.
(3) Der Unternehmer kann die Nacherfüllung unbeschadet des § 275 Abs. 2 und 3 verweigern, wenn sie nur mit unverhältnismäßigen Kosten möglich ist.
(4) Stellt der Unternehmer ein neues Werk her, so kann er vom Besteller Rückgewähr des mangelhaften Werkes nach Maßgabe der §§ 346 bis 348 verlangen.

§ 636 Besondere Bestimmungen für Rücktritt und Schadensersatz
Außer in den Fällen der § 281 Abs. 2 und 323 Abs. 2 bedarf es der Fristsetzung auch dann nicht, wenn der Unternehmer die Nacherfüllung gemäß § 635 Abs. 3 verweigert oder wenn die Nacherfüllung fehlgeschlagen oder dem Besteller unzumutbar ist.

§ 637 Selbstvornahme
(1) Der Besteller kann wegen eines Mangels des Werkes nach erfolglosem Ablauf einer von ihm zur Nacherfüllung bestimmten angemessenen Frist den Mangel selbst beseitigen und Ersatz der erforderlichen Aufwendungen verlangen, wenn nicht der Unternehmer die Nacherfüllung zu Recht verweigert.
(2) § 323 Abs. 2 findet entsprechende Anwendung. Der Bestimmung einer Frist bedarf es auch dann nicht, wenn die Nacherfüllung fehlgeschlagen oder dem Besteller unzumutbar ist.
(3) Der Besteller kann von dem Unternehmer für die zur Beseitigung des Mangels erforderlichen Aufwendungen Vorschuss verlangen.

§ 638 Minderung
(1) Statt zurückzutreten, kann der Besteller die Vergütung durch Erklärung gegenüber dem Unternehmer mindern. Der Ausschlussgrund des § 323 Abs. 5 Satz 2 findet keine Anwendung.
(2) Sind auf der Seite des Bestellers oder auf der Seite des Unternehmers mehrere beteiligt, so kann die Minderung nur von allen oder gegen alle erklärt werden.

(3) Bei der Minderung ist die Vergütung in dem Verhältnis herabzusetzen, in welchem zur Zeit des Vertragsschlusses der Wert des Werkes in mangelfreiem Zustand zu dem wirklichen Wert gestanden haben würde. Die Minderung ist, soweit erforderlich, durch Schätzung zu ermitteln.
(4) Hat der Besteller mehr als die geminderte Vergütung gezahlt, so ist der Mehrbetrag vom Unternehmer zu erstatten. § 346 Abs. 1 und § 347 Abs. 1 finden entsprechende Anwendung.

§ 639 Haftungsausschluss
Auf eine Vereinbarung, durch welche die Rechte des Bestellers wegen eines Mangels ausgeschlossen oder beschränkt werden, kann sich der Unternehmer nicht berufen, soweit er den Mangel arglistig verschwiegen oder eine Garantie für die Beschaffenheit des Werkes übernommen hat.

§ 640 Abnahme
(1) Der Besteller ist verpflichtet, das vertragsmäßig hergestellte Werk abzunehmen, sofern nicht nach der Beschaffenheit des Werkes die Abnahme ausgeschlossen ist. Wegen unwesentlicher Mängel kann die Abnahme nicht verweigert werden. Der Abnahme steht es gleich, wenn der Besteller das Werk nicht innerhalb einer ihm vom Unternehmer bestimmten angemessenen Frist abnimmt, obwohl er dazu verpflichtet ist.
(2) Nimmt der Besteller ein mangelhaftes Werk gemäß Absatz 1 Satz 1 ab, obschon er den Mangel kennt, so stehen ihm die in § 634 Nr. 1 bis 3 bezeichneten Rechte nur zu, wenn er sich seine Rechte wegen des Mangels bei der Abnahme vorbehält.

§ 641 Fälligkeit der Vergütung
(1) Die Vergütung ist bei der Abnahme des Werkes zu entrichten. Ist das Werk in Teilen abzunehmen und die Vergütung für die einzelnen Teile bestimmt, so ist die Vergütung für jeden Teil bei dessen Abnahme zu entrichten.
(2) Die Vergütung des Unternehmers für ein Werk, dessen Herstellung der Besteller einem Dritten versprochen hat, wird spätestens fällig,
1. soweit der Besteller von dem Dritten für das versprochene Werk wegen dessen Herstellung seine Vergütung oder Teile davon erhalten hat,
2. soweit das Werk des Bestellers von dem Dritten abgenommen worden ist oder als abgenommen gilt oder
3. wenn der Unternehmer dem Besteller erfolglos eine angemessene Frist zur Auskunft über die in den Nummern 1 und 2 bezeichneten Umstände bestimmt hat.
Hat der Besteller dem Dritten wegen möglicher Mängel des Werks Sicherheit geleistet, gilt Satz 1 nur, wenn der Unternehmer dem Besteller entsprechende Sicherheit leistet.
(3) Kann der Besteller die Beseitigung eines Mangels verlangen, so kann er nach der Fälligkeit die Zahlung eines angemessenen Teils der Vergütung verweigern; angemessen ist in der Regel das Doppelte der für die Beseitigung des Mangels erforderlichen Kosten.
(4) Eine in Geld festgesetzte Vergütung hat der Besteller von der Abnahme des Werkes an zu verzinsen, sofern nicht die Vergütung gestundet ist.

§ 641a (weggefallen)

-

§ 642 Mitwirkung des Bestellers

(1) Ist bei der Herstellung des Werkes eine Handlung des Bestellers erforderlich, so kann der Unternehmer, wenn der Besteller durch das Unterlassen der Handlung in Verzug der Annahme kommt, eine angemessene Entschädigung verlangen.

(2) Die Höhe der Entschädigung bestimmt sich einerseits nach der Dauer des Verzugs und der Höhe der vereinbarten Vergütung, andererseits nach demjenigen, was der Unternehmer infolge des Verzugs an Aufwendungen erspart oder durch anderweitige Verwendung seiner Arbeitskraft erwerben kann.

§ 643 Kündigung bei unterlassener Mitwirkung

Der Unternehmer ist im Falle des § 642 berechtigt, dem Besteller zur Nachholung der Handlung eine angemessene Frist mit der Erklärung zu bestimmen, dass er den Vertrag kündige, wenn die Handlung nicht bis zum Ablauf der Frist vorgenommen werde. Der Vertrag gilt als aufgehoben, wenn nicht die Nachholung bis zum Ablauf der Frist erfolgt.

§ 644 Gefahrtragung

(1) Der Unternehmer trägt die Gefahr bis zur Abnahme des Werkes. Kommt der Besteller in Verzug der Annahme, so geht die Gefahr auf ihn über. Für den zufälligen Untergang und eine zufällige Verschlechterung des von dem Besteller gelieferten Stoffes ist der Unternehmer nicht verantwortlich.

(2) Versendet der Unternehmer das Werk auf Verlangen des Bestellers nach einem anderen Ort als dem Erfüllungsort, so finden die für den Kauf geltenden Vorschriften des § 447 entsprechende Anwendung.

§ 645 Verantwortlichkeit des Bestellers

(1) Ist das Werk vor der Abnahme infolge eines Mangels des von dem Besteller gelieferten Stoffes oder infolge einer von dem Besteller für die Ausführung erteilten Anweisung untergegangen, verschlechtert oder unausführbar geworden, ohne dass ein Umstand mitgewirkt hat, den der Unternehmer zu vertreten hat, so kann der Unternehmer einen der geleisteten Arbeit entsprechenden Teil der Vergütung und Ersatz der in der Vergütung nicht inbegriffenen Auslagen verlangen. Das Gleiche gilt, wenn der Vertrag in Gemäßheit des § 643 aufgehoben wird.

(2) Eine weitergehende Haftung des Bestellers wegen Verschuldens bleibt unberührt.

§ 646 Vollendung statt Abnahme

Ist nach der Beschaffenheit des Werkes die Abnahme ausgeschlossen, so tritt in den Fällen des § 634a Abs. 2 und der §§ 641, 644 und 645 an die Stelle der Abnahme die Vollendung des Werkes.

§ 647 Unternehmerpfandrecht

Der Unternehmer hat für seine Forderungen aus dem Vertrag ein Pfandrecht an den von ihm hergestellten oder ausgebesserten beweglichen Sachen des Bestellers, wenn sie bei der Herstellung oder zum Zwecke der Ausbesserung in seinen Besitz gelangt sind.

§ 648 Sicherungshypothek des Bauunternehmers

(1) Der Unternehmer eines Bauwerks oder eines einzelnen Teiles eines Bauwerks kann für seine Forderungen aus dem Vertrag die Einräumung einer Sicherungshypothek an dem Baugrundstück des Bestellers verlangen. Ist das Werk noch nicht vollendet, so kann er die Einräumung der Sicherungshypothek für einen der geleisteten Arbeit entsprechenden Teil der Vergütung und für die in der Vergütung nicht inbegriffenen Auslagen verlangen.

(2) Der Inhaber einer Schiffswerft kann für seine Forderungen aus dem Bau oder der Ausbesserung eines Schiffes die Einräumung einer Schiffshypothek an dem Schiffsbauwerk oder dem Schiff des Bestellers verlangen; Absatz 1 Satz 2 gilt sinngemäß. § 647 findet keine Anwendung.

§ 648a Bauhandwerkersicherung

(1) Der Unternehmer eines Bauwerks, einer Außenanlage oder eines Teils davon kann vom Besteller Sicherheit für die auch in Zusatzaufträgen vereinbarte und noch nicht gezahlte Vergütung einschließlich dazugehöriger Nebenforderungen, die mit 10 vom Hundert des zu sichernden Vergütungsanspruchs anzusetzen sind, verlangen. Satz 1 gilt in demselben Umfang auch für Ansprüche, die an die Stelle der Vergütung treten. Der Anspruch des Unternehmers auf Sicherheit wird nicht dadurch ausgeschlossen, dass der Besteller Erfüllung verlangen kann oder das Werk abgenommen hat. Ansprüche, mit denen der Besteller gegen den Anspruch des Unternehmers auf Vergütung aufrechnen kann, bleiben bei der Berechnung der Vergütung unberücksichtigt, es sei denn, sie sind unstreitig oder rechtskräftig festgestellt. Die Sicherheit ist auch dann als ausreichend anzusehen, wenn sich der Sicherungsgeber das Recht vorbehält, sein Versprechen im Falle einer wesentlichen Verschlechterung der Vermögensverhältnisse des Bestellers mit Wirkung für Vergütungsansprüche aus Bauleistungen zu widerrufen, die der Unternehmer bei Zugang der Widerrufserklärung noch nicht erbracht hat.

(2) Die Sicherheit kann auch durch eine Garantie oder ein sonstiges Zahlungsversprechen eines im Geltungsbereich dieses Gesetzes zum Geschäftsbetrieb befugten Kreditinstituts oder Kreditversicherers geleistet werden. Das Kreditinstitut oder der Kreditversicherer darf Zahlungen an den Unternehmer nur leisten, soweit der Besteller den Vergütungsanspruch des Unternehmers anerkennt oder durch vorläufig vollstreckbares Urteil zur Zahlung der Vergütung verurteilt worden ist und die Voraussetzungen vorliegen, unter denen die Zwangsvollstreckung begonnen werden darf.

(3) Der Unternehmer hat dem Besteller die üblichen Kosten der Sicherheitsleistung bis zu einem Höchstsatz von 2 vom Hundert für das Jahr zu erstatten. Dies gilt nicht, soweit eine Sicherheit wegen Einwendungen des Bestellers gegen den Vergütungsanspruch des Unternehmers aufrechterhalten werden muss und die Einwendungen sich als unbegründet erweisen.

(4) Soweit der Unternehmer für seinen Vergütungsanspruch eine Sicherheit nach den Absätzen 1 oder 2 erlangt hat, ist der Anspruch auf Einräumung einer Sicherungshypothek nach § 648 Abs. 1 ausgeschlossen.

(5) Hat der Unternehmer dem Besteller erfolglos eine angemessene Frist zur Leistung der Sicherheit nach Absatz 1 bestimmt, so kann der Unternehmer die Leistung verweigern oder den Vertrag kündigen. Kündigt er den Vertrag, ist der Unternehmer berechtigt, die vereinbarte Vergütung zu verlangen; er muss sich jedoch dasjenige anrechnen lassen, was er infolge der Aufhebung des Vertrages an Aufwendungen erspart oder durch anderweitige Verwendung seiner Arbeitskraft erwirbt oder böswillig zu erwerben unterlässt. Es wird vermutet, dass danach dem Unternehmer 5 vom Hundert der auf den noch nicht erbrachten Teil der Werkleistung entfallenden vereinbarten Vergütung zustehen.
(6) Die Vorschriften der Absätze 1 bis 5 finden keine Anwendung, wenn der Besteller
1. eine juristische Person des öffentlichen Rechts oder ein öffentlich-rechtliches Sondervermögen ist, über
deren Vermögen ein Insolvenzverfahren unzulässig ist, oder
2. eine natürliche Person ist und die Bauarbeiten zur Herstellung oder Instandsetzung eines Einfamilienhauses mit oder ohne Einliegerwohnung ausführen lässt.
Satz 1 Nr. 2 gilt nicht bei Betreuung des Bauvorhabens durch einen zur Verfügung über die Finanzierungsmittel des Bestellers ermächtigten Baubetreuer.
(7) Eine von den Vorschriften der Absätze 1 bis 5 abweichende Vereinbarung ist unwirksam.

§ 649 Kündigungsrecht des Bestellers
Der Besteller kann bis zur Vollendung des Werkes jederzeit den Vertrag kündigen. Kündigt der Besteller, so ist der Unternehmer berechtigt, die vereinbarte Vergütung zu verlangen; er muss sich jedoch dasjenige anrechnen lassen, was er infolge der Aufhebung des Vertrags an Aufwendungen erspart oder durch anderweitige Verwendung seiner Arbeitskraft erwirbt oder zu erwerben böswillig unterlässt. Es wird vermutet, dass danach dem Unternehmer 5 vom Hundert der auf den noch nicht erbrachten Teil der Werkleistung entfallenden vereinbarten Vergütung zustehen.

§ 650 Kostenanschlag
(1) Ist dem Vertrag ein Kostenanschlag zugrunde gelegt worden, ohne dass der Unternehmer die Gewähr für die Richtigkeit des Anschlags übernommen hat, und ergibt sich, dass das Werk nicht ohne eine wesentliche Überschreitung des Anschlags ausführbar ist, so steht dem Unternehmer, wenn der Besteller den Vertrag aus diesem Grund kündigt, nur der im § 645 Abs. 1 bestimmte Anspruch zu.
(2) Ist eine solche Überschreitung des Anschlags zu erwarten, so hat der Unternehmer dem Besteller unverzüglich Anzeige zu machen.

§ 651 Anwendung des Kaufrechts
Auf einen Vertrag, der die Lieferung herzustellender oder zu erzeugender beweglicher Sachen zum Gegenstand hat, finden die Vorschriften über den Kauf Anwendung. § 442 Abs. 1 Satz 1 findet bei diesen Verträgen auch Anwendung, wenn der Mangel auf den vom Besteller gelieferten Stoff zurückzuführen ist. Soweit es sich bei den herzustellenden oder zu erzeugenden beweglichen Sachen um nicht vertretbare Sachen handelt, sind auch die §§ 642, 643, 645,

649 und 650 mit der Maßgabe anzuwenden, dass an die Stelle der Abnahme der nach den §§ 446 und 447 maßgebliche Zeitpunkt tritt.

A.3 Die "freie" Teil-Kündigung - noch Klärungsbedarf aus baubetrieblicher Sicht? *

Univ. Prof. Dipl.-Ing. Johannes Dornbusch, Aachen
Dr.-Ing. Heinz Plum, Geilenkirchen

1. Einleitung

Nach BGB (§ 649) und VOB/B (§ 8 Nr. 1) hat der Besteller / Auftraggeber das Recht, einen Werkvertrag bis zur Vollendung des Werkes jederzeit zu kündigen.

Solche "grundlosen" Kündigungen werden in der Rechtsliteratur als "freie" Kündigungen bezeichnet[1] und als "freie" Teilkündigungen, wenn die Kündigung nur für einen Teil der noch auszuführenden Leistungen ausgesprochen wird.[2]

Die Kündigung berechtigt den Auftragnehmer, die vereinbarte Vergütung zu verlangen; er muß sich jedoch anrechnen lassen, was er infolge der Aufhebung des Vertrages an Aufwendungen (BGB) / Kosten (VOB/B) erspart und durch anderweitige Verwendung seiner Arbeitskraft und seines Betriebes erwirbt oder böswillig zu erwerben unterläßt.

Für den Vergütungsanspruch des Auftragnehmers gilt nach dem Urteil des BGH vom 21.12.1995 der Grundsatz: "... Der Unternehmer muß sich ... nicht gefallen lassen, daß die Abrechnung ihm Vorteile aus dem geschlossenen Vertrag nimmt. Andererseits darf er keinen Vorteil daraus ziehen, daß ein für ihn ungünstiger Vertrag gekündigt worden ist. ..."[3]

Wie bereits diese Grundsatzentscheidung des BGH zum Ausdruck bringt, bedürfen die Regelungen des BGB und der VOB/B bei Anwendung in der baubetrieblichen Praxis einer Auslegung. Die Auslegung ist zwar Rechtsfrage, kann aber, wie auch die Anregung von Quack[4] zum gemeinsamen Nachdenken der beteiligten Disziplinen deutlich macht, von Juristen allein nicht geleistet werden.

Doch auch nach den bisher interdiziplinär geleisteten Aufarbeitungen, und hier haben insbesondere Kapellmann/Schiffers Pionierleistungen erbracht, bleibt aus baubetrieblicher Sicht noch Klärungsbedarf.

---

* Erstveröffentlichung in:
Jahrbuch Baurecht 2000, Düsseldorf: Werner Verlag

1) Kleine-Möller/Merl/Oelmaier, Handbuch des Bauvertragsrechts, 2. Auflage, § 14, Rdn. 40; Heiermann/Riedl/Rusam, Handkommentar zur VOB, 8. Auflage, § 8, Rdn. 2b
2) Kapellmann/Schiffers, Vergütung, Nachträge und Behinderungsfolgen beim Bauvertrag, Band 2, 2. Auflage, 1997, Rdn. 1312
3) BGH, Urteil vom 21.12.1995, VII ZR 198/94, BauR 1996, S. 382 ff.
4) Quack, Festschrift für Götz von Craushaar zum 65. Geburtstag, 1997, S. 316

Beispielsweise:

- Wie berechnet sich die "vereinbarte Vergütung"?
- Ergeben sich bei dem, was sich der Auftragnehmer auf die Vergütung anrechnen lassen muß, Unterschiede beim BGB- und VOB-Vertrag?
- Welche Konsequenzen ergeben sich für die ersparten Aufwendungen / Kosten aus dem Grundsatz des BGH, daß der Auftragnehmer weder schlechter noch besser gestellt werden soll als bei Ausführung des Vertrages?
- Muß sich der Auftragnehmer Teile des Kalkulationsansatzes "Wagnis und Gewinn" für die gekündigten Leistungen als erspart anrechnen lassen?
- Was muß sich der Auftragnehmer als anderweitigen Erwerb seiner Arbeitskraft und seines Betriebes anrechnen lassen?
- Sind nicht abgerufene Leistungen gekündigte Leistungen?

2. Wie berechnet sich die "vereinbarte Vergütung"?

Anders als im BGB ist die "vereinbarte Vergütung" und ihre Berechnung in der VOB/B ausführlich geregelt.

Nach § 2 Nr. 2 VOB/B wird die Vergütung "nach den vertraglichen Einheitspreisen und den tatsächlich ausgeführten Leistungen berechnet, wenn keine andere Berechnungsart (z.B. durch Pauschalsumme, nach Stundenlohnansätzen, nach Selbstkosten) vereinbart ist".

Beim Einheitspreisvertrag fehlt für den gekündigten Teil das zweite wesentliche Element zur Bestimmung der vereinbarten Vergütung, die "tatsächlich ausgeführten Leistungen", und es stellt sich die Frage, was zur Ermittlung der Vergütung an die Stelle der "tatsächlich ausgeführten Leistungen" treten soll.

Nach BGH[5] hat der Unternehmer "die Einheitspreise mit den für sie anzunehmenden Mengen zu vervielfältigen ..." und es werde "allerdings im allgemeinen nichts dagegen sprechen, daß er von den im Leistungsverzeichnis angegebenen Mengen und Massen ausgeht."

Quack[6] ist der Auffassung, daß "an sich die richtigen, nicht etwa die im Leistungsverzeichnis angegebenen Massen maßgebend" sind und fährt fort "Der Auftraggeber wird allerdings schwerlich fordern können, daß der Auftragnehmer die richtigen Massen vorträgt. Vielmehr muß der Auftragnehmer, so er

---

5) BGH, Urteil vom 21.12.1995, VII ZR 198/94, BauR 1996, S. 382 ff.

6) Quack, Festschrift für Götz von Craushaar zum 65. Geburtstag, 1997, S. 313

das für richtig hält, von den im Leistungsverzeichnis des Auftraggebers angegebenen Massen ausgehen dürfen."

Kapellmann/Langen[7] schließlich führen aus "Weicht die tatsächlich auszuführende Gesamtmenge von der Ausschreibungsmenge nach oben oder unten ab, so ist auf die tatsächlich auszuführende Menge abzustellen, da der Auftragnehmer durch die Kündigung weder besser noch schlechter gestellt werden soll, als hätte er den Vertrag ordnungsgemäß ausgeführt."

Der Auftragnehmer hätte danach auf die "für sie anzunehmenden", "an sich richtigen", "im Leistungsverzeichnis ... angegebenen" oder die "tatsächlich auszuführenden Mengen" abzustellen. Auf welche also?

Aus baubetrieblicher Sicht ist Kapellmann/Langen unter dem Grundsatz des BGH, daß der Auftragnehmer durch die Kündigung weder besser noch schlechter gestellt werden soll, zu folgen, jedoch nur dann, wenn dem Auftragnehmer bei Mengenänderungen aufgrund vorgefundener Verhältnisse oder unzutreffender Mengenvorgaben auch im Falle der Kündigung die Möglichkeit erhalten bleibt, die Vergütung, das heißt die Einheitspreise, im Rahmen der Regelungen des § 2 Nr. 3 VOB/B anzupassen.

Geht man allerdings davon aus, daß die Einheitspreise als fest anzusehen sind, ließe sich für den Fall, daß die "tatsächlich auszuführenden Mengen" geringer sind als ausgeschrieben, eine Schlechterstellung des Auftragnehmers nur dann ausschließen, wenn die ausgeschriebenen höheren Mengen für die Ermittlung der Vergütung herangezogen werden. Korrektur unter der Maßgabe der nicht Besser- oder nicht Schlechterstellung ist dann, und nur dann, über den Ansatz der ersparten Kosten und des anderweitigen Erwerbs möglich.

Würden nämlich die geringeren Mengen bei der Ermittlung der Vergütung angesetzt bei ansonsten unveränderten Einheitspreisen, ginge dem Auftragnehmer der in der Vergütung für die Differenzmenge enthaltene Deckungsbeitrag verloren.

Hier besteht Klärungsbedarf.

3. Ergeben sich bei dem, was sich der Auftragnehmer auf die Vergütung anrechnen lassen muß, Unterschiede beim BGB- und VOB-Vertrag?

Auf die vereinbarte Vergütung muß sich der Auftragnehmer nach der Regelung des BGB die ersparten Aufwendungen, nach der Regelung der VOB/B die ersparten Kosten anrechnen lassen.

Die Begriffe "Aufwand / Aufwendungen" und "Kosten" definiert die Betriebswirtschaftslehre wie folgt:

7) Kapellmann/Langen, Einführung in die VOB/B, 8. Auflage, 1999, Rdn.122

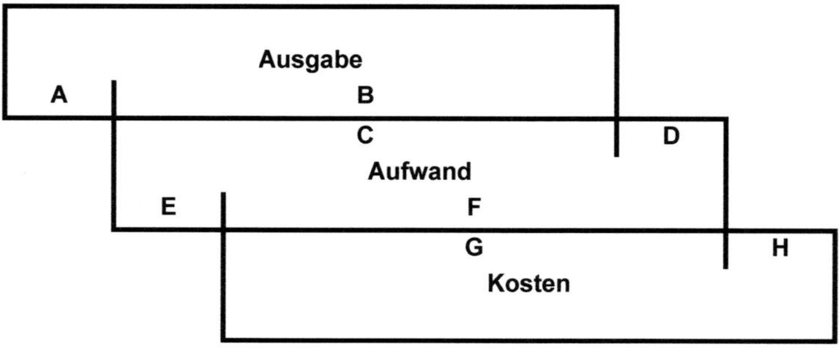

Ausgabe = Abnahme des Geldvermögens (Zahlungsmittelbestand + Forderungen – Verbindlichkeiten)

A: Ausgabe, kein Aufwand (z.B. Kauf einer Baugerätes)

B: Ausgabe=Aufwand (z.B. Lohnzahlungen)

Aufwand = Abnahme des Reinvermögens (Geldvermögen + Sachvermögen)

C: siehe B

Aufwand, keine Ausgabe (z.B. Abschreibungen)

E: Aufwand, keine Kosten, "Neutraler Aufwand" Betriebsfremder Aufwand (z. B. Spende), Außerordentlicher Aufwand (z. B. Sturmschaden), Bewertungsbedingter Neutraler Aufwand (z.B. Abschreibungsdifferenz zwischen Bilanz und Kostenrechnung)

F: Aufwand=Kosten, "Zweckaufwand" (z.B. Personalaufwand)

Kosten = Werteverzehr durch betriebliche Tätigkeit

G: Kosten=Aufwand, "Grundkosten" (z.B. Personalkosten)

H: Kosten, kein Aufwand, "Zusatzkosten" Kalkulatorische Kostenarten (z.B. Unternehmerlohn, Eigenkapitalzinsen, Einzelwagnisse, Abschreibungsdifferenz zwischen Kostenrechnung und Bilanz)

Abbildung 1: Ausgaben, Aufwand, Kosten

Aufwand / Aufwendungen

"Unter Aufwendungen versteht man den Werteverzehr von Gütern und Dienstleistungen, die genau einer Periode zugerechnet werden können, unabhängig davon, ob sie zur betrieblichen Leistungserstellung dienen oder nicht."[8]

8) KLR-Bau, Kosten- und Leistungsrechnung der Bauunternehmen, 6. Auflage 1995, S. 14

Kosten
"Kosten sind bewerteter Verbrauch von Gütern und Diensten zum Zwecke der betrieblichen Leistungserstellung."[9]

In der nachfolgenden Abbildung[10] sind die Begriffe "Ausgabe", "Aufwand" und "Kosten" gegeneinander abgegrenzt.

Die Begriffe "Aufwand" und "Kosten" unterscheiden sich im neutralen Aufwand (E), der nicht zu den Kosten gehört, und in den Zusatzkosten (H), die nicht zum Aufwand gehören.

Der in der Rechtsliteratur auch verwendete Begriff der "Unkosten"[11] ist betriebswirtschaftlich nicht definiert. Er wird umgangssprachlich als Ausdruck für solche Kosten verwendet, die "unangenehm, vermeidbar oder unvorhergesehen eingetreten sind"[12].

Die betriebswirtschaftliche Definition der Begriffe "Aufwand / Aufwendungen" und "Kosten" führt, konsequent angewendet, dazu, daß sich bei dem, was sich der Auftragnehmer bei einer Kündigung auf die Vergütung anrechnen lassen muß, beim BGB- und VOB-Vertrag Unterschiede ergeben.

Hierzu zwei Beispiele.

(1) Bei einem als Personengesellschaft geführten Handwerksunternehmen arbeiten die Gesellschafter bei der Herstellung von Leistungen mit. Die Kosten für die Mitarbeit der Gesellschafter (Unternehmerlohn) sind bei der Kalkulation der Preise in den Selbstkosten erfaßt.

    Bei Kündigung eines BGB-Vertrages und fehlendem anderweitigem Erwerb müßte sich das Handwerksunternehmen demnach den hierfür im Rahmen der Preisbildung angesetzten Betrag nicht als erspart anrechnen lassen, da der Unternehmerlohn nicht zu den Aufwendungen gehört

    Beim VOB-Vertrag dagegen müßte sich der Auftragnehmer diese Kosten, soweit sie erspart wurden, bei Kündigung anrechnen lassen.

(2) Für die Abwicklung einer Baumaßnahme ist der Einsatz eines bilanziell voll abgeschriebenen Gerätes vorgesehen. Die in der Kalkulation angesetzten Kosten sind Zusatzkosten, kein Aufwand.

---

9) KLR-Bau, Kosten- und Leistungsrechnung der Bauunternehmen, 6. Auflage 1995, S. 15
10) in Anlehnung an: Schoenfeld/Möller, Kostenrechnung, 8. Auflage, 1995, S. 28
11) Staudinger, BGB, § 649, Rdn. 19; Heiermann, Riedl, Rusam, Handkommentar zur VOB, 8. Auflage, 1997, § 8, Rdn. 5
12) Brockhaus Enzyklopädie, 19. Auflage, 22. Band

Bei Kündigung eines BGB-Vertrages wäre demnach der Auftragnehmer nicht verpflichtet, sich die angesetzten Beträge für Abschreibung und Verzinsung als erspart anrechnen zu lassen.

Bei Kündigung eines VOB-Vertrages hingegen wäre der Auftragnehmer verpflichtet, sich diese Kosten als erspart anrechnen zu lassen.

In Rechtsprechung und Rechtsliteratur wird diese durch die Betriebswirtschaftslehre vorgegebene Trennung der Begriffe "Aufwand" und "Kosten" vernachlässigt oder nicht beachtet.

So hat der BGH bei der Beurteilung einer Kündigung eines VOB-Vertrages entschieden: "Als nach § 649 Satz 2 BGB erspart anzurechnen sind die Aufwendungen, die der Unternehmer bei Ausführung des Vertrages hätte machen müssen und die er wegen der Kündigung nicht mehr machen muß. Dabei ist auf die Nichtausführung des konkreten Vertrages abzustellen. Maßgebend sind dabei die Aufwendungen, die sich nach den Vertragsunterlagen unter Berücksichtigung der Kalkulation ergeben. ... "[13]

Dies, obwohl es sich bei dem behandelten Fall um einen VOB-Vertrag handelte. Der BGH hat demnach den Begriff "Aufwendungen" der herrschenden Rechtsmeinung[14] entsprechend synonym zum Begriff "Kosten" verwendet.

Quack[15] kommt, nach der im Ansatz richtigen Feststellung, daß der "betriebswirtschaftliche und der baubetriebliche Kostenbegriff mit dem der ersparten Aufwendungen im Sinne des BGB keineswegs deckungsgleich sein muß", zu dem betriebswirtschaftlich unzutreffenden Schluß, daß "der Kostenbegriff erheblich weiter verstanden werden (kann) als der Begriff der Aufwendungen".

Seine Folgerung, daß "ein kalkuliertes Wagnis wohl nicht zu den ersparten Aufwendungen, wohl aber zu den ersparten Kosten" gehöre, ist betriebswirtschaftlich nur für kalkulierte Einzelwagnisse zutreffend.

Kapellmann, der zu diesen Ausführungen von Quack Stellung nimmt, zeigt zwar in seinen - allerdings die Aufwendungen nicht ganz zutreffend mit den Ausgaben verknüpfenden - Ausführungen, daß die Begriffe "Aufwendungen" und "Kosten" nicht deckungsgleich sind, kommt dann jedoch zu dem Schluß, "daß das BGB derartige betriebswirtschaftliche Differenzierungen nicht im Auge gehabt hat und daß der Begriff der VOB/B "Kosten" zutreffend ist, daß demgemäß beide Vorschriften inhaltlich identisch zu verstehen sind und eine Ausle-

13) BGH, Urteil vom 21.12.1995, VII ZR 198/94, BauR 1996, S. 382 ff.
14) Quack, Festschrift für Götz von Craushaar zum 65. Geburtstag, 1997, S. 313, Fn. 17
15) Quack, Festschrift für Götz von Craushaar zum 65. Geburtstag, 1997, S. 313

gung folglich im Einzelfall entsprechend dem Zweck der Vorschriften erfolgen muß."[16]

Was Kapellmann mit dem Zusatz "und eine Auslegung folglich im Einzelfall entsprechend dem Zweck der Vorschriften erfolgen muß" meint, bleibt offen.

Aus baubetrieblicher Sicht ist die Frage unbeantwortet, warum die Begriffe "Aufwand / Aufwendungen" und "Kosten" in Rechtsprechung und Rechtsliteratur ohne stichhaltige Begründung abweichend von der betriebswirtschaftlichen Definition nicht unterschiedlich, sondern weitgehend synonym verwendet werden, obwohl bei Beachtung der Unterschiede die Beurteilung im Einzelfall zu unterschiedlichen Ergebnissen führen würde.

Auch hier besteht Klärungsbedarf.

4. Welche Konsequenzen ergeben sich für die ersparten Aufwendungen / Kosten aus dem Grundsatz des BGH, daß der Auftragnehmer weder schlechter noch besser gestellt werden soll als bei Ausführung des Vertrages?

Der BGH hat in seinem Urteil vom 27.10.1995 festgelegt, daß auf die Aufwendungen abzustellen ist, die durch die Nichtausführung des konkreten Vertrages entfallen sind. Maßgebend seien dabei die Aufwendungen, die sich nach den Vertragsunterlagen unter Berücksichtigung der Kalkulation ergeben.

Aufwendungen unter Berücksichtigung der Kalkulation also, und nicht, wie Kapellmann/Schiffers[17] dies auslegen, wie sie in der Kalkulation enthalten sind.

Diese von Kapellmann/Schiffers vertretene Auffassung, bei der Bestimmung der ersparten Aufwendungen / Kosten dürfe ausschließlich auf die kalkulierten Kosten und ergänzend auf deren "kurzfristige Abbaubarkeit"[18] abgestellt werden, kann im Einzelfall dazu führen, daß der Auftragnehmer sich nach der Kündigung wesentlich schlechter steht als bei Ausführung der vertraglichen Leistungen.

Denn, wie Kapellmann/Schiffers richtig feststellen, handelt es sich bei den Kostenansätzen der Angebotskalkulation um eine Kostenprognose. Diese Kostenprognose wird unter Berücksichtigung vorläufiger Ablaufplanungen mit dem Ziel erstellt, die Selbstkosten zu ermitteln, den Angebotspreis zu bestimmen und den Auftrag zu erhalten.

---

16) Kapellmann, Vergütung nach Kündigung durch Auftraggeber, Jahrbuch Baurecht 1998, S. 35 - 86, Fn. 1
17) Kapellmann/Schiffers, Vergütung, Nachträge und Behinderungsfolgen beim Bauvertrag, Band 2, 2. Auflage, 1997, Rdn. 1351
18) Kapellmann/Schiffers, Vergütung, Nachträge und Behinderungsfolgen beim Bauvertrag, Band 2, 2. Auflage, 1997, Rdn. 1361

Nach Abschluß des Vertrages macht der Auftragnehmer in der Regel alle Anstrengungen, die in der Kalkulation angesetzten Kosten bei der tatsächlichen Ausführung zu unterschreiten. Diese Anstrengungen richten sich beispielsweise darauf, bei der Vergabe von Leistungen an Nachunternehmer und Lieferanten sogenannte "Vergabegewinne", d.h. Unterschreitungen des vorgegebenen Kostenbudgets, zu realisieren und dadurch die kalkulierten Kosten bei der tatsächlichen Ausführung zu unterschreiten.

Würde dem Auftragnehmer, nachdem er alle Anstrengungen unternommen und entsprechende Unterschreitungen des jeweiligen Kostenbudgets erzielt hat, der Auftrag gekündigt und sein Anspruch nach der von Kapellmann/Schiffers vorgeschlagenen Ermittlungsmethodik ermittelt, würde er wesentlich schlechter gestellt sein als bei Ausführung des Vertrages.

Die Schlechterstellung bei Anwendung dieser Ermittlungsmethodik wird bei Pauschalpreisverträgen zusätzlich noch durch eine weitere Schlechterstellung überlagert.

Bei Pauschalpreisverträgen werden nämlich in der Regel weder eine detaillierte Kalkulation noch ein Aufmaß erstellt. Entsprechend sind die Kosten für ein Aufmaß nicht im Pauschalpreis enthalten. Bei der Kündigung eines Pauschalpreisvertrages muß jedoch nachträglich zur Abgrenzung der erbrachten und der nicht erbrachten Leistungen ein Aufmaß und gegebenenfalls auch eine Kalkulation hierfür erstellt werden. Dies ist insbesondere bei nachträglicher Erstellung mit nicht unerheblichen zusätzlichen Kosten verbunden.

Da diese Kosten kalkulatorisch nicht erfaßt und demnach auch im Vertragspreis nicht enthalten sind, können sie in der nach Abzug der ersparten Aufwendungen / Kosten verbleibenden Vergütung nicht enthalten sein. Dieses Problem ist von Kapellmann/Schiffers[19] zwar erkannt, ein Anspruch wird aber auf die Fälle beschränkt, bei denen die Kosten des Aufmaßes "nicht ganz unerheblich" sind, wobei offen bleibt, ob dieser Anspruch als Schadensersatz oder als Vergütung zu behandeln ist.

Aus baubetrieblicher Sicht sind die Konsequenzen des vom BGH festgelegten Grundsatzes "Als nach § 649 Satz 2 BGB erspart anzurechnen sind die Aufwendungen, die der Unternehmer bei Ausführung des Vertrages hätte machen müssen und die er wegen der Kündigung nicht mehr machen muß. Dabei ist auf die Nichtausführung des konkreten Vertrages abzustellen. Maßgebend sind dabei die Aufwendungen, die sich nach den Vertragsunterlagen unter Berücksichtigung der Kalkulation ergeben." weder in der Rechtsprechung noch in der Rechtsliteratur abschließend behandelt.

Klärungsbedarf auch hier.

19) Kapellmann/Schiffers, Vergütung, Nachträge und Behinderungsfolgen beim Bauvertrag, Band 2, 2. Auflage, 1997, Rdn. 1329

5. Muß sich der Auftragnehmer Teile des Kalkulationsansatzes "Wagnis und Gewinn" für die gekündigten Leistungen als erspart anrechnen lassen?

Preise für Bauleistungen werden in der Regel nach der von Opitz[20] entwickelten Kalkulation über die Angebotssumme ermittelt. Der Preis ergibt sich danach als Summe der Einzelkosten der Teilleistungen und der Gemeinkosten der Baustelle - den Herstellkosten - und den Allgemeinen Geschäftskosten - zusammen die Selbstkosten - unter Zurechnung eines Ansatzes für Wagnis und Gewinn.

Bereits Opitz hat das "Allgemeine Unternehmerwagnis", das nur aus dem Gewinn gedeckt werden kann, kalkulatorisch zusammen mit diesem erfaßt.

Die gemeinsame Erfassung von "Wagnis und Gewinn" in einem Kalkulationsansatz wurde jedoch mehr noch als durch Opitz durch die Baupreisverordnung[21] und die zugehörige LSP-Bau[22] für die baubetriebliche Kalkulation vorgegeben.

Die LSP-Bau legt in Nr. 39 (1) fest: "Das allgemeine Unternehmerwagnis wird im kalkulatorischen Gewinn abgegolten." Definiert ist das allgemeine Unternehmerwagnis in Abgrenzung zu den Einzelwagnissen in Nr. 38 (2) der LSP-Bau als "Wagnisse, die das Unternehmen als Ganzes gefährden und die in dessen Eigenart, in den besonderen Bedingungen des Wirtschaftszweiges oder in wirtschaftlicher Tätigkeit schlechthin begründet sind ... ."

Die von Kapellmann/Schiffers[23] bis heute vertretene Meinung, das Wagnis müsse bei Kündigungen als erspart angerechnet werden, behandelt den Kalkulationsansatz "Wagnis und Gewinn" unzutreffend wie die Summe zweier gleichwertiger Summanden[24].

Kapellmann[25] hat diese Meinung inzwischen erfreulicherweise, wenn auch nur in einer Fußnote, aufgegeben[26].

---

20) Opitz, Selbstkostenermittlung für Bauarbeiten, Teil 1, 4. Auflage, 1956
21) Verordnung PR Nr. 1/72 über die Preise für Bauleistungen bei öffentlichen oder mit öffentlichen Mitteln finanzierten Aufträgen vom 6. März 1972, zum 30.6.1999 aufgehoben durch die Verordnung zur Aufhebung der Verordnung PR NR. 1/72 über die Preise für Bauleistungen bei öffentlichen oder mit öffentlichen Mitteln finanzierten Aufträge vom 16. Juni 1999
22) Leitsätze für die Ermittlung von Preisen für Bauleistungen auf Grund von Selbstkosten (LSP-Bau), Anlage zur Verordnung PR Nr. 1/72 vom 6. März 1972
23) Kapellmann/Schiffers, Vergütung, Nachträge und Behinderungsfolgen beim Bauvertrag, Band 2, 2. Auflage, 1997, Rdn. 1357
24) Kapellmann/Schiffers, Vergütung, Nachträge und Behinderungsfolgen beim Bauvertrag, Band 1, 3. Auflage, 1996, Rdn. 523;
25) Kapellmann, Vergütung nach Kündigung durch Auftraggeber, Jahrbuch Baurecht 1998, S. 35 - 86, Fn. 76
26) "Im Lichte besserer Erkenntnisse" verneinen auch Kapellmann/Schiffers dies inzwischen. Bedauerlich ist nur, daß der BGH der vorher fälschlich ver-

Kapellmann/Langen[27] haben dem folgend in ihrer Einführung in die VOB in der 7. Auflage (1998) das Wagnis bei den ersparten Aufwendungen zwar noch mit einem Fragezeichen versehen, in der 8. Auflage (1999) dann die ersparten Aufwendungen aber, baubetrieblich richtig, auf kalkulierte Einzelwagnisse beschränkt.

Bedauerlich aus baubetrieblicher Sicht ist allerdings, daß die von Kapellmann/Schiffers lange Zeit vertretene Meinung überaus meinungsbildend[28] gewesen ist und sogar Eingang in die Rechtsprechung des BGH[29] gefunden hat mit der Konsequenz, daß der dem Auftragnehmer zustehende Anspruch bei grundlosen Kündigungen ungerechtfertigt um den Teil für Wagnis gekürzt wird.

Hier weniger Klärungs- als Aufklärungsbedarf.

6. Was muß sich der Auftragnehmer als anderweitigen Erwerb seiner Arbeitskraft und seines Betriebes anrechnen lassen?

Bei Einheitspreis- und Pauschalpreisverträgen werden nahezu immer durch Änderung des Bauentwurfs oder andere Anordnungen des Auftraggebers zusätzliche und geänderte Leistungen erforderlich oder vertraglich vereinbarte Leistungen nicht ausgeführt.

Aus baubetrieblicher Sicht stellt sich in solchen Fällen die Frage, ob der Auftragnehmer sich Teile der Vergütung für die zusätzlichen und geänderten Leistungen als anderweitigen Erwerb auf die Vergütung für die nicht ausgeführten Leistungen anrechnen lassen muß.

Bei Leistungen, die an derselben Stelle ausgeführt werden, an der ohne Eingriff des Auftraggebers die entfallenen Leistungen hätten ausgeführt werden müssen, ihre Ausführung also erst infolge des Wegfalls der Leistungen ermöglicht wurde, ist eine Anrechnung durch die Vorschriften der Regelwerke zwingend vorgegeben.

Bei geänderten und zusätzlichen Leistungen jedoch, die an anderer Stelle ausgeführt werden und deren Ausführung nicht in kausalem Zusammenhang mit der wegfallenden Leistung steht, ist diese Frage bislang in der Rechtsliteratur nicht behandelt.

---

tretenen Meinung in einem Urteil gefolgt ist. Kapellmann/Schiffers, Vergütung, Nachträge und Behinderungsfolgen beim Bauvertrag, Band 2, 3. Auflage, Düsseldorf: Werner-Verlag, 2000, Rdn. 1372

27) Kapellmann/Langen, Einführung in die VOB, 7. Auflage, 1998, Rdn. 120

28) u.a. Quack, Festschrift für Götz von Craushaar zum 65. Geburtstag, 1997, S. 313; Friedrich, Betrachtungen zur VOB/B § 2 NR. 3 aus der Sicht kleiner und mittelständischer Bauunternehmen, BauR 1999, S. 817 - 824

29) BGH, Urteil vom 30.10.1997, VII ZR 222/96, BauR 1998, S. 185 ff.

Kapellmann/Schiffers[30] vertreten - geleitet von der Sorge, keine Über- oder Unterdeckungen entstehen zu lassen - die Auffassung, daß zwar die Höhe des vertraglich vereinbarten Deckungsbeitrages für Allgemeine Geschäftskosten und Wagnis und Gewinn erhalten bleiben müsse, aber in einer Ausgleichsrechnung zur Schlußrechnung Über- und Unterdeckungen gegeneinander aufgerechnet werden müßten. Ein möglicherweise dann verbleibender Überschuß soll dem Auftragnehmer, mit der Begründung "weil ja den zusätzlichen Kosten zusätzliche Kapazitätsbindungen gegenüberstehen und diese ansonsten an anderer Stelle entsprechende Deckungsbeiträge für Allgemeine Geschäftskosten und Gewinn erzielen könnten und würden" zugestanden werden.

Die konsequente Anwendung dieser Auffassung würde dazu führen, daß ein Auftragnehmer, dem neben der Ausführung zusätzlicher und geänderter Leistungen vertragliche Leistungen teilweise entzogen werden, schlechter gestellt wird als ein Auftragnehmer, der zu den geplanten vertraglichen Leistungen geänderte und zusätzliche Leistungen erbringt.

Klärungsbedarf auch hier.

7. Sind nicht abgerufene Leistungen gekündigte Leistungen?

Bei Bauverträgen werden oftmals Leistungen, die zwar nach Vertrag vorgesehen sind, ganz oder teilweise nicht abgerufen, beispielsweise weil deren Ausführung durch veränderte Planung nicht mehr erforderlich oder nicht mehr gewünscht ist.

Für solche nicht abgerufenen Leistungen wird in aller Regel keine Kündigung ausgesprochen, erst recht nicht in der beim VOB-Vertrag nach § 8 Nr. 5 VOB/B geforderten schriftlichen Form.

Daß die nicht abgerufenen Leistungen nicht mehr auszuführen sind, läßt sich nur aus einem Vergleich zwischen Vertrags- und Ausführungsunterlagen erkennen.

Ob und, wenn ja, unter welchen Voraussetzungen die Ausführungsunterlagen, insbesondere Pläne, die gemäß § 8 Nr. 5 VOB/B an die Schriftform zu stellenden Anforderungen erfüllen, ist schon deshalb fraglich, weil in den Ausführungsplänen ganz oder teilweise entfallene Leistungen nicht dargestellt sind.

Da es in solchen Fällen auch an einer "einvernehmlichen Absprache zwischen den Vertragsparteien" fehlt, ist überdies fraglich, ob die Regelungen anwendbar sind, die in der Rechtsliteratur für den Aufhebungsvertrag angeführt werden.[31]

30) Kapellmann/Schiffers, Vergütung, Nachträge und Behinderungsfolgen beim Bauvertrag, Band 1, 3. Auflage, 1996, Rdn. 933 ff.

31) Kleine-Möller/Merl/Oelmaier, Handbuch des privaten Baurechts, 2. Auflage, § 14, Rdn. 163 ff; Kapellmann/Schiffers, Vergütung, Nachträge und Behinderungsfolgen beim Bauvertrag, Band 2, 2. Auflage, 1997 Rdn. 1386 ff.

Duffek stellt in seinen Ausführungen "Vergütungsanspruch des Unternehmers ohne Werkleistung"[32] unter Verweis auf Staudinger[33] fest: "Auch die Kommentarliteratur nimmt sich zusehends des Problems an, und zwar in der Erkenntnis, daß ein Besteller, der eine Vertragskündigung wegen der Folgen des § 649 BGB vermeidet, nicht besser stehen könne, als einer, der einen Bauvertrag, an dem er, aus welchen Gründen auch immer, nicht mehr interessiert ist, ordentlich kündigt."

Zusammenfassend stellt Duffek fest, daß der Auftragnehmer bei BGB- wie VOB-Verträgen Anspruch auf die vereinbarte Vergütung hat, wenn der Auftraggeber die Arbeiten nicht abruft. Und weiter: "Dieser Anspruch ... ist unabhängig von einem Verschulden des Auftraggebers und resultiert aus der vertraglichen Risikoverteilung, wonach der Auftraggeber dafür einzustehen hat, daß er ... die Arbeiten abruft."

Und schließlich: "Diese Regelung erscheint auch billig, weil sie derjenigen des § 649 BGB entspricht und der Auftragnehmer durch einen ausdrücklich oder stillschweigend verweigerten Abruf seiner Leistung ... nicht schlechter stehen darf, wie wenn der Auftraggeber von der Kündigungsmöglichkeit des § 649 BGB Gebrauch gemacht hätte."

Eine klare Aussage, der nichts hinzuzufügen ist, außer vielleicht der Feststellung, daß es ihr bislang an einer höchstrichterlichen Bestätigung mangelt.

Hier weniger Klärungs- als Bestätigungsbedarf.

8. Fazit

Die eingangs angesprochene Anregung von Quack[34] "Unter diesen Umständen ist es an der Zeit, interdisziplinär über konkrete Berechnungsprobleme des § 649 S. 2 nachzudenken." sollte im Interesse der beteiligten Disziplinen mit dem Ziel aufgenommen werden, die offenen Fragen einer praktikablen und eindeutigen Beantwortung und Lösung zuzuführen.

32) Duffek, Vergütungsanspruch des Unternehmers ohne Werkleistung, BauR 1999, S. 979 - 987

33) Staudinger, BGB, 13. Auflage, 1994, § 642, Rdn. 18, 19

34) Quack, Festschrift für Götz von Craushaar zum 65. Geburtstag, 1997, S. 316

A.4 Kooperationspflicht der Bauvertragspartner bei Nachtragsstreit: Arbeitseinstellung?

VOB/B vor § 1

a) Die Vertragsparteien eines VOB/B-Vertrages sind während der Vertragsdurchführung zur Kooperation verpflichtet.
b) Entstehen während der Vertragsdurchführung Meinungsverschiedenheiten zwischen den Parteien über die Notwendigkeit oder die Art und Weise einer Anpassung des Vertrages oder seiner Durchführung an geänderte Umstände, sind die Parteien grundsätzlich verpflichtet, durch Verhandlungen eine einvernehmliche Beilegung der Meinungsverschiedenheiten zu versuchen.

Bundesgerichtshof, Urteil vom 28. Oktober 1999
- VII ZR 393/98 - OLG Frankfurt, LG Frankfurt

Der VII. Zivilsenat des Bundesgerichtshofs hat auf die mündliche Verhandlung vom 28. Oktober 1999 durch den Vorsitzenden Richter Prof. Dr. Ullmann und die Richter Prof. Dr. Thode, Dr. Wiebel, Dr. Kuffer und Dr. Kniffka
für Recht erkannt:
Auf die Revision des Klägers wird das Urteil des 1. Zivilsenats des Oberlandesgerichts Frankfurt am Main vom 8. Oktober 1998 aufgehoben.
Die Sache wird zur erneuten Verhandlung und Entscheidung, auch über die Kosten des Revisionsverfahrens, an das Berufungsgericht zurückverwiesen.
Von Rechts wegen

Tatbestand:
I.
Das klagende Land verlangt von der Beklagten Ersatz der Mehrkosten, die ihm durch den Auftrag an einen Drittunternehmer nach Kündigung des Vertrages durch die Beklagte entstanden sind. Die Parteien streiten vorrangig darüber, ob die Beklagte berechtigt war, den Bauvertrag zu kündigen.
II.
Die Beklagte hat nach einer öffentlichen Ausschreibung den Zuschlag für die Ausführung der Decken in einem Bauvorhaben des Klägers erhalten. Der für den Arbeitsbeginn der Beklagten vereinbarte Termin am 7. August 1992 mußte verschoben werden, weil die vorgelagerten Arbeiten anderer Unternehmer nicht termingerecht fertiggestellt worden waren.
Das bauleitende Architektenbüro des Klägers übersandte der Beklagten am 22. Juni 1992 einen geänderten Terminplan, der eine Verschiebung des Ausführungsbeginns für die Arbeiten der Beklagten auf den 4. November 1993 vorsah.
Am 2. September 1992 fand eine Besprechung zwischen einem Mitarbeiter des Architektenbüros und dem damaligen Geschäftsführer der Beklagten statt. Über den Inhalt des Gespräches streiten die Parteien. Das Berufungsgericht hat den Sachvortrag des Klägers zum Inhalt dieses Gespräches unterstellt, daß die Parteien sich auf die Verschiebung des Arbeitsbeginns geeinigt hätten.

Unter dem 2. Oktober 1992 übersandte die Beklagte dem Kläger folgendes Schreiben:
"Aufgrund der Verschiebung des Baubeginns sind wir gezwungen, nachstehenden Nachtrag zu stellen:
N 1 Verschiebung des Baubeginns 6 Mann je 608 Std. je 36,50 DM/Std. insgesamt 133.152,-- DM.
Wir haben für Ihre Baumaßnahme diese 6 Mann eingestellt und bereitgestellt. Uns sind erhebliche Kosten durch diese Verschiebung des Baubeginns entstanden und wir sind nicht in der Lage und auch nicht gewillt, diese selbst zu tragen."
Mit Schreiben vom 16. Oktober 1992 wies der Kläger dieses Verlangen der Beklagten mit folgender Begründung zurück:
"... der überarbeitete Terminplan wurde Ihnen bereits am 12.06.92 vom Büro H. und Partner übersandt. Dieser wurde von Ihnen am 02.09.92 bestätigt. Da der geänderte Ausführungsplan Ihnen frühzeitig vor dem ursprünglich geplanten Arbeitsbeginn (07.08.92) mitgeteilt wurde, hatten Sie genügend Gelegenheit, Ihr Montagepersonal zu disponieren. Ihre Forderung aus o.g. Nachtrag muß ich daher zurückweisen."
Die Beklagte erklärte daraufhin, daß sie im Hinblick auf die durch die Verzögerung verursachten Kosten vom Vertrag zurücktreten müsse.
In ihrem Antwortschreiben vom 5. November 1992 wies der Kläger die Kündigung als unzulässig zurück und forderte die Beklagte unter Fristsetzung bis zum 17. November 1992 und Kündigungsandrohung zur Aufnahme der Arbeiten auf.
Der Kläger kündigte den Bauvertrag mit Schreiben vom 30. November 1992, nachdem die Beklagte die Aufnahme der Arbeiten von der Zustimmung zu dem Nachtragsbegehren abhängig gemacht hatte.
Anschließend vergab der Kläger den Auftrag an die Firma L. AG.
III.
Das Landgericht hat die Klage abgewiesen. Das Oberlandesgericht hat die Berufung des Klägers zurückgewiesen. Mit der Revision erstrebt er die Verurteilung der Beklagten.

Entscheidungsgründe:
I.
Die Revision des Klägers hat Erfolg, sie führt zur Aufhebung des Berufungsurteils und zur Zurückweisung der Sache an das Berufungsgericht.
II.
1. Das Berufungsgericht hat die Voraussetzungen der Schadensersatzforderung des Klägers mit folgenden Erwägungen verneint:
a) Der Anspruch stehe dem Kläger nicht zu, weil die Beklagte den Vertrag zu Recht gemäß § 9 Nr. 1 a VOB/B gekündigt habe. Auf das Ergebnis der Baubesprechung vom 2. September 1992 komme es nicht an. Selbst wenn die Parteien sich auf die Verschiebung des Ausführungsbeginns geeinigt hätten, sei die Beklagte berechtigt gewesen, die Mehrkosten gemäß § 2 Nr. 5 VOB/B geltend zu machen.
b) Die Änderung des Arbeitsbeginns sei eine Anordnung des Landes i.S.d. § 2 Nr. 5 VOB/B. Folglich seien die Parteien verpflichtet gewesen, einen neuen Preis zu vereinbaren. Die Einwilligung der Beklagten in die Verschiebung der

Ausführungsfrist sei kein Verzicht auf den Anspruch auf die Mehrkosten nach § 2 Nr. 5 VOB/B.

c) Da der Kläger sich ausweislich seiner Schreiben ernsthaft und endgültig geweigert habe, mit der Beklagten über eine Anpassung der Vergütung zu verhandeln, sei die Beklagte berechtigt gewesen, ohne Fristsetzung mit Ablehnungsandrohung zu kündigen.

d) Die Beklagte habe hinreichend zum Ausdruck gebracht, daß sie Mehrkosten verlange, die durch die Verzögerung verursacht worden seien. Der Kläger hätte die Forderung der Beklagten nicht zurückweisen dürfen, es handele sich entgegen seiner Auffassung nicht um zusätzliche Vergütung, sondern um einen Schadensersatzanspruch.

e) Aus § 18 Nr. 4 VOB/B könne der Kläger keine Ansprüche herleiten. Da die Ablehnung des Nachtragsbegehrens der Beklagten eine grobe Pflichtverletzung sei, sei die Beklagte nach Treu und Glauben nicht verpflichtet gewesen, mit den Arbeiten zu beginnen.

2. Diese Erwägungen halten insgesamt einer revisionsrechtlichen Überprüfung nicht stand:

Der Kläger war berechtigt, den Vertrag zu kündigen und die Arbeiten zu Lasten der Beklagten durch einen Dritten ausführen zu lassen. Die Beklagte ist ihrerseits nicht berechtigt gewesen, den Vertrag zu kündigen und die Arbeitsaufnahme davon abhängig zu machen, daß der Kläger ihre Forderung akzeptiert.

a) Der Kläger war berechtigt, den Vertrag aus wichtigem Grund zu kündigen. Nach der Rechtsprechung des Bundesgerichtshofs ist der Auftraggeber berechtigt, einen Bauvertrag aus wichtigem Grund zu kündigen, wenn der Auftragnehmer die Erfüllung des Vertrages unberechtigt und endgültig verweigert und es deshalb der vertragstreuen Partei nicht zumutbar ist, das Vertragsverhältnis fortzusetzen (BGH, Urteil vom 21. März 1974 - VII ZR 139/71, NJW 1974, 1080; Urteil vom 23. Mai 1996 - VII ZR 140/95, ZfBR 1996, 267 = BauR 1996, 704).

b) Die Voraussetzungen eines wichtigen Kündigungsgrundes lagen nach den Feststellungen des Berufungsgerichts vor. Die Beklagte hat die ihr obliegende Pflicht zur Kooperation verletzt und durch ihre Kündigung des Vertrages die Erfüllung ihrer Vertragspflicht unberechtigt und endgültig verweigert:

(1) Nach der Rechtsprechung des Bundesgerichtshofs sind die Vertragsparteien eines VOB/B-Vertrages während der Vertragsdurchführung zur Kooperation verpflichtet. Aus dem Kooperationsverhältnis ergeben sich Obliegenheiten und Pflichten zur Mitwirkung und gegenseitigen Information (BGH, Urteil vom 23. Mai 1996 - VII ZR 245/94, BGHZ 133, 44, 47).

Die Kooperationspflichten sollen unter anderem gewährleisten, daß in Fällen, in denen nach der Vorstellung einer oder beider Parteien die vertraglich vorgesehene Vertragsdurchführung oder der Inhalt des Vertrages an die geänderten tatsächlichen Umstände angepaßt werden muß, entstandene Meinungsverschiedenheiten oder Konflikte nach Möglichkeit einvernehmlich beigelegt werden (Nicklisch/Weick, VOB, 2. Aufl., § 2 Rdn. 6). Ihren Ausdruck haben sie in der VOB/B insbesondere in den Regelungen des § 2 Nr. 5 und Nr. 6 gefunden. Danach soll über eine Vergütung für geänderte oder zusätzliche Leistungen eine Einigung vor der Ausführung getroffen werden. Diese Regelungen sollen die Parteien anhalten, die kritischen Vergütungsfragen frühzeitig und einvernehmlich zu lösen und dadurch spätere Konflikte zu vermeiden.

Entstehen während der Vertragsdurchführung Meinungsverschiedenheiten über die Notwendigkeit oder die Art und Weise einer Anpassung, ist jede Partei grundsätzlich gehalten, im Wege der Verhandlung eine Klärung und eine einvernehmliche Lösung zu versuchen. Die Verpflichtung obliegt einer Partei ausnahmsweise dann nicht, wenn die andere Partei in der konkreten Konfliktlage ihre Bereitschaft, eine einvernehmliche Lösung herbeizuführen, nachhaltig und endgültig verweigert.

(2) Nach diesen Grundsätzen hat die Beklagte ihre Verpflichtung zur Kooperation dadurch verletzt, daß sie den Vertrag fristlos gekündigt hat, ohne sich zuvor um eine einvernehmliche Beilegung des Konfliktes zu bemühen. Der Kläger hatte sich seinerseits durch sein Schreiben vom 16. Oktober 1992 nicht endgültig geweigert, etwaige berechtigte Nachforderungen der Beklagten zu akzeptieren. Dieses Schreiben war eine verständliche Reaktion auf das Forderungsschreiben der Beklagten. Das Anspruchsschreiben der Beklagten vom 2. Oktober bot dem Kläger hinreichenden Anlaß, die Berechtigung der Forderung unabhängig davon anzuzweifeln, ob dem Grunde nach ein Anspruch aus § 2 Nr. 5 VOB/B oder § 6 Nr. 6 VOB/B bestand. Der von ihm erhobene Einwand, die Beklagte habe die Arbeitskräfte anders eingesetzt oder einsetzen können, lag nach den Umständen nahe und betraf die Höhe des von der Beklagten darzulegenden Anspruchs. Mit ihm hätte sich die Beklagte aufgrund ihrer Pflicht zur Kooperation in der Weise auseinandersetzen müssen, daß sie die aus ihrer Sicht berechtigte Forderung näher erläutert. Erst wenn dieser Versuch einer einvernehmlichen Lösung daran gescheitert wäre, daß der Kläger sich endgültig geweigert hätte, seine Kooperationspflicht zu erfüllen, wäre die Beklagte berechtigt gewesen, den Vertrag aus wichtigem Grund zu kündigen.

(3) Da der Kläger nicht zu erkennen gegeben hat, daß er zur Mitwirkung an der Lösung des Konfliktes endgültig nicht bereit war, und die Beklagte den Vertrag fristlos gekündigt hat, ohne daß sie zuvor eine einvernehmliche Lösung versucht hat, war ihre fristlose Kündigung unberechtigt und damit unwirksam.

(4) Aufgrund der unberechtigten Kündigung der Beklagten war der Kläger seinerseits nach Ablauf der Frist, die er der Beklagten für die Arbeitsaufnahme gesetzt hatte, berechtigt, den Vertrag aus wichtigem Grund zu kündigen. Die Beklagte hatte den Vertrag unberechtigt fristlos gekündigt und auf die Aufforderung des Klägers zur Arbeitsaufnahme vertragswidrig ihre Bereitschaft, die Arbeit wieder aufzunehmen, von der nicht näher begründeten Forderung abhängig gemacht, daß der Kläger ihrem ursprünglichen Verlangen uneingeschränkt nachkommt.

Ullmann Thode Wiebel Kuffer Kniffka

A.5 Behinderung durch verspätete/mangelhafte Vorunternehmerleistung: Schadensersatz oder Entschädigung?

VOB/B § 6 Nr. 1

a) Der Auftragnehmer hat in der Behinderungsanzeige anzugeben, ob und wann seine Arbeiten, die nach dem Bauablauf nunmehr ausgeführt werden müßten, nicht oder nicht wie vorgesehen ausgeführt werden können.
b) Die Behinderungsanzeige dient der Information des Auftraggebers über die Störung. Er soll gewarnt und es soll ihm die Möglichkeit gegeben werden, die Behinderung abzustellen.

BGB §§ 278, 642; VOB/B § 6 Nr. 6

a) Ob und welche Verbindlichkeit den Auftraggeber gegenüber dem Nachunternehmer trifft, ist nach der jeweiligen vertraglichen Gestaltung zu beurteilen. Geht es um Fristüberschreitungen, bedürfen die Vertragsbestimmungen der Auslegung, ob der Auftraggeber die Verpflichtung übernommen hat, das Bauwerk zu den vereinbarten Fristen als für die Nachunternehmerleistung geeignet zur Verfügung zu stellen. Allein die Vereinbarung von Vertragsfristen reicht dazu nicht aus.
b) § 642 BGB ist bei aufrechterhaltenem Vertrag neben § 6 Nr. 6 VOB/B anwendbar.
c) Der Auftraggeber kann dem Nachunternehmer aus § 642 BGB haften, wenn er durch das Unterlassen einer bei der Herstellung des Werkes erforderlichen und ihm obliegenden Mitwirkungshandlung in den Verzug der Annahme kommt (abweichend von BGH, Urteil vom 27. Juni 1985 - VII ZR 23/84, BGHZ 95, 128).

Bundesgerichtshof, Urteil vom 21. Oktober 1999
- VII ZR 185/98 - OLG München, LG München I

Der VII. Zivilsenat des Bundesgerichtshofs hat auf die mündliche Verhandlung vom 21. Oktober 1999 durch die Richter Prof. Dr. Thode, Dr. Haß, Hausmann, Dr. Wiebel und Dr. Kuffer
für Recht erkannt:
Auf die Revision der Beklagten wird das Urteil des 9. Zivilsenats des Oberlandesgerichts München vom 10. März 1998 aufgehoben.
Die Sache wird zur anderweiten Verhandlung und Entscheidung, auch über die Kosten des Revisionsverfahrens, an das Berufungsgericht zurückverwiesen.
Von Rechts wegen

Tatbestand:
Die Klägerin verlangt von der Beklagten Schadensersatz wegen Behinderung in der Bauausführung.
Der Klägerin wurden am 10. Juli 1986 die Wärmedämmarbeiten zum Neubau des Verwaltungszentrums der Beklagten in M. übertragen. Vertragsgrundlage waren neben der VOB/B unter anderem die Zusätzlichen Vertragsbedingungen

(ZV-VOB) und die Besonderen Vertragsbedingungen (BV-VOB) der Beklagten. Diese wurde bei Vertragsschluß und Vertragsausführung von ihrer Projektmanagerin, der Streithelferin zu 2, vertreten, die teilweise die Streithelferin zu 1 hinzuzog. Die Vertragsklauseln regeln unter anderem die "Ablaufplanung und -steuerung" sowie "Vertragstermine, -fristen". Die Klägerin begann im November 1986 mit ihren Arbeiten. Am 7. Januar 1988 wurde sie von der Streithelferin zu 2 auf die Fertigstellungsfrist zum 31. März 1988 hingewiesen. In Schreiben vom 19. Januar 1988 und vom 21. Februar 1988 wies die Klägerin auf Behinderungen wegen nicht fertiggestellter Vorgewerke hin und meldete Zusatzkosten an. Die Arbeiten der Klägerin dauerten bis Ende Juni 1988, einige Restarbeiten bis September 1988.

Die Klägerin verlangt wegen behaupteter nicht rechtzeitiger Fertigstellung der Vorarbeiten Ersatz von Mehrkosten für Löhne, Geräte sowie "aus Beschleunigung" Baustellengemeinkosten, sonstige Kosten, allgemeine Geschäftskosten, Wagnis und Gewinn.

Das Landgericht hat die Klage abgewiesen. Das Berufungsgericht hat den Anspruch dem Grunde nach für gerechtfertigt erklärt und wegen der Höhe den Rechtsstreit an das Landgericht zurückverwiesen. Dagegen richtet sich die Revision der Beklagten.

Entscheidungsgründe:

Die Revision hat Erfolg. Sie führt zur Aufhebung des Berufungsurteils und zur Zurückverweisung der Sache an das Berufungsgericht.

I.

Das Berufungsgericht ist der Ansicht, die Klägerin könne Ersatz des ihr nachweislich entstandenen Schadens gemäß § 6 Nr. 6 VOB/B verlangen. Es sei zu erwarten, daß jedenfalls ein eventuell auch gewisser Betrag als zu ersetzender Mehraufwand verbleibe. Daß die Klägerin erst mit Schreiben vom 11. Februar 1988 die Behinderung angezeigt habe, sei unerheblich. Für die Zeit vorher sei die Anzeige entbehrlich gewesen, weil die Baustelle bereits im September 1987 "in Verzug" gewesen sei.

Die Beklagte habe die Umstände zu vertreten, die die Klägerin an der ordnungsgemäßen Ausführung ihrer Leistungen gehindert hätten. Die mit den Vorleistungen betrauten Unternehmer seien in den vertraglichen Pflichtenkreis der Beklagten eingeschlossen gewesen. Sie habe sich der Streithelferin zu 2 als Projektmanagerin bedient, die den Bauablauf zu planen und koordinieren gehabt habe. Der Bau habe sich durch die verzögerte Planung und nicht ausreichende Koordinierung verzögert. Die Streithelferin zu 1 habe Verzögerungen nicht hinreichend berücksichtigt und Störungen im Bauablauf nicht schnell genug beseitigt.

II.

Diese Ausführungen halten der rechtlichen Nachprüfung nicht stand. Die Feststellungen des Berufungsgerichts reichen nicht für die Beurteilung, ob eine Schadensersatzpflicht der Beklagten aus § 6 Nr. 6 VOB/B oder ein Anspruch auf angemessene Entschädigung gemäß § 642 BGB besteht.

1. Das Berufungsgericht trifft keine Feststellungen, welche die Annahme tragen, die Klägerin sei in der ordnungsgemäßen Ausführung ihrer Leistung behindert und eine Behinderungsanzeige sei entbehrlich gewesen.

a) Der Schadensersatzanspruch nach § 6 Nr. 6 VOB/B setzt voraus, daß eine Behinderung tatsächlich vorlag und sie dem Auftraggeber unverzüglich schriftlich angezeigt worden ist oder offenkundig bekannt war. Die Vertragsklausel setzt weiter voraus, daß der Stillstand adäquat-kausal durch hindernde Umstände verursacht worden ist, die auf der Verletzung einer vertraglichen Pflicht durch einen Vertragsteil, hier den Auftraggeber beruhen (vgl. BGH, Urteil vom 16. Oktober 1997 - VII ZR 64/96 = BauR 1997, 1021 = ZfBR 1998, 33, dazu nachstehend 2).

Wird die Behinderung angezeigt, muß die Anzeige alle Tatsachen enthalten, aus denen sich für den Auftraggeber mit hinreichender Klarheit die Gründe der Behinderung ergeben (BGH, Urteil vom 21. Dezember 1989 - VII ZR 132/88, BauR 1990, 210 = ZfBR 1990, 138). Der Auftragnehmer hat Angaben zu machen, ob und wann seine Arbeiten, die nach dem Bauablauf nunmehr ausgeführt werden müßten, nicht oder nicht wie vorgesehen ausgeführt werden können.

Bei unterlassener Anzeige besteht Anspruch auf Berücksichtigung der hindernden Umstände nur, wenn dem Auftraggeber offenkundig die Tatsachen und deren hindernde Wirkung bekannt waren. Unter welchen Voraussetzungen eine Behinderungsanzeige wegen Offenkundigkeit unterbleiben kann, ergibt sich aus dem Zweck der regelmäßig erforderlichen Behinderungsanzeige. Diese Anzeige dient dem Schutz des Auftraggebers. Sie dient der Information des Auftraggebers über die Störung. Der Auftraggeber soll ferner gewarnt und ihm die Möglichkeit eröffnet werden, Behinderungen abzustellen. Er soll zugleich vor unberechtigten Behinderungsansprüchen geschützt werden. Die rechtzeitige und korrekte Behinderungsanzeige erlaubt ihm nämlich, Beweise für eine in Wahrheit nicht oder nicht im geltend gemachten Umfang bestehende Behinderung zu sichern. Nur wenn die Informations-, Warn- und Schutzfunktion im Einzelfall keine Anzeige erfordert, ist die Behinderungsanzeige wegen Offenkundigkeit entbehrlich.

b) Die Feststellungen des Berufungsgerichts dazu sind nicht ausreichend.

Eine Behinderung ist nicht festgestellt. Die allgemeine Aussage, die Baustelle sei bereits vor der Behinderungsanzeige vom 11. Februar 1988 "in Verzug" gewesen, reicht nicht aus. Es muß gerade der Auftragnehmer, der den Anspruch geltend macht, in der Ausführung seines Werkes behindert sein. Zu den Tatsachen, aus denen sich die Offenkundigkeit der Behinderung der Arbeiten der Klägerin ergeben soll, fehlt es ebenfalls an Feststellungen. Entgegen der Ansicht des Berufungsgerichts reicht insoweit nicht eine allgemeine Störung im Bauablauf.

Ob die vorliegenden Behinderungsanzeigen den vorbezeichneten Anforderungen entsprechen, wird vom Berufungsgericht nicht erörtert. Erwähnt wird nur das Schreiben vom 11. Februar 1988. Nicht beachtet ist das vorhergehende Schreiben vom 19. Januar 1988, in dem die Klägerin zum angemahnten Fertigstellungstermin Stellung nimmt und auf den erforderlichen Abschluß der technischen Vorgewerke Kälte, Lüftung, Heizung und Sanitär verweist. Beide Schreiben bedürfen in der weiteren Verhandlung im Hinblick auf § 6 Nr. 1 VOB/B der Auslegung und Prüfung durch das Berufungsgericht.

2. Die Feststellungen des Berufungsgerichts genügen auch nicht, eine eigene oder fremde, über eingeschaltete Erfüllungsgehilfen zurechenbare, von der Beklagten zu vertretende Vertragsverletzung zu bejahen.

a) Die vom Berufungsgericht getroffenen Feststellungen reichen nicht aus, eine Verletzung der Planungs- und Koordinierungspflicht zu bejahen.
Das Berufungsurteil enthält keine Tatsachen, aus denen sich eine verzögerte Planung oder Mängel in der Koordinierung ergeben. Gleiches gilt für das der Beklagten angelastete Verschulden der Streithelferin zu 1. Auch hier sind die Ausführungen, die Streithelferin zu 1 habe etwaige Verzögerungen durch Planungs- und Ausführungsänderungen nicht hinreichend berücksichtigt und Störungen im Bauablauf nicht schnell genug beseitigt, nicht mit Tatsachen belegt.
b) Die weitere Annahme des Berufungsgerichts, die mit den Vorleistungen betrauten Unternehmer seien "in den vertraglichen Pflichtenkreis des Auftraggebers eingeschlossen" gewesen und der Auftraggeber habe die Verpflichtung übernommen, die Vorleistungen so zu koordinieren, daß der Auftragnehmer auf vollständig erbrachte Vorleistungen aufbauen könne, ist nicht hinreichend begründet.
aa) Nach der Rechtsprechung des Bundesgerichtshofs (Urteil vom 27. Juni 1985 - VII ZR 23/84 = BGHZ 95, 128) können durch fehlerhafte Werkleistung des Vorunternehmers bedingte Verzögerungen dem Auftraggeber im Verhältnis zum Nachfolgeunternehmer regelmäßig nicht zugerechnet werden, weil der Vorunternehmer insoweit nicht Erfüllungsgehilfe des Auftraggebers ist (vgl. zum Streitstand Kapellmann/Schiffers, Vergütung, Nachträge und Behinderungsfolgen beim Bauvertrag, Bd. 1, 3. Aufl. Rdn. 1367). Der Auftraggeber will sich regelmäßig den einzelnen Nachunternehmern gegenüber nicht verpflichten, notwendige Vorarbeiten zu erbringen. Erfüllungsgehilfe des Bauherrn ist lediglich der Architekt, soweit Planungs- und Koordinierungsaufgaben in Frage stehen (BGH, Urteil vom 27. Juni 1985 - VII ZR 23/84 aaO). Denn der Bauherr hat dem Unternehmer zuverlässige Pläne zur Verfügung zu stellen.
Der Bundesgerichtshof hat bereits in der Entscheidung vom 27. Juni 1985 (VII ZR 23/84 aaO) darauf hingewiesen, daß eine Zurechnung gemäß § 278 BGB dann in Betracht kommen kann, wenn aufgrund besonderer Umstände anzunehmen ist, daß der Auftraggeber dem Nachfolgeunternehmer für die mangelfreie Erfüllung der Vorleistung einstehen will. Eine derartige Einstandspflicht kann bestehen, wenn der Auftraggeber sich vertraglich zu einer Vorleistung verpflichtet. Der Bundesgerichtshof hat mit Beschluß vom 16. Dezember 1993 eine gegen das Urteil des Oberlandesgerichts Celle vom 15. Oktober 1992 (veröffentlicht in BauR 1994, 629; "Behelfsbrückenfall") gerichtete Revision nicht angenommen. In dem jener Entscheidung zugrundeliegenden Sachverhalt hatte sich der Auftraggeber verpflichtet, bis zu einem bestimmten Zeitpunkt eine Behelfsbrücke zur Verfügung zu stellen. Der Bundesgerichtshof hat ferner im Urteil vom 10. Januar 1991 - X ZR 128/89 = ZfBR 1992, 31) die dem Besteller nicht untergeordnete Deponieverwaltung als dessen Erfüllungsgehilfin angesehen, da sich der Besteller verpflichtet hatte, für den vom Unternehmer geschuldeten Abtransport von Aushub eine Deponie bereit zu halten.
bb) Ob und welche Verbindlichkeit den Auftraggeber gegenüber den (Nach)Unternehmer trifft, ist nach der jeweiligen vertraglichen Gestaltung zu beurteilen. Geht es um Fristüberschreitungen, bedürfen die Vertragsbestimmungen der Auslegung, ob der Auftraggeber die Verpflichtung übernommen hat, das Bauwerk zu den vereinbarten Fristen als für die Nachunternehmerleistung geeignet zur Verfügung zu stellen. Allein die Vereinbarung von Vertragsfristen reicht hierfür nicht aus. Das Berufungsgericht führt nicht aus, worauf sich

seine Annahme stützt, der Auftraggeber habe gegenüber dem Nachunternehmer die Verpflichtung übernommen, daß der Vorunternehmer rechtzeitig und mangelfrei leiste. Die vereinbarten Zusätzlichen (ZV-VOB) und Besonderen Vertragsbedingungen (BV-VOB) bedürfen insoweit der Auslegung durch das Berufungsgericht. Die weitere Verhandlung gibt dem Berufungsgericht die Möglichkeit, diese Auslegung nachzuholen.

3. Die Feststellungen genügen auch nicht zu beurteilen, ob der Klägerin ein Anspruch auf angemessene Entschädigung gemäß § 642 BGB zusteht.

Der Bundesgerichtshof hat in der Entscheidung vom 27. Juni 1985 (VII ZR 23/84 = BGHZ 95, 128, 134) eine Haftung des Auftraggebers gegenüber dem Nachunternehmer bei mangelbedingter Verzögerung der Arbeiten des Vorunternehmers aus § 642 BGB abgelehnt. Er hat dies damit begründet, daß es schon an einer gegenüber dem Nachfolgeunternehmer pflichtwidrig unterlassenen Mitwirkungshandlung fehle, weil die Herstellung einer mangelfreien Vorleistung nicht in den Verantwortungsbereich des Auftraggebers falle. Der Bundesgerichtshof hat dabei offengelassen, ob § 642 BGB neben § 6 Nr. 6 VOB/B Anwendung findet. Daß § 642 BGB nicht angewandt worden ist, ist in der Literatur auf Kritik gestoßen (vgl. Kraus, BauR 1986, 17, 22). Andere stimmen der Entscheidung nur mit der Erwägung zu, § 642 BGB werde bei fortbestehendem Vertrag durch § 6 Nr. 6 VOB/B ausgeschlossen (Kapellmann/Schiffers, Vergütung, Nachträge und Behinderungsfolgen beim Bauvertrag, Bd. 1, 3. Aufl. Rdn. 1384; Ingenstau/Korbion, VOB, 13. Aufl., B § 6 Rdn. 116 m.w.N.; Staudinger/Peters (1994) § 636 Rdn. 105). Der Bundesgerichtshof hat die Frage der Anwendung des § 642 BGB erneut geprüft. Es wird nicht daran festgehalten, daß eine Haftung des Auftraggebers aus § 642 BGB bei Verzögerungen wegen mangelhafter Vorunternehmerleistungen ausscheidet. Der Auftraggeber kann dem Nachunternehmer aus § 642 BGB haften, wenn er durch das Unterlassen einer bei der Herstellung des Werkes erforderlichen Mitwirkungshandlung in den Verzug der Annahme kommt. Dies gilt für den BGB- und den VOB/B-Vertrag.

a) Entgegen der teilweise in der Rechtsprechung der Oberlandesgerichte (OLG Düsseldorf BauR 1999, 774; OLG Celle, BauR 1995, 552) und in der Literatur vertretenen Ansicht (Kapellmann/Schiffers aaO Rdn. 1384; Ingenstau/Korbion aaO, B § 6 Rdn. 116; Heiermann/Riedl/Rusam, VOB, 8. Aufl., B § 6.6 Rdn. 39) verdrängt § 6 Nr. 6 VOB/B bei aufrechterhaltenem Vertrag nicht § 642 BGB. § 6 Nr. 6 VOB/B ist keine abschließende Regelung von Leistungsstörungen, die zu Verzögerungen führen (MünchKomm/Soergel, 3. Aufl., § 642 Rdn. 6; Nicklisch/Weick, VOB/B, 2. Aufl., § 6 Rdn. 4).

§ 642 BGB regelt einen verschuldensunabhängigen Entschädigungsanspruch bei Gläubigerverzug. Er knüpft an die Obliegenheit des Bestellers an, bei der Herstellung des Werkes mitzuwirken (BGH, Urteil vom 16. Mai 1968 - VII ZR 40/66, BGHZ 50, 175, 178). Unterläßt der Besteller diese Mitwirkungshandlung, die in weitem Sinn zu verstehen ist und sowohl in einem Tun wie in einem Unterlassen bestehen kann, und gerät er in Gläubigerverzug (§§ 293 - 299 BGB), so kann dem Unternehmer über den Ersatz für Mehraufwendungen gemäß § 304 BGB hinaus ein Anspruch auf angemessene Entschädigung zustehen. Der Entschädigungsanspruch kann auch dann selbständig und unabhängig neben dem Anspruch auf vereinbarte Vergütung bestehen, wenn der Gläubiger die ihm obliegende Handlung nachholt und das Werk hergestellt wird.

Er besteht auch neben den Ansprüchen aus §§ 649, 645 Abs. 1 Satz 2 BGB, wenn das Werk infolge Kündigung durch den Besteller oder gemäß § 643 BGB unvollendet bleibt (RG, Urteil vom 21. September 1920 - VII ZR 143/20, RGZ 100, 46, 47). Der Anspruch aus § 642 BGB umfaßt im Unterschied zum Anspruch aus § 286 Abs. 1 BGB nicht entgangenen Gewinn und Wagnis. Denn er besteht wegen Gläubigerverzugs des Bestellers und nicht wegen Verletzung seiner Schuldnerpflicht.

§ 6 Nr. 6 VOB/B regelt den Schadensersatzanspruch einer der Vertragsteile bei zu vertretenden Behinderungen. Der Anspruch ist gegeben, wenn eine Behinderung vorliegt, sie angezeigt worden ist oder offenkundig bekannt war und wenn die Behinderung adäquat-kausal durch Umstände verursacht worden ist, die auf einer schuldhaften Verletzung einer vertraglichen Pflicht eines der Vertragsteile beruht (siehe oben unter II. 1. a). Sein Umfang richtet sich nach § 249 ff BGB. Bei Vorsatz oder grober Fahrlässigkeit gehört zum Schaden auch der entgangene Gewinn.

b) Gemäß § 642 BGB kann der Unternehmer eine angemessene Entschädigung verlangen, wenn der Besteller durch das Unterlassen einer bei der Herstellung des Werkes erforderlichen Mitwirkungshandlung in Verzug der Annahme kommt. Der Annahmeverzug setzt zunächst Nichtannahme der angebotenen Leistung voraus. Nichtannahme der angebotenen Leistung liegt nicht nur vor, wenn der Gläubiger die erforderliche Mitwirkungshandlung überhaupt nicht, sondern auch, wenn er sie nicht rechtzeitig vornimmt. Weiter ist erforderlich, daß der Schuldner leisten darf, zur Leistung bereit und imstande ist (§ 297 BGB) und seine Leistung wie geschuldet dem Gläubiger anbietet (§§ 294 - 296 BGB). Zu einem ordnungsgemäßen Angebot des Schuldners gehört bei einem VOB/B-Vertrag auch, daß er gemäß § 6 Nr. 1 VOB/B anzeigt, wenn er wegen hindernder Umstände zur Leistungserbringung nicht imstande ist. § 642 BGB setzt weiter voraus, daß der Besteller die zur Herstellung des Werkes erforderliche und ihm obliegende Mitwirkungshandlung nicht vornimmt. Diese besteht bei Bauverträgen darin, daß er das Baugrundstück als für die Leistung des Auftragnehmers aufnahmebereit zur Verfügung stellt (Ingenstau/Korbion aaO, B § 9 Rdn. 6; Kraus, BauR 1986, 22). Das gilt auch, wenn noch andere Unternehmer Vorarbeiten zu erbringen haben. Es ist unerheblich, ob der Besteller einen gänzlich unbearbeiteten Stoff nicht rechtzeitig zur Verfügung stellt oder einen Stoff, an dem schon andere Unternehmer Arbeiten auszuführen hatten (Staudinger/Peters aaO, § 642 Rdn. 17). Die Mitwirkung obliegt dem Besteller gleichermaßen bei Beginn und während der Durchführung des Vertrags.

Thode Haß Hausmann Wiebel Kuffer

A.6 Ankündigungspflicht bei zusätzlichen Leistungen, Beweislast

VOB/B 2 Nr. 6 Abs. 1

Der Auftraggeber muß darlegen, daß ihm bei rechtzeitiger Ankündigung nach § 2. Nr. 6 Abs. 1 Satz 2 VOB/B preiswertere Alternativen zur Verfügung gestanden hätten. Erst dann kann der Auftragnehmer darlegen und beweisen, daß eine rechtzeitige Ankündigung die Lage des Auftraggebers im Ergebnis nicht verbessert hätte (im Anschluß an BGH-Urteil vom 23. Mai 1996 - VII ZR 245/94, BGHZ 133,44).

BGH, Urteil vom 8. November 2001 - VII ZR 111/00 - OLG Nürnberg, LG Nürnberg-Fürth

Der VII. Zivilsenat das Bundesgerichtshofs hat auf die mündliche Verhandlung vom 8. November 2001 durch den Vorsitzenden Richter Prof. Dr. Ullmann und die Richter Hausmann Dr. Wiebel, Dr. Kuffer und Prof. Dr. Kniffka
für Recht erkannt:
Auf die Revision der Klägerin wird das Urteil des 2. Zivilsenats des Oberlandesgerichts Nürnberg vom 20. Januar 2000 aufgehoben
Die Sache wird zur erneuten Verhandlung und Entscheidung, auch über die Kosten des Revisionsverfahrens, an das Berufungsgericht zurückverwiesen.
Von Rechts wegen

Tatbestand:
Die Klägerin fordert Vergütung für zusätzliche Leistungen nach § 2 Nr. 6 VOB/B.
Die Parteien schlossen am 5. September 1995 einen Nachunternehmervertrag, mit dem die Klägerin zum Preis von 143.000 DM die Verkehrssicherung und die vorübergehende Markierung für die Deckenerneuerung eines Bundesautobahnabschnitts auf der Grundlage ihres Angebots übernahm; die VOB/B wurde vereinbart.
Nach Abschluß der Arbeiten forderte die Klägerin von der Beklagten mit Rechnung vom 13. Dezember 1995 gesondert die Zahlung für die Vorhaltung, Vollhaftung, Unterhaltung und Wartung von Leitborden und Leitschwellen. Diese Leistungen waren von der Autobahnmeisterei angeordnet und von der Klägerin ausgeführt worden. Die Parteien streiten darüber, ob diese Leistungen Gegenstand ihres Vertrages waren sowie hilfsweise darüber, ob eine Ankündigung nach § 2 Nr. 6 Abs. 1 Satz 2 VOB/B entbehrlich war.
Die Klägerin hat zuletzt 69.112,70 DM geltend gemacht. Das Landgericht hat der Klage dem Grunde nach stattgegeben. Auf die Berufung der Beklagten hat das Berufungsgericht die Klage abgewiesen. Hiergegen richtet sich die Revision der Klägerin, die die Wiederherstellung des landgerichtlichen Grundurteils begehrt.

Entscheidungsgründe:

Die Revision hat Erfolg sie führt zur Aufhebung der angefochtenen Entscheidung und zur Zurückverweisung der Sache an das Berufungsgericht.

I.
Das Berufungsgericht führt aus, die in der Rechnung vom 13. Dezember 1995 aufgeführten Leistungen der Klägerin seien zusätzliche und notwendige Leistungen gewesen. Diese Auslegung ist der Revision günstig. Die Gegenrüge der Revisionserwiderung hat der Senat geprüft und nicht für durchgreifend erachtet, von einer Begründung wird abgesehen (§ 565 a ZPO).

II.
Das Berufungsgericht nimmt eine der Beklagten zurechenbare Weisung der Autobahnmeisterei an die Klägerin an. Dagegen ist aus Rechtsgründen nichts zu erinnern. Die Autobahndirektion Nordbayern hat als Vertreterin der Bauherrin, der Bundesrepublik Deutschland, Anordnungen zur Verkehrsführung getroffen. Die Weisung gegenüber der Klägerin ist der Beklagten zuzurechnen, weil diese ihrerseits an die Anordnungen der Autobahnmeisterei gebunden war. Damit liegt eine Anordnung im Sinne von § 2 Nr. 6 Abs. 1 VOB/B gegenüber der Klägerin vor.

III.
1. Das Berufungsgericht führt weiter aus, die vorherige Ankündigung des Vergütungsanspruchs nach § 2 Nr. 6 VOB/B habe nicht unterbleiben dürfen. Die Klägerin sei Nachunternehmerin gewesen, so daß jeder zusätzlich geltend gemachte Anspruch nicht nur die Beklagte, sondern auch die Bauherrin habe berühren müssen. Die Beklagte habe nur insoweit eine zusätzliche Vergütungsverpflichtung übernehmen können, als sie ihrerseits einen Anspruch gegen die Bauherrin gehabt hatte. Der Beklagten habe nicht nur Gelegenheit gegeben werden müssen zu prüfen, ob sie zur Zahlung einer zusätzlichen Vergütung verpflichtet sei, sondern auch, ob sie mit dem Einverständnis der Bauherrin rechnen könne. Das habe die Klägerin gewußt. Für die Beklagte hatten zudem verschiedene Kostenalternativen bestanden, zum Beispiel sei denkbar gewesen, daß die Beklagte selbst die Vorhaltung hätte übernehmen wollen. Die Klägerin habe die Ankündigung nicht unverschuldet versäumt. Die Ankündigung sei aus zeitlichen Gründen möglich und nicht sinnlos gewesen.

2. Das hält der rechtlichen Nachprüfung nicht stand.

a) Nach der Rechtsprechung des Bundesgerichtshofs dient die nach § 2 Nr. 6 Abs. 1 Satz 2 VOB/B erforderliche Ankündigung des Auftragnehmers für eine im Vertrag nicht vorgesehene Leistung eine zusätzliche Vergütung zu beanspruchen dem Schutz des Auftraggebers. Er soll über drohende Kostenerhöhungen rechtzeitig informiert werden, um danach disponieren zu können. Ein Verlust des Vergütungsanspruchs für eine zusätzliche Leistung tritt nicht ein, soweit die Ankündigung im konkreten Fall für den Schutz des Auftraggebers entbehrlich und daher ohne Funktion war oder wenn ihre Versäumung ausnahmsweise entschuldigt ist (Urteil vom 23. Mai 1996 - VII ZR 245/94 BGHZ 133,44).

b) Die Feststellungen des Berufungsgerichts reichen nicht für die Beurteilung, ob ein Anspruch der Klägerin nach § 2 Nr. 6 VOB/B wegen unterlassener Ankündigung des Anspruchs ausgeschlossen ist.

aa) Das Berufungsgericht geht zutreffend davon aus, der Klägerin habe hinreichend Zeit zur Verfügung gestanden, die Beklagte vor Ausführung der zusätzlichen Leistungen über den Inhalt der Weisung der Autobahnmeisterei zu unterrichten.

bb) Das Berufungsgericht trifft die Feststellung, es sei denkbar gewesen, die Beklagte hätte bei rechtzeitiger Ankündigung die Vorhaltung selbst übernommen und damit Kosten gespart, ohne tragfähige Grundlage. Sinn der Ankündigung ist es, dem Auftraggeber Gelegenheit zu geben rechtzeitig kostenträchtige Anordnungen zu überdenken und billigere Alternativen zu wählen (Senat Urteil vom 23. Mai 1996 - VII ZR 245/94, aaO). Dazu mußte die Beklagte als Auftraggeberin vortragen, daß ihr tatsächlich preiswertere Alternativen zur Verfügung gestanden hatten, nur denkbare Möglichkeiten genügen nicht. Erst dann kann die Klägerin als Auftragnehmerin darlegen, und gegebenenfalls beweisen, daß eine rechtzeitige Ankündigung die Lage der Beklagten als Auftraggeberin im Ergebnis nicht verbessert hätte. Die hierzu notwendigen Feststellungen wird das Berufungsgericht nachzuholen haben. Sollte sich dabei ergeben, daß der Beklagten eine preiswertere Alternative zur Verfügung stand, kann die Klägerin nur eine Vergütung in entsprechender Hohe verlangen.

cc) Die bisherigen Feststellungen des Berufungsgerichts lassen keine Beurteilung dahin zu, daß die Klägerin an der Durchsetzung ihres Vergütungsanspruchs gegenüber der Beklagten schon deshalb gehindert ist, weil die Beklagte ihrerseits aufgrund der nicht rechtzeitigen Ankündigung des zusätzlichen Vergütungsanspruchs ihre etwaigen Ansprüche aus § 2 Nr. 6 VOB/B gegenüber der Bauherrin nicht durchsetzen kann.

Ullmann Hausmann Wiebel Kuffer Kniffka

A.7 Ankündigungspflicht bei zusätzlichen Leistungen

VOB/B § 2 Nr. 6 Abs. 1; AGBG § 9

1. a) Die nach § 2 Nr. 6 Abs. 1 Satz 2 VOB/B erforderliche Ankündigung des Auftragnehmers, für eine im Vertrag nicht vorgesehene Leistung eine zusätzliche Vergütung zu beanspruchen, dient dem Schutz des Auftraggebers. Er soll über drohende Kostenerhöhungen rechtzeitig informiert werden, um danach disponieren zu können.

Die Ankündigung soll ferner frühzeitig Klarheit schaffen, ob eine geforderte Leistung von der ursprünglichen Beschreibung der Leistung nicht erfaßt war; also eine zusätzliche Leistung i. S. von § 1 Nr. 4 VOB/B ist.

b) Ein Verlust des Vergütungsanspruches für eine zusätzliche Leistung tritt nicht ein, soweit die Ankündigung im konkreten Fall für den Schutz des Auftraggebers entbehrlich und daher ohne Funktion war oder wenn ihre Versäumung ausnahmsweise entschuldigt ist. Der Auftragnehmer trägt hierfür die Darlegungs- und Beweislast.

2. In dieser Auslegung hält § 2 Nr. 6 Abs. 1 Satz 2 VOB/B einer isolierten Inhaltskontrolle nach § 9 AGBG stand.

BGH, Urteil vom 23. Mai 1996 - VII ZR 245/94 -.

Der VII. Zivilsenat des Bundesgerichtshofs hat auf die mündliche Verhandlung vom 28. März 1996 durch den Vorsitzenden Richter Dr. Lang sowie die Richter Prof. Quack, Prof. Dr. Thode, Nausmann und Dr. Kuffer
für Recht erkannt:
Auf die Revision der Klägerin wird das Urteil des 12. Zivilsenats des Oberlandesgerichts Hamm vom 31. August 1994 im Kostenausspruch und insoweit aufgehoben, als die Klage in Höhe von 161.686,95 DM nebst Zinsen abgewiesen worden ist -
Im Umfang der Aufhebung wird die Sache zur erneuten Verhandlung und Entscheidung, auch über die Kosten des Revisionsverfahrens, an das Berufungsgericht zurückverwiesen.
Von Rechts wegen

Tatbestand:
Die beklagten Bauunternehmen hatten sich zum Zweck der Errichtung des Knappschaftskrankenhauses in S. zu einer Arbeitsgemeinschaft zusammengeschlossen. Sie übertrugen der Klägerin auf der Grundlage der VOB/B die Ausführung von Trockenbauarbeiten. Diese macht, soweit es in der Revisionsinstanz noch von Interesse ist, mit Rechnung vom 16. Oktober 1987 7.457,54 DM für das staubdichte Verschließen der Revisionsklappen und Lüftungsauslässe sowie die Montage einer Unterkonstruktion für Gardinenleisten und mit Rechnung vom 19. Oktober 1987 154.229,41 DM für das planebene Spachteln von über 5.000 m^2 Wandfläche geltend. Sie ist der Ansicht, es handele sich dabei um im Leistungsverzeichnis nicht enthaltene Zusatzleistungen, die sie auf

Verlangen der Beklagten erbracht und für die sie Anspruch auf zusätzliche Vergütung habe.

LG und OLG haben die Klage abgewiesen. Dagegen richtete sich die Revision der Klägerin, mit der sie noch einen Zahlungsanspruch in Höhe von 161.686,95 DM verfolgt. Sie führte zur teilweisen Aufhebung des Berufungsurteils und zur Zurückverweisung der Sache an das OLG.

Entscheidungsgründe:

Die Revision hat Erfolg; sie führt zur teilweisen Aufhebung des Berufungsurteils und zur Zurückverweisung der Sache an das Berufungsgericht.
I..
Das Berufungsgericht ist der Ansicht, es könne offenbleiben, ob es sich bei den von der Klägerin berechneten Leistungen um im ursprünglichen Vertrag nicht vorgesehene Zusatzleistungen handele, oder ob sie entsprechend der Ansicht der Beklagten als Nachbesserungsarbeiten anzusehen seien. Vergütungsansprüche seien schon deshalb ausgeschlossen, weil die Klägerin solche vor Ausführung der Leistung nicht angekündigt habe, wie es § 2 Nr. 6 Abs. 1 Satz 2 VOB/B verlange. Bei dieser Ankündigung handele es sich um eine Anspruchsvoraussetzung, ohne die ein Werklohnanspruch nicht entstehe. Zwar entfalle die Ankündigungspflicht, wenn für den Auftraggeber klar ersichtlich sei, daß es sich um Zusatzarbeiten handele. Dies sei bei den von der Klägerin berechneten Arbeiten jedoch nicht der Fall.

Schließlich halte § 2 Nr. 6 Abs. 1 VOB/B einer isolierten Inhaltskontrolle nach § 9 AGBG stand. Wenn es zweifelhaft sein könne, ob die vom Auftragnehmer erbrachten Leistungen ursprünglich nicht geschuldet waren, entspreche es dem Gebot der Klarheit und stelle keine unangemessene Benachteiligung des Auftragnehmers dar, wenn er nur bei vorheriger Ankündigung für diese Leistung eine Vergütung erhalte.

II. Dies hält rechtlicher Nachprüfung nicht in vollem Umfang stand.
1. a) Nach § 1 Nr. 4 VOB/B hat der Auftragnehmer nicht vereinbarte Leistungen, die zur Ausführung der vertraglichen Leistung erforderlich werden, auf Verlangen des Auftraggebers mit auszuführen, es sei denn, sein Betrieb ist auf derartige Leistungen nicht eingerichtet. Für Leistungen nach dieser Klausel hat der Auftragnehmer Anspruch auf besondere Vergütung, muß jedoch den Anspruch dem Auftraggeber ankündigen, bevor er mit der Ausführung der Leistung beginnt (§ 2 Nr. 6 Abs. 1 VOB/B).

Nach der überwiegenden Meinung im Schrifttum ist die in § 2 Nr. 6 Abs. 1 Satz 2 VOB/B vorgesehene Ankündigung eine Voraussetzung, ohne die ein Vergütungsanspruch des Auftragnehmers nicht entsteht (Ingenstau/Korbion, VOB, 12. Aufl., B § 2 Rdn. 298 f; Riedl in Heiermann/RIedl/Rusam, VOB, 7. Aufl., B § 2 Rdn. 130; MünchKommSoergel. 2. Aufl. § 631 Rdn. 207; a.A. Staudinger/Peters, BGB, 13. Bearb., § 632 Rdn. 84; Weick in Nicklisch/Weick, VOB, 2. Aufl., § 2 Rdn. 71). Diese Auffassung hat auch der Senat vertreten (Urt. vom 20. März 1969 - VII ZR 29/67 -, WM 1969, 1019, 1021; Urt. vom 20. Dezember

1990 - VII ZR 248/89 -, BauR 1991, 210, 212 = ZtBR 1991, 101). Allerdings hat er dem Auftragnehmer auch bei versäumter Ankündigung Vergütungsansprüche zugebilligt, wenn die Vertragspartner bei Forderung der Leistung von ihrer Entgeltlichkeit ausgingen oder wenn der Auftraggeber unter den gegebenen Umständen darüber nicht im unklaren sein konnte (Urt. vom 20. April 1978 - VII ZR 67/77 -, BauR 1978, 314, 316; Urt. vom 15. Mai 1975 - VII ZR 43/73 -, Schäfer/Finnern, Z 2.310, Bl. 40).

b) Damit ist die Rechtslage nicht abschließend geklärt. Es bedarf vielmehr einer Präzisierung. § 2 Nr. 6 VOB/B regelt die Rechtsfolgen einer unterlassenen Anzeige nicht ausdrücklich. Es bedarf vielmehr näherer Präzisierung. Diese müssen vielmehr erst durch die gebotene Auslegung unter Bewertung der Interessenlage ermittelt werden.

Der Bauvertrag als Langzeitvertrag bedarf einer Kooperation beider Vertragspartner. Dazu gehören Informations-, Mitwirkungs- und Rügeobliegenheiten und -pflichten. In diesem Rahmen ist auch die Verpflichtung zur Ankündigung nach § 2 Nr. 6 Abs. 1 Satz 2 VOB/B zu sehen, wenn die Ausführung von Anordnungen des Auftraggebers nach § 1 Nr. 4 VOB/B zu Mehrleistungen und damit zu einer erhöhten Vergütungsforderung führen soll (Nicklisch/Weick, a. a. 0.. Einleitung Rdn. 4, 6, 15). Die Ankündigung dient dem Schutz des Auftraggebers, der häufig nicht überblicken kann, ob eine bestimmte Anordnung zu Kostenerhöhungen führt. Er soll über drohende Kostenerhöhungen rechtzeitig informiert werden, um danach disponieren zu können. Es soll ihm möglich sein, eine kostenträchtige Anordnung zu überdenken und billigere Alternativen zu wählen. Auf nicht vermeidbare Kostenerhöhungen soll er sich so früh wie möglich einrichten können, sei es, um sie an anderer Stelle durch Einsparungen ausgleichen zu können, sei es, um die notwendigen wirtschaftlichen Dispositionen zutreffen. Die Ankündigung soll ferner frühzeitig Klarheit schaffen, ob eine geforderte Leistung von der ursprünglichen Beschreibung der Leistung nicht erfaßt war, also eine zusätzliche Leistung i. S. von § 1 Nr. 4 VOB/B ist.

Auch die berechtigten Interessen des Auftragnehmers können nicht unberücksichtigt bleiben. Gewerbliche Bauleistungen sind regelmäßig nicht ohne Vergütung zu erwarten. Auch muß der Auftragnehmer in zumutbarer Weise Gelegenheit haben, seine Ankündigung eines zusätzlichen Anspruchs vorzubereiten.

Dieser Zweck der Klausel begrenzt zugleich ihren Anwendungsbereich. Ausgehend von der Funktion der Ankündigung im Kooperationsverhältnis der Vertragspartner ist ein Verlust des Vergütungsanspruchs für die zusätzliche Leistung nicht gerechtfertigt, wenn und soweit die Ankündigung im konkreten Fall für den Schulz des Auftraggebers entbehrlich und daher ohne Funktion war. Dies ist nicht nur dann der Fall, wenn der Auftraggeber bei Forderung der Leistung von ihrer Entgeltlichkeit ausging oder ausgehen mußte. Es kommt auch dann in Betracht, wenn ihm nach Lage der Dinge keine Alternative zur sofortigen Ausführung der Leistung durch den Auftragnehmer blieb. Andererseits ist auch zu beachten, daß der Auftragnehmer, der die Ankündigung eines zusätzlichen Entgelts - vertragswidrig - unterläßt, damit eine wesentliche Ursache für den späteren Streit setzt. Das hat Auswirkungen auf die Verteilung der Darlegungs- und Beweislast. Es obliegt dem Auftragnehmer, bleibt ihm aber auch unbenommen, darzulegen und gegebenenfalls zu beweisen, daß eine rechtzeitige Ankündigung die Lage des Auftraggebers im Ergebnis nicht verbessert hätte.

Selbst wenn ihm dies nicht gelingen sollte, kann ein vollständiger Verlust jeden Anspruchs auf Vergütung unangemessen und zur Wahrung der Funktion des § 2 Nr. 6 Abs. 1 Satz 2 VOB/B unnötig sein, wenn eine rechtzeitige Ankündigung des Vergütungsanspruchs die Lage des Auftraggebers nur partiell verbessert hätte, etwa weil er die zusätzliche Leistung benötigte, aber eine preiswertere Alternative bestand. Dann ist es erforderlich, aber auch ausreichend, den Vergütungsanspruch des Auftragnehmers entsprechend zu kurzen.

Schließlich ist die harte und für den Auftragnehmer empfindliche Rechtsfolge des ganzen oder teilweisen Anspruchsverlustes unangemessen, wenn der Auftragnehmer die Ankündigung ohne Verschulden versäumt hat. Der Zweck des § 2 Nr. 6 VOB/B erfordert nicht, diese Rechtsfolge auch dann eintreten zu lassen, wenn sich der Auftragnehmer insoweit entlasten kann. Eine unverschuldete Versäumung der Ankündigung durch den Auftragnehmer wird freilich nicht häufig vorkommen. Regelmäßig verfügt gerade er über die fachlichen Kenntnisse, die es ermöglichen, eine Abweichung der Anordnung vom bisherigen vertraglichen Leistungsumfang zu erkennen. Die Tatsachen, die die Versäumung entschuldigen, hat der Auftragnehmer darzulegen und gegebenenfalls zu beweisen.

c) In dieser Auslegung, die die Rechtsprechung des Senats fortentwickelt, hält § 2 Nr. 6 Abs. 1 VOB/B auch einer isolierten Inhaltskontrolle nach § 9 AGBG stand, wenn die Parteien, wie hier, nicht die VOB/B als Ganzes dem Vertragsverhältnis zugrunde gelegt haben. Hat die Versäumung der Ankündigung nur dann einen Anspruchsverlust des Auftragnehmers zur Folge, wenn und soweit die Ankündigung berechtigten Schutzinteressen des Auftraggebers diente und ihre Versäumung nicht entschuldigt ist, benachteiligt diese Rechtsfolge den Auftragnehmer nicht unangemessen, sondern entspricht vielmehr letztlich dem Kooperationscharakter des Bauvertrages.

Dieses Ergebnis kollidiert nicht mit der Rechtsprechung des Senats, wonach § 2 Nr. 8 Abs. 1 Satz 1 VOB/B gegen § 9 AGBG verstößt, wenn die VOB/B nicht als Ganzes vereinbart worden ist (Urt. vom 31.1.1991 - VII ZR 291/88 -, BGHZ 113, 315, 322 ff). Durch diese Klausel werden gesetzliche Ansprüche aus ungerechtfertigter Bereicherung und Geschäftsführung ohne Auftrag ohne jede Ausnahme ausgeschlossen, wenn der Auftragnehmer notwendige Arbeiten ohne unverzügliche Ankündigung ausführt, Dabei ist jede Beachtung der konkreten Interessenlage ausgeschlossen. § 2 Nr. 6 Abs. 1 VOB/B läßt sie demgegenüber zu und hält daher der Inhaltskontrolle stand.

2. a) Rechnung vom 19. Oktober 1987 über 154.229,41 DM

Mit dieser Rechnung macht die Klägerin für das von den Beklagten verlangte planebene Spachteln von 5.254 m^2 Wandfläche zum Einheitspreis von 25,75

DM einen Betrag von 154.229,41 DM inklusive Mehrwertsteuer geltend. Wenn es sich bei diesen Arbeiten um bisher vertraglich nicht geschuldete Zusatzleistungen handeln sollte, wie in der Revisionsinstanz zugunsten der Klägerin zu unterstellen ist, spricht viel dafür, daß sich den verantwortlichen Mitarbeitern der Beklagten aufdrängen mußte, die Klägerin werde für diese umfangreichen und kostenintensiven Maßnahmen, die auch angesichts einer Vertragssumme von über 1,6 Mio. DM als erheblich einzustufen sind, eine besondere Vergütung beanspruchen. Es liegt daher nahe, daß eine vorherige Ankündigung des Anspruchs für die Wahrung der berechtigten Belange der Auftraggeber schon aus diesem Grund entbehrlich war.

b) Rechnung vom 16. Oktober 1987 über 7.457,54 DM

Die Klägerin rechnet hier den Einbau der Unterkonstruktion im Fensterbereich für die Montage von Gardinenleisten sowie das Abdichten der Nähte und Lüftungsauslässe mit Silikon ab. Zu Recht nimmt das Berufungsgericht an, es sei für die Beklagten durchaus zweifelhaft gewesen, ob es sich dabei um zusätzliche Leistungen handelte. Ohne Erfolg beruft sich die Revision insoweit auf den Vortrag der Klägerin in der Berufungsinstanz, wonach der Bauleiter der Beklagten die Klägerin aufgefordert habe, den Einbau von Gardinenleisten anzubieten. Entgegen ihrer Ansicht folgt daraus noch nicht, für den Bauleiter der Beklagten sei ersichtlich gewesen, daß auch die von der Klägerin berechneten Arbeiten (Unterkonstruktion, Abdichten der Nähte) ursprünglich nicht geschuldet wurden. Dennoch kann nach dem oben Ausgeführten der Klägerin trotz Versäumung der Ankündigung ein Vergütungsanspruch zustehen, wenn es sich gemäß ihrem bestrittenen Vorbringen um eine im Vertrag nicht vorgesehene Leistung handelte.

III.
Das Urteil des Berufungsgerichts ist daher aufzuheben, soweit es die Klage in Höhe von 161.686,95 DM nebst Zinsen abgewiesen hat. In diesem Umfang wird die Sache zur erneuten Verhandlung und Entscheidung an das Berufungsgericht zurückverwiesen. Dieses wird den Parteien Gelegenheit zur Ergänzung ihres Vortrages geben und gegebenenfalls zu klären haben, ob es sich bei den in beiden Rechnungen enthaltenen Arbeiten um zusätzliche Leistungen der Klägerin handelt, die im Vertrag ursprünglich nicht enthalten waren.

Lang Hausmann Quack Kuffer Thode

A.8 Pauschalpreisvertrag nach BGB: Vergütung von Zusatzleistungen

BGB § 632.

Besteht zwischen den Parteien ein Werkvertrag mit Pauschalpreisabrede, können darin nicht vorgesehene zusätzliche Werkleistungen auch ohne Abschluß eines sie betreffenden zusätzlichen Werkvertrages vom Besteller zu vergüten sein.
Voraussetzung eines solchen erhöhten Vergütungsanspruchs ist, daß zu dem Leistungsinhalt, der einer Pauschalpreisvereinbarung zugrunde liegt, erhebliche, zunächst nicht vorgesehene Leistungen auf Veranlassung des Bestellers hinzukommen, unabhängig davon, ob die Parteien über die neue Preisgestaltung eine Einigung erzielt haben.

BGH, Urteil vom 8. Januar 2002 - X ZR 6/00 -

Der X. Zivilsenat des Bundesgerichtshofes hat auf die mündliche Verhandlung vom 8. Januar 2002 durch den Vorsitzenden Richter Dr. Melullis, den Richter Keukenschrijver, die Richterin Mühlens und die Richter Dr. Meier-Beck und Asendorf
für Recht erkannt:
Auf die Revision der Beklagten wird das Urteil des 5. Zivilsenats des Oberlandesgerichts Frankfurt am Main vom 23. November 1999 im Kostenpunkt und insoweit aufgehoben, als eine Widerklageforderung in Höhe von 232.560,-- DM (Rechnungen Nr. 84 159 vom 25.7.1989 und Nr. 84 193 vom 15.1.1991) nebst Zinsen abgewiesen worden ist.
Im Umfang der Aufhebung wird die Sache zur anderweiten Verhandlung und Entscheidung, auch über die Kosten der Revision, an das Berufungsgericht zurückverwiesen.
Von Rechts wegen

Tatbestand:
Die A...fabrik S. GmbH in B. benötigte Datenverarbeitungsprogramme für eine von ihr bei der Klägerin bezogene Datenverarbeitungsanlage. Wegen derartiger Datenverarbeitungsprogramme faßten die Klägerin, die unter anderem Hard- und Softwareprodukte herstellt und vertreibt, und die Beklagte, die Dialog-Datenverarbeitungs- und Bürokommunikationssysteme entwickelt und vertreibt, eine Zusammenarbeit ins Auge. Mit Vertrag vom 27. August 1996 vergab die A.... S. GmbH den Auftrag zur Erstellung entsprechender Softwareprogramme an die Klägerin. Die Klägerin übertrug hierfür nötige Arbeiten mit Vertrag vom 27. August / 23. September 1986 gegen ein Pauschalhonorar von 400.000,-- DM auf die Beklagte. In der Folgezeit beschaffte sich die Beklagte mittels eines Leasing-Vertrages mit der G. Gesellschaft für mbH & CO. KG (im folgenden: G.) eine EDV-Anlage der Klägerin und schloß mit ihr einen Wartungsvertrag über diese Anlage. Ferner erwarb sie bei der Klägerin Rechte zur Nutzung von Softwareprodukten gegen laufendes Entgelt.

Die Klägerin hat die Beklagte auf Zahlung von Vergütungsraten aus dem Hardware-Wartungsvertrag und dem Software-Nutzungsvertrag in Höhe von insgesamt 84.950,02 DM in Anspruch genommen. Im Verlauf des erstinstanzlichen Verfahrens hat die Klägerin ihre zuletzt unter Einschluß der Klageforderungen mit 179.272,68 DM bezifferten Ansprüche gegen von ihr anerkannte Gegenforderungen der Beklagten in Höhe von insgesamt 178.980,-- DM aufgerechnet und die Klage in der Hauptsache für erledigt erklärt.

Die Beklagte hat sich der Erledigungserklärung der Klägerin nicht angeschlossen, sondern Klageabweisung unter Aufhebung eines gegen sie ergangenen Vollstreckungsbescheids beantragt. Sie hat geltend gemacht, ihr stehe unter dem Gesichtspunkt positiver Vertragsverletzung, jedenfalls aber unter dem Gesichtspunkt der culpa in contrahendo ein Anspruch auf Freistellung von den Klageforderungen zu. Hilfsweise hat sie die Aufrechnung mit Gegenforderungen gemäß ihren Rechnungen Nr. 84142, 84133 und 84191 erklärt.

Darüber hinaus hat die Beklagte Widerklage erhoben, mit der sie die Feststellung der Verpflichtung der Klägerin begehrt, sie - die Beklagte - von allen Ansprüchen aus Verbindlichkeiten freizustellen, die sie aufgrund der Vereinbarung der Parteien eingegangen ist, insbesondere von den Forderungen der G. aus dem Leasing-Vertrag sowie den Forderungen der Klägerin selbst für Hard- und Software-Wartung an der von der Beklagten geleasten EDV-Anlage. Weiter hat die Beklagte mit der Widerklage Zahlungsansprüche in Höhe von 5.737,62 DM nebst Zinsen sowie weiterer 272.060,-- DM nebst Zinsen mit der Maßgabe geltend gemacht, daß ein Betrag von 27.701,81 DM an das Finanzamt W. zu zahlen ist. Bei der Forderung von 5.737,62 DM handelt es sich um den die Hilfsaufrechnung überschießenden Restbetrag aus der Rechnung Nr. 84133 vom 9. Dezember 1988 über 90.981,12DM. Den weitergehenden Zahlungsansprüchen über 272.060,-- DM liegen Ansprüche zugrunde, die die Beklagte mit den Rechnungen Nr. 84148 vom 18. Mai 1989 über 5.700,-- DM, 84159 vom 25. Juli 1989 über 27.360,- DM, 84178 vom 30. November 1989 über 22.400,-- DM, 84193 vom 15. Januar 1991 über 205.200,-- DM und mit der korrigierten Rechnung Nr. 84194 vom 15. Januar 1991 über 11.400,-- DM abgerechnet hat.
Das Landgericht hat festgestellt, daß der Rechtsstreit hinsichtlich der Klage in Höhe von 84.950,02 DM erledigt ist. Im übrigen hat es die Klage abgewiesen und die Klägerin unter Abweisung der weitergehenden Widerklage verurteilt, an das Finanzamt W. 5.700,-- DM nebst Zinsen zu zahlen. Auf die Berufung der Beklagten hat das Berufungsgericht die Klägerin unter Zurückweisung der weitergehenden Berufung verurteilt, weitere 11.400,-- DM nebst Zinsen an das Finanzamt W. zu zahlen. Der Senat hat die Revision der Beklagten, mit der sie ihr in der Berufungsinstanz abgewiesenes Begehren weiterverfolgt, wegen einer Widerklageforderung in Höhe von 232.560,-- DM nebst Zinsen (Rechnung Nr. 84159 vom 25.7.1989 und Rechnung Nr. 84193 vom 15. Januar 1991) angenommen; im übrigen hat er die Revision nicht angenommen.

Entscheidungsgründe: Die zulässige Revision hat im Umfang der Annahme Erfolg.

I. Das Berufungsgericht hat die Widerklage für unbegründet gehalten, soweit mit ihr die Vergütung zusätzlicher und über den Vertrag der Parteien vom 23. September 1986 hinausgehender Leistungen der Beklagten in Höhe von 205.200,-- DM und 27.360,-- DM geltend gemacht worden ist. Es hat dazu ausgeführt:

1. Einen Vergütungsanspruch für zusätzliche Werkleistungen in Höhe der Rechnung über 205.200,-- DM habe die Beklagte nicht dargelegt. Von der Lieferung und Installation eines PPS-Systems, auf die der Anspruch nach dem Vortrag der Beklagten gestützt werde, sei in der Rechnung Nr. 84193 nicht die Rede. Nach deren Inhalt werde die Vergütung von 180.000,--DM netto für "Materialwirtschaft, Fertigungsplanung (grob und fein)" verlangt. Hierauf sei die Beklagte hingewiesen worden. Eine Erklärung für ihren abweichenden Sachvortrag habe sie nicht gegeben. Außerdem habe die Klägerin zu der in Rechnung gestellten "Materialwirtschaft" vorgetragen, diese sei im Vertrag vom 23. September 1986 unter der vierten Ausbaustufe enthalten. Ein erheblicher Teil der in Rechnung gestellten Leistung sei demnach durch das im Vertrag vom 23. September 1986 vereinbarte Pauschalhonorar abgegolten. Da die Beklagte die Rechnung nicht aufgeschlüsselt habe, sei eine Abgrenzung zwischen pauschal abgegoltener und angeblich zusätzlich erbrachter Leistung nicht möglich. Zu Recht beanstande die Klägerin auch, daß sie die Angemessenheit der verlangten Vergütung nicht nachvollziehen könne, weil die Beklagte den Zeitaufwand für die erbrachte Leistung nicht dargelegt habe.

2. Zur Abweisung des Anspruchs auf Zahlung von 27.360,-- DM hat das Berufungsgericht ausgeführt, die Beklagte habe nicht dargelegt, daß es sich um zusätzliche Leistungen gehandelt habe, die im Vertrag mit der Klägerin vom 23. September 1986 nicht vorgesehen, wohl aber im Vertrag der Klägerin und der Firma S. enthalten gewesen seien. Letzteres hätte die Beklagte durch konkrete Bezugnahme auf bestimmte Passagen des Vertrages nachvollziehbar darlegen müssen, denn nur dann hätte sich feststellen lassen, ob sie einen Anspruch nach den Vorschriften der Geschäftsführung ohne Auftrag habe (§§ 677, 683, 670 BGB). Auf die Vorschriften über den Werkvertrag könne die Beklagte den Anspruch nicht stützen, weil sie nicht dargelegt habe, welche vertretungsberechtigte Person der Klägerin ihr welchen genauen Auftrag zu den in Rechnung gestellten Leistungen erteilt habe. Für die Behauptung, sie - die Beklagte - habe die Arbeiten mit Wissen und Wollen der Klägerin ausgeführt, deren Mitarbeiter hätten darauf gedrängt, um die Firma S. zufrieden zu stellen, fehle die notwendige Tatsachensubstanz. Es lasse sich nicht erkennen, ob die Mitarbeiter der Klägerin davon ausgegangen seien, daß es sich um vergütungspflichtige Zusatzarbeiten handle, oder ob die Aufforderung zur Durchführung der Arbeiten nur bedeutet habe, daß die Beklagte ihre Vertragspflichten aufgrund der Vereinbarung vom 23. September 1986 erfüllen solle. Für letzteres spreche der Umstand, daß die Beklagte für zwei Leistungsbereiche schriftliche Aufträge der Klägerin vorgelegt habe.

II. Die dagegen erhobenen Rügen der Revision sind begründet.

1. Das Berufungsgericht geht zutreffend davon aus, daß es sich bei dem am 27. August/23. September 1986 zwischen den Parteien geschlossenen Vertrag um einen Werkvertrag mit der Vereinbarung eines Pauschalpreises handelt (§§ 631, 632 BGB). Bei einem solchen Vertrag sind zum Pauschalpreis nur diejenigen Leistungen zu erbringen, die zur Herstellung eines mangelfreien Werkes in dem geschuldeten Umfang erforderlich sind. Die Ausführung von Leistungen, die in einem zum Vertragsinhalt gewordenen Leistungsverzeichnis bewußt nicht vorgesehen sind, kann vom Besteller nur gegen zusätzliche Vergütung verlangt werden (BGHZ 90, 344, 345; st. Rspr.). Macht der Unternehmer derartige weitere Vergütungsansprüche geltend, trägt er allerdings die Darlegungs- und Beweislast für die geltend gemachten Forderungen aus einer zusätzlichen Beauftragung. Er hat daher im Streitfall auch darzulegen und zu beweisen, inwieweit die zusätzlich abgerechneten Leistungen nicht bereits Gegenstand des Pauschalvertrages sind (BGH Urt. v. 15.4.1999 - VII ZR 211/98, NJW 1999, 2270, 2271). Dieser Ausgangspunkt des Berufungsurteils läßt einen Rechtsfehler nicht erkennen und wird von der Revision auch nicht angegriffen.

2. Hiervon ausgehend hat das Berufungsgericht die noch zur Entscheidung stehenden Widerklageforderungen für unbegründet gehalten, weil der Vortrag der Beklagten ihrer Darlegungs- und Beweislast für die geltend gemachten und über den Pauschalpreis hinausgehenden Vergütungsansprüche nicht genügt habe. Diese Auffassung des Berufungsurteils hält den Angriffen der Revision nicht stand. Sie rügt zu Recht, das Berufungsgericht habe wesentlichen und unter Beweis gestellten Sachvortrag der Beklagten unberücksichtigt gelassen (§ 286 ZPO).

a) Das Berufungsgericht hat den Vergütungsanspruch in Höhe von 205.200,-- DM zunächst deshalb nicht für hinreichend dargelegt gehalten, weil die Beklagte ihr Zahlungsbegehren aus der Rechnung Nr. 84193 mit der Lieferung und Installation eines PPS-Systems begründet habe, von dem in der Rechnung vom 15. Januar 1991 nicht die Rede sei.

Die Revision weist mit Recht darauf hin, daß die Beklagte bereits im Schriftsatz vom 30. Dezember 1993 vorgetragen hatte, mit dieser Rechnung seien Leistungen fakturiert worden, die im ursprünglichen Auftrag der Klägerin nicht enthalten gewesen seien und in der Lieferung des Programm-Moduls "Materialwirtschaft/Fertigplanung (grob und fein)" bestanden hätten, das im wesentlichen die Punkte "Absatzproduktionsplanung, Nettobedarfsermittlung, Durchlaufterminierung, Dispositionsvorschläge, automatisches Honorieren/Manuelles Erstellen von Fertigungsaufträgen, Rückmeldungen" umfasse. Ein Widerspruch dieses Sachvortrags zu dem Vorbringen der Beklagten in der Berufungsinstanz ist, wie die Revision zu Recht rügt, auf der Grundlage der Ausführungen des Berufungsgerichts nicht zu erkennen. Zwar hat die Beklagte in der Berufungsbegründung vorgetragen, daß zu den zusätzlichen Leistungen das PPS-System gehört habe, sie hat aber zur näheren Umschreibung der damit erbrachten

Leistungen auf ihren Schriftsatz vom 30. Dezember 1993 verwiesen, in dem das Programm-Modul in der dargestellten Weise in der Sache beschrieben worden ist.

b) Die Revision rügt weiter zu Recht, das Berufungsgericht sei fehlerhaft zu der Auffassung gelangt, daß die unter dem Punkt "Materialwirtschaft" erfaßten Leistungen im Vertrag der Parteien unter der vierten Ausbaustufe enthalten seien. Das Berufungsgericht hat dazu zwar keine Feststellungen getroffen, sondern nur den Sachvortrag der Klägerin wiedergegeben. Die daraus abgeleitete Würdigung des Berufungsgerichts, es fehle an einer hinreichenden Darlegung des Anspruchs auf Vergütung zusätzlich erbrachter Werkleistungen, läßt aber wesentlichen Sachvortrag der Beklagten außer acht.

Die Revision macht insoweit zu Recht geltend, daß die Beklagte mit der Berufungsbegründung den Vertrag der Klägerin mit der S. GmbH vorgelegt hat, dessen Anlage 2 auf S. 2 verschiedene Positionen aufweist, darunter unter e) "Disposition der Fertigwarenlager (PPS-System) ...". Gerade mit dem Umstand, daß die Position "Materialverwaltung" im Vertrag der Klägerin mit der Beklagten nicht als Leistungsposition aufgeführt war - anders als im Vertrag der Klägerin mit der S. GmbH - hatte die Beklagte ihre Auffassung begründet, daß es sich bei den mit der Rechnung vom 15. Januar 1991 abgerechneten Positionen um Zusatzleistungen gehandelt habe, und dafür weiteren Beweis angetreten.

Das Berufungsgericht hat die von der Beklagten angetretenen Beweise nicht erhoben und auch sonst keine Feststellungen getroffen, daß die mit Rechnung vom 15. Januar 1991 abgerechneten Leistungen vom Leistungsumfang des Pauschalpreisvertrages umfaßt gewesen seien. Mangels entsprechender tatsächlicher Feststellungen ist daher für das Revisionsverfahren davon auszugehen, daß das PPS-System mit den genannten Leistungen des Programm-Moduls "Materialwirtschaft/Fertigungsplanung (grob und fein)" als Zusatzleistung über den ursprünglich erteilten Auftrag hinaus von der Beklagten geliefert worden ist. Da zur Üblichkeit und Angemessenheit der geforderten Vergütung für die Lieferung und Installation des zusätzlichen Programm-Moduls Beweis durch Einholung eines Sachverständigengutachtens angetreten ist, kann die Abweisung der Widerklage in Höhe von 205.200,-- DM auch nicht mit der Begründung aufrechterhalten werden, die Angemessenheit der geforderten Vergütung könne nicht beurteilt werden, weil die Beklagte den Zeitaufwand für die erbrachte Leistung nicht dargelegt habe.

3. Die Rügen der Revision greifen auch durch, soweit das Berufungsgericht die Widerklageforderung in Höhe von 27.360,-- DM für nicht hinreichend dargelegt erachtet hat.

Die Revision rügt zu Recht, daß die Beklagte mit Schriftsatz vom 30. Dezember 1993 vorgetragen hat, mit den dort genannten Rechnungen, darunter die Rechnung Nr. 84159 vom 25. Juli 1989 über 27.360,-- DM, seien Leistungen fakturiert worden, bei denen es sich um Arbeiten gehandelt habe, die auf Verlangen von ihr, der Beklagten, im Rahmen des Projekts "S." zusätzlich und über den Rahmen des insoweit zunächst abgeschlossenen Vertrages hinaus erbracht worden seien, nämlich die Programmteile Fremdwährung, Programm-Schnittstellen Export mit Fremdwährung und Änderung von VAS-Papieren. In der Berufungsschrift hat die Beklagte ihr Vorbringen, bei den im Schriftsatz vom 30. Dezember 1993 genannten Leistungen habe es sich um Zusatzleistungen gehandelt, die mit Wissen und Wollen und auf das Drängen der für das Projekt zuständigen Mitarbeiter der Klägerin erbracht worden seien, unter Beweisantritt wiederholt.

Feststellungen, daß die mit der Rechnung Nr. 84159 abgerechneten Leistungen von der Pauschalpreisvereinbarung erfaßt worden seien, hat das Berufungsgericht nicht getroffen, so daß auch insoweit mangels entsprechender tatsächlicher Feststellungen für das Revisionsverfahren davon auszugehen ist, daß die mit der Rechnung abgerechneten Leistungen Zusatzarbeiten betreffen. Das angefochtene Urteil kann insbesondere nicht mit der Erwägung aufrechterhalten werden, die Beklagte habe nicht schlüssig dargelegt, daß die umstrittenen Leistungen der Rechnung vom 25. Juli 1989 im Vertrag der Parteien nicht vorgesehen, vom Vertrag der Klägerin mit deren Auftraggeber aber erfaßt worden seien. Die Darstellung der Beklagten über die von ihr erbrachten Zusatzleistungen gibt nicht nur im einzelnen die Leistungen an, für welche die Beklagte eine zusätzliche Vergütung verlangt, sondern enthält zugleich die Behauptung der Beklagten, daß diese Leistungen nicht bereits aufgrund des Vertrages vom 23. September 1986 zu erbringen gewesen seien. Die Behauptung der Beklagten, die mit der Rechnung vom 25. Juli 1989 abgerechneten Leistungen seien nicht vom Pauschalhonorar erfaßt worden, sondern über den Auftrag hinaus erbrachte Zusatzleistungen, ist daher der Überprüfung auf ihre Richtigkeit durch Beweiserhebung zugänglich.

4. Die Abweisung der Widerklage in Höhe der Beträge von 205.200,-- DM und von 27.360,-- DM erweist sich auch nicht aus einem anderen Grunde als richtig. Das Berufungsgericht ist zunächst rechtsfehlerfrei davon ausgegangen, daß sich der Anspruch auf Vergütung der mit der Rechnung vom 25. Juli 1989 abgerechneten Leistungen nicht auf einen über den Vertrag vom 23. September 1986 hinaus geschlossenen - weiteren - Werkvertrag zwischen den Parteien stützen läßt. Die dagegen erhobene Rüge der Revision, das Berufungsgericht sei dem unter Beweis gestellten Vortrag der Beklagten nicht nachgegangen, wonach die zuständigen Mitarbeiter der Klägerin die von der Beklagten erbrachten zusätzlichen Leistungen gewollt hätten, ist unbegründet. Denn das bloße Wollen einer Leistung und deren Entgegennahme führen nicht ohne weiteres zu einem Vertragsschluß (BGH, Urt. v. 10.4.1997 - VII ZR 211/95, NJW 1997, 1982). Ein solcher kann erst angenommen werden, wenn konkrete Umstände dargetan sind, die darauf hindeuten, daß der Abschluß eines weiteren Werkvertrages mit der aus ihm folgenden Vergütungspflicht für die erbrachten Werkleistungen wirklich gewollt war. Derartige Umstände zeigt auch die Revision nicht auf.

Besteht allerdings zwischen den Parteien wie im Streitfall bereits ein Werkvertrag mit einer Pauschalpreisabrede, dann können darin nicht vorgesehene zusätzliche Werkleistungen auch ohne Abschluß eines sie betreffenden zusätzlichen Werkvertrages vom Besteller zu vergüten sein. Denn nach ständiger höchstrichterlicher Rechtsprechung rechtfertigt nach Treu und Glauben eine nicht unerhebliche Veränderung des in einem Pauschalpreisvertrag vorgesehenen Leistungsinhalts, die an die Grundlagen der getroffenen Preisvereinbarung rührt, eine Anpassung der Pauschale an die veränderten Verhältnisse. Das gilt in gleicher Weise für den Fall der Erbringung erheblicher zusätzlicher Leistungen (BGH, Urt. v. 6.3.1975 - VII ZR 243/72, Urteilsumdr. S. 12 m.w.N.) wie für den Fall erheblicher Minderleistungen (BGH, Urt. v. 24.6.1974 - VII ZR 41/73, NJW 1974, 1864, 1865; Urt. v. 29.4.1999 - VII ZR 248/98, NJW 1999, 2661, 2662). Voraussetzung eines solchen erhöhten Vergütungsanspruchs durch Vertragsanpassung ist, daß zu dem Leistungsinhalt, der einer Pauschalpreisvereinbarung zugrunde liegt, erhebliche, zunächst nicht vorgesehene Leistungen auf Veranlassung des Bestellers hinzukommen (BGH, Urt. v. 24.6.1974 - VII ZR 41/73, NJW 1974, 1864, 1865 m.w.N.). Das gilt unabhängig davon, ob die Parteien über die neue Preisgestaltung eine Einigung erzielt haben.

III. Danach ist das Berufungsurteil aufzuheben, soweit die Widerklage in Höhe von 232.560,-- DM (Rechnungen Nr. 84159 vom 25.7.1989 und Nr. 84193 vom 15.1.1991) abgewiesen worden ist. In diesem Umfang ist die Sache zur anderweiten Verhandlung und Entscheidung, auch über die Kosten des Revisionsverfahrens, an das Berufungsgericht zurückzuverweisen.

Melullis Keukenschrijver Mühlens Meier-Beck Asendorf

A.9 Bodenverhältnisse: Unvorhersehbare Erschwernisse? Anforderungen an Nachtrag

VOB/B § 2 Nr. 5, 8 Abs. 2.

Treten bei der Bauausführung infolge der Beschaffenheit des Baugrundes und der Wasserhaltungsverhältnisse Erschwernisse auf, kann eine gesonderte Vergütung für zusätzliche Leistungen ausnahmsweise nur dann gefordert werden, wenn die Erschwernisse für den Auftragnehmer unvorhersehbar gewesen sind.

Thüringer OLG, Urteil vom 19. Dezember 2001 – 7 U 614/98 –
(BGH, Nichtannahmebeschluß vom 18. Dezember 2002 – VII ZR 43/02–).

Aus den Gründen:
Die Klägerin kann von der Beklagten zu 2) keine Vergütung des Nachtrages Nr. 2 i. H. v. netto 318 413,68 DM für die entgegen der von ihr kalkulierten Kastenverbauart nach Arbeitsbeginn dann zumindest überwiegend als Dielenkammerverbau ausgeführte Verbauart verlangen.

1. Ein Vergütungsanspruch gemäß § 2 Nr. 5 oder 6 VOB/B scheidet schon deswegen aus, da sich die vertragliche Verpflichtung der Klägerin von vornherein auch auf die Erbringung von Verbauarbeiten erstreckt hat, es somit schon an der Grundvoraussetzung für die Anwendbarkeit der oben genannten Vorschriften fehlt.

2. Die Klägerin kann ihren Vergütungsanspruch auch nicht mit Erfolg auf die Regelung in § 2 Nr. 8 Abs. 2 VOB/B stützen.

Zwar kann sich danach grundsätzlich ein zusätzlicher Vergütungsanspruch ergeben, wenn die in Abweichung vom ursprünglichen Vertrag erbrachte Leistung zu dessen Erfüllung erforderlich gewesen, dem mutmaßlichen Willen des Auftraggebers entsprochen und diesem unverzüglich angezeigt worden ist.

Indes fehlt es vorliegend schon an der Voraussetzung, daß es sich bei der zusätzlich von der Klägerin vergütet begehrten Verbauart um eine zusätzliche, vom Vertrag abweichende Leistung handeln muß.

Durch den vereinbarten Preis ist nach § 2 Nr. 1 VOB/B die Leistung abgegolten, die sich aus den Vertragsbedingungen und den technischen Vertragsbedingungen ergibt 1Ingenstau/Korbion, VOB, 12. Aufl., § 2 Rdnr. 116. Die Art des Verbaus war der Klägerin durch das Leistungsverzeichnis nicht vorgeschrieben. Somit kann eine gesonderte Vergütung ausnahmsweise nur dann gefordert werden, wenn die bei der Bauausführung aufgetretenen Erschwernisse infolge der Beschaffenheit des Baugrundes und der Wasserhaltungsverhältnisse für den Auftragnehmer unvorhersehbar gewesen sind. Dies folgt daraus, daß grundsätzlich der Auftraggeber das sogenannte "Baugrundrisiko" trägt Ingenstau/Korbion, a. a. O., § 2 Rdnr. 119., wobei eine enge Auslegung gilt und die sich daraus ergebenden Folgen eines zusätzlichen Vergütungsanspruchs nur dann bejaht werden können, wenn die tatsächlich aufgetretenen Erschwernisse bei aller zumutbaren Überprüfung durch den Auftragnehmer bei Auftragsvergabe nicht vorherzusehen gewesen sind.

Insoweit ist es der für den von ihr geltend gemachten zusätzlichen Vergütungsanspruch darlegungs- und beweisbelasteten Klägerin im Ergebnis der vor dem Senat durchgeführten Beweisaufname nicht gelungen, zur Überzeugung des Senates nachzuweisen, daß die bei der Bauausführung tatsächlich aufgetretenen Erschwernisse von ihr nicht vorherzusehen gewesen sind.

Der Senat ist vielmehr zu der Ansicht gelangt, daß die Klägerin – die als Fachunternehmen das größere Fachwissen als der Auftraggeber besitzt – die Notwendigkeit der später tatsächlich durchgeführten Verbauart als Dielenkammerverbau bei einer schon im Hinblick auf die eigene Kalkulation gebotenen und ihr auf Grund des bei Anbahnung eines Bauvertrages entstehenden vorvertraglichen Vertrauensverhältnisses unter den Leitworten "Plausibilität", "Vollständigkeit" und "kein offensichtlicher Verstoß gegen die Regeln der Technik" stehenden, gebotenen Prüfung der Ausschreibungsunterlagen auf etwa vorhandene Lücken und Unklarheiten sich hätte geradezu aufdrängen müssen, daß die Ausschreibung "ins Auge springende" Fehler bzw. Ungereimtheiten enthält, die zumindest einen Hinweis bzw. eine Rückfrage des Bieters beim Auftraggeber angezeigt erscheinen lassen 3Ingenstau/Korbion, a. a. O., § 9 Rdnr. 49; BGH, BauR 1992, 26, 33..

Insoweit folgt der Senat den Überlegungen und Darlegungen des Sachverständigen Dipl.-Ing. K. im Rahmen seiner Anhörung in der mündlichen Verhandlung vor dem Senat. Hierin hat der Sachverständige – für den Senat plausibel und nachvollziehbar – dargelegt, daß die Notwendigkeit, der von der Klägerin bei Ausführung dann tatsächlich zumindest überwiegend benutzten Verbauart für diese auf Grund der Angaben in der Baubeschreibung, des Leistungsverzeichnisses und der vor Angebotsabgabe in Augenschein genommenen Örtlichkeit vorherzusehen, wenn nicht sogar durch das Erfordernis der Einhaltung von Unfallverhütungsvorschriften gar ohnehin von vornherein geboten war.

Die Erkennbarkeit der später tatsächlich überwiegend gewählten Verbauart, die der Urkalkulation des Angebotes nicht zugrunde gelegt worden ist, ergibt sich nach Ansicht des Senates für die Klägerin insbesondere daraus, daß die Leistungsbeschreibung nach § 9 VOB/A in Teilen unüblich und zudem fehlerhaft erfolgt ist und dies für die Klägerin als Fachunternehmen auch zweifelsfrei erkennbar gewesen ist.

So sind im Leistungsverzeichnis tatsächlich unter den Positionen 1.4.10 und 1.4.15 der Bodenaushub einschließlich des Verbaus, hingegen unter der Position 1.4 230 der Verbau für die Eventualposition für wasserundurchlässigen

Verbau gesondert ausgeschrieben, während § 9 Nr. 3 Abs. 3 VOB/A empfiehlt, Leistungen unterschiedlicher technischer Beschaffenheit mit unterschiedlicher Preisbildung auch in unterschiedlichen Positionen aufzugliedern.

Ebenfalls stellt die Zusammenfassung der Bodenklassen 2–7 in den Positionen 1.4.15 einen für die Klägerin als Fachunternehmen ohne weiteres erkennbaren Ausschreibungs- bzw. Leistungsbeschreibungsfehler dar. Die Bodenklassen 2–7 haben eine gänzlich andere Wertigkeit, als beispielsweise die Bodenklassen 3–5. Wenn also in der Leistungsbeschreibung die Bodenklassen 2–7 zusammengefaßt sind, ist die Bandbreite der Bodenarten von "fließenden Bodenarten" (Bodenklasse 2) bis hin zu "schwer lösbarem Fels" (Bodenklasse 7) derart groß, daß eine Kalkulation nur noch im spekulativen Bereich denkbar erscheint. Dies wird auch dadurch bestätigt, daß es nach dem Standardleistungsverzeichnis als notwendig angesehen wird, bei zusammengefaßten Bodenklassen die mengenmäßigen Anteile der einzelnen Bodenarten (-klassen) in der Baubeschreibung anzugeben. Nur dann ist der Bieter (Werkunternehmer) überhaupt in der Lage, eine Kalkulation vornehmen zu können.

Letztlich ist das Leistungsverzeichnis im Hinblick auf die vorgenannten Beanstandungen auch insoweit in sich nicht plausibel, als es zwar in den Positionen 1.4.10 und 1.4.15 die Bodenklassen 2–7 beschreibt, in der Position 1.4.30 dann jedoch für die Bodenklasse 2 und in der Position 1.4.10 für die Bodenklasse 7 jeweils eine Zulage ausweist, obgleich diese Bodenklassen in den zu verpreisenden Leistungsverzeichnispositionen 1.4.10 und 1.4.15 ja bereits mit enthalten sind.

Schon diese, sich einem jeden Werkunternehmer im Rahmen der von ihm vor einer Angebotsabgabe vorzunehmenden Kalkulation geradezu aufdrängenden "Unstimmigkeiten" hätten eine Rückfrage bei der Beklagten zu 2) geboten erscheinen lassen und erforderlich gemacht, wobei im Rahmen der sich daran anschließenden Klärung der Anteile der verschiedenen Bodenklassen unter Berücksichtigung der später tatsächlich in großem Umfang vorgefundenen Bodenklasse 2 (fließende Böden) die Notwendigkeit und Erforderlichkeit des Dielenkammerverbaus anstelle des von der Klägerin kalkulierten Kastenverbaus aus Gründen der Standsicherheit für diese Bodenklasse sich ergeben hätte.

Die Klägerin kann aus diesen vorstehend festgestellten Mängeln der Ausschreibung nichts für sich herleiten. Im Gegenteil, sie übernimmt als Auftragnehmerin das – im vorliegenden Fall auch ein der Beklagten zu 2) etwa zuzurechnendes Mitverschulden der Nebenintervenientin ausschließende – alleinige Risiko, die infolge ungünstiger Bodenverhältnisse entstehenden Mehrkosten tragen zu müssen, wenn eine erkennbar lückenhafte bzw. in sich widersprüchliche oder unstimmige Leistungsbeschreibung vorliegt und sie keine weitere Aufklärung vom Auftraggeber verlangt 4BGH, NJW 1966, 498; BauR 1998, 683., wie es vorliegend der Fall gewesen ist.

Weiter hätte die Klägerin aus dem in Nr. 8 der Baubeschreibung enthaltenen Hinweis, wonach auf Grund der Nähe des A.-baches mit Wasserandrang zu rechnen sei, erkennen können und müssen, daß mit problematischen Bodenverhältnissen beim Aushub zu rechnen ist. Auf Grund dieses Hinweises liegt es nahe, daß im Bereich des auszuhebenden Kanalgrabens mit einem verstärkten Vorkommen der Bodenklasse 2 infolge durchfeuchteten Bodens zu rechnen ist.

Der aus der Nähe des A.-baches sich ergebende Umstand eines denkbar erhöhten Vorkommens von Boden der Bodenklasse 2 und einem möglichen Wasserandrang ist für die Klägerin zudem auch infolge der Inaugenscheinnahme der Örtlichkeiten vor Angebotsabgabe erkennbar gewesen.

Bei einer Eventual- oder Bedarfsposition im Leistungsverzeichnis handelt es sich nach dem Verständnis des Senates um Leistungen, bei welchen bei Fertigstellung der Ausschreibungsunterlagen noch nicht feststeht, ob und ggf. in welchem Umfang diese tatsächlich zur Ausführung kommen 5So auch Heiermann/Riedl/Rusam, VOB/A, 8. Aufl., § 9 Rdnr. 33.. Gleichzeitig wird aber nicht zu verneinen sein, daß alleine der Umstand, daß der die Leistungsbeschreibung Erstellende eine solche Bedarfsposition in eine Leistungsbeschreibung überhaupt aufnimmt, sehr dafür spricht, daß mit deren Anfall mit einer gewissen Wahrscheinlichkeit zu rechnen ist. Es mag zwar sein, daß dann in der Folge die dazugehörigen Massen bloß geschätzt oder gar mit der Massenkennzahl "1" versehen werden. Dies schließt jedoch gleichwohl eine konkrete Überlegung und Berechnung nicht zwingend aus.

3. Letztlich steht der Klägerin auch kein Schadensersatzanspruch aus Verschulden bei Vertragsschluß gegen die Beklagte zu 2) wegen fehlerhafter Ausschreibung zu.

Grundlage für einen Schadensersatzanspruch aus culpa in contrahendo ist stets "enttäuschtes Vertrauen" 6RGZ 120, 249, 251; BGH, NJW 1966, 498; vgl. auch Ingenstau/Korbion, VOB, 10. Aufl., A § 9 Rdnr. 5 m. w. N.. Davon kann hier schon deshalb keine Rede sein, weil die Klägerin bei ihrem Angebot in Erkennbarkeit der Unstimmigkeiten der Leistungsbeschreibung und der sich daraus ergebenden Risiken die Leistungspositionen "Aushub einschließlich Verbau nach DIN 18303" – womit die Art des Verbaus ihrer Entscheidung und Wahl vorbehalten war – offensichtlich mit "Minimalkosten" kalkuliert und die vorliegende Auseinandersetzung über die entstehenden Mehrkosten erkennbar in Kauf genommen hat. Dies zeigt sich schon daran, daß die Klägerin in ihrem Angebot für Aushub und Verbau in den Positionen 1.4.10 und 1.4.15 einen Einheitspreis von 16,50 DM angesetzt hat, für den dann überwiegend ausgeführten Dielenkammerverbau einen Einheitspreis von 130,– DM fordert.

Diese unverhältnismäßig große, sachlich nicht zu rechtfertigende Differenz, zeigt weiter, daß die Klägerin hier unter Nichtbeachtung der sich aus den Fehlern der Ausschreibung ergebenden, ja geradezu aufdrängenden, einer Klärung bedürfenden Fragen und damit letztlich doch mehr oder weniger "ins Blaue" –

wenn nicht sogar "spekulativ" – kalkuliert. Dadurch hat sie aber zugleich die Gefahr, daß später in ihrem Umfang unabsehbare "Nachforderungen" gestellt werden, geradezu heraufbeschworen, um daraus Vorteil ziehen zu können, ohne ihre Aussichten auf Erteilung des Zuschlags aufs Spiel zu setzen.

Zumindest hat die Klägerin aber, indem sie ohne auf die sich ihr bei der Kalkulation des Angebotes geradezu aufdrängenden Fragen weitere Aufklärung oder Klarstellung von der Beklagten zu 2) zu verlangen, ihr Angebot unter Zugrundelegung der preisgünstigsten Verbauart "Kastenverbau" im Rahmen ihrer Kalkulation angeboten hat, das Risiko übernommen, infolge ungünstiger Boden- und Wasserverhältnisse entstehende Mehrkosten tragen zu müssen.

Wer so handelt, kann sich aber auf "enttäuschtes Vertrauen" nicht berufen. Denn es ist nichts dafür dargetan, daß die Klägerin in ihrem Vertrauen auf die Richtigkeit von Angaben der Beklagten enttäuscht worden wäre.

A.10 Isolierte AGB-Kontrolle bei jeder VOB/B-Änderung

Jede vertragliche Abweichung von der VOB/B führt dazu, daß diese nicht als Ganzes vereinbart ist. Es kommt nicht darauf an, welches Gewicht der Eingriff hat. AGBG § §9,23 Abs. 2 Nr. 5; VOB/B.

Bundesgerichtshof, Urteil vom 22. Januar 2004 - VII ZR 41 9/02 -.

Zum Sachverhalt:
Die Klägerin begehrt restlichen Werklohn. Die Parteien streiten darüber, ob die Beklagte die Schlußzahlungseinrede nach 5 16 Nr. 3 Abs.2 VOB/B wirksam erhoben hat. Die Beklagte beauftragte 1998 unter Vereinbarung der VOB/B die Klägerin mit der Erstellung der Betonsohle bei einem Neubauvorhaben. Nach 5 14 Abs. 2 des Vertrages haftete der Auftragnehmer "für sämtliche Personen-, Sach- und Vermögensschäden, die schuldhaft aus Anlaß seiner Arbeiten oder aus deren Folgen entstehen". Der Vertrag enthielt ferner Bestimmungen über die Aufgaben der Streithelferin, die das Projekt als Architektin betreute. Die Schlußrechnung der Klägerin wies einen Restwerklohn von 44.330,02 DM aus. Die Streithelferin kürzte die Rechnung auf 16.660,22 DM. Sie teilte der Klägerin schriftlich mit, die Beklagte werde diesen Betrag als Schlußzahlung i.S. von 516 VOB/B leisten und wies auf die Ausschlußwirkung hin. Die Beklagte überwies den Betrag an die Klägerin unter Bezugnahme auf die Schlußrechnung. Rund zweieinhalb Jahre später wandte sich die Klägerin gegen die Abrechnung der Streithelferin und bezifferte ihre noch offene Forderung mit 18.474,21 DM. Diesen Betrag hat die Klägerin eingeklagt. Das Landgericht hat die Beklagte zur Zahlung von 16.769,00 DM und Zinsen verurteilt. Auf die von der Streithelferin unterstützte Berufung der Beklagten hat das Berufungsgericht die Klage abgewiesen. Es hat die Revision zur Klärung der Frage zugelassen, ob der vom Bauherrn beauftragte Architekt auch die Schlußzahlungserklärung für den Bauherrn abgeben dürfe, wenn er mit der Bauabrechnung befaßt und die nach außen in Erscheinung getretene maßgebende Stelle für alle die Abrechnung des Bauvorhabens betreffenden Angelegenheiten sei. Die Klägerin erstrebt mit ihrer Revision die Wiederherstellung des landgerichtlichen Urteils.

Aus den Gründen:
Die Revision ist begründet. Sie führt zur Aufhebung des Berufungsurteils und zur Zurückverweisung der Sache an das Berufungsgericht.
Die Beurteilung richtet sich nach den bis zum 31.12.2001 geltenden Gesetzen (Art.229 § 5 EGBGB).

I. Das Berufungsgericht führt aus, die Klägerin könne ihren Werklohnanspruch nicht durchsetzen. Die Beklagte könne sich auf die Einrede der vorbehaltlosen Annahme der Schlußzahlung durch die Klägerin nach § 16 Nr. 3 Abs. 2 VOB/B berufen. Die Voraussetzungen hierfür lägen vor. Insbesondere sei die Streithelferin bevollmächtigt gewesen, die Schlußzahlungserklärung für die Beklagte abzugeben.

II. Dagegen wendet sich die Revision mit Erfolg. Das Berufungsgericht hat nicht geprüft, ob § 16 Nr. 3 Abs. 2 VOB/B anwendbar ist. Das ist, wie sich aus den ihm vorgelegten Vertragsunterlagen ergibt, nicht der Fall. Auf die Frage, ob die Streithelferin zur Abgabe der Schlußzahlungserklärung bevollmächtigt war, kommt es daher nicht an.

1. Die Beklagte hat das Vertragswerk gestellt. Sie ist deshalb die Verwenderin, zu deren Lasten die Inhaltskontrolle von Allgemeinen Geschäftsbedingungen vorzunehmen ist. § 16 Nr. 3 Abs. 2 VOB/B ist eine Allgemeine Geschäftsbedingung, die der Inhaltskontrolle nicht standhält, weil sie den Auftragnehmer unangemessen benachteiligt [1].

2. Allerdings unterliegen die einzelnen Regelungen der VOB/B nach der Rechtsprechung des Senats zum Geltungsbereich des AGB-Gesetzes nicht der Inhaltskontrolle, wenn der Verwender die VOB/B ohne ins Gewicht fallende Einschränkung übernommen hat. Dieser Rechtsprechung liegt die Erwägung zugrunde, daß die VOB/B einen billigen Interessenausgleich zwischen Auftragnehmer und Auftraggeber bezweckt. Würden einzelne Regelungen der Inhaltskontrolle unterzogen, so könnte der bezweckte Interessenausgleich gestört sein. Die VOB/B ist deshalb der Inhaltskontrolle entzogen worden, wenn der von ihr verwirklichte Interessenausgleich durch die Vertragsgestaltung nicht wesentlich beeinträchtigt worden ist [2]. Die Inhaltskontrolle war eröffnet, wenn der Vertrag Regelungen vorsah, die in den Kernbereich der VOB/B eingreifen. Einen derartigen Eingriff hat der Senat bejaht bei Änderungen von § 1 Nr. 3 [3], von § 2 Nr.3 und Nr.5 [4], von § 8 Nr.1 [5], von § 9 Nr.3 [6], der Abnahmeregelungen [7], von § 13 Nr.7 Abs.4 [8] und von § 16 Nr. 1 [9].

Diese Rechtsprechung hat teilweise insoweit Widerspruch erfahren, als keine klaren Abgrenzungskriterien entwickelt worden seien, unter welchen Voraussetzungen eine wesentliche Beeinträchtigung des in der VOB/B verwirklichten Interessenausgleichs angenommen werden könne [10]. Dem ist zuzustimmen. Aus der bisherigen Senatsrechtsprechung lassen sich keine greifbaren Kriterien dafür ableiten, wann eine von der VOB/B abweichende Regelung in deren Kernbereich eingreift. Die vom Senat verwendeten Formulierungen haben sich nicht als brauchbares Abgrenzungskriterium erwiesen. Sie ermöglichen nicht die für den Rechtsverkehr erforderliche sichere Beurteilung, inwieweit ein vertragliches Regelwerk der Inhaltskontrolle nach dem AGB-Gesetz unterliegt. Nötig ist aber eine Rechtsanwendung, die für die Vertragsparteien eine verläßliche Prognose ermöglicht. Aus den bisherigen Entscheidungen ergibt sich, daß der Bundesgerichtshof schon bei relativ geringfügigen Abweichungen einen Eingriff in den Kernbereich der VOB/B bejaht und tendenziell zu erkennen gegeben hat, daß grundsätzlich jede inhaltliche Abweichung einen Eingriff in die Ausgewogenheit der VOB/B darstellt. Diese Entwicklung ist im Interesse der Rechtssicherheit dahin abzuschließen, daß grundsätzlich jede inhaltliche Abweichung von der VOB/B als eine Störung des von ihr beabsichtigten Interessenausgleichs zu bewerten ist. Denn anderenfalls wäre die im Recht der Allgemeinen Geschäftsbedingungen notwendige Transparenz (vgl. § 307 Abs.1 Satz

2 BGB n.F.) nicht zu gewährleisten. Die VOB/B ist demnach nur dann einer Inhaltskontrolle nach dem AGB-Gesetz entzogen, wenn sie als Ganzes vereinbart worden ist. Es kommt nicht darauf an, welches Gewicht der Eingriff hat. Damit ist die Inhaltskontrolle auch dann eröffnet, wenn nur geringfügige inhaltliche Abweichungen von der VOB/B vorliegen und auch unabhängig davon, ob eventuell benachteiligende Regelungen im vorrangigen Vertragswerk möglicherweise durch andere Regelungen "ausgeglichen" werden.

Inwieweit die Rechtsprechung des Bundesgerichtshofs zur VOB/B als Ganzes auch auf Fälle unter Geltung des Gesetzes zur Modernisierung des Schuldrechts anwendbar ist, bleibt offen.

3. Ein Eingriff in die VOB/B liegt vor; er wäre allerdings auch bereits nach der bisherigen Senatsrechtsprechung relevant gewesen. § 14 Abs. 2 der Geschäftsbedingungen der Beklagten weicht von § 13 Nr. 7 Abs. 1 und Abs. 2 VOB/B ab. Der Auftragnehmer schuldet Schadensersatz unabhängig von der Erheblichkeit eines Mangels und unabhängig von den einschränkenden Tatbeständen des § 13 Nr. 7 Abs.2 VOB/B. Damit unterliegen die Regelungen der VOB/B der Inhaltskontrolle nach § 9 AGBG.

III. Das Berufungsurteil kann somit keinen Bestand haben, es ist aufzuheben. Da zur Höhe des Anspruchs noch Feststellungen zu treffen sind, war die Sache an das Berufungsgericht zurückzuverweisen.

(Mitgeteilt vom VII. Zivilsenat des BGH)

[1] BGH, Urteil v. 19.3.1998 - VII ZR 116/97 -, BauR 1998, 614 = BGHZ 138, 176, 178.
[2] BGH. Urteil v. 16.12.1982 - VII ZR 92/82 -, BauR 1983, 161 = BGHZ 86, 135, 142.
[3] Urteil V. 28.1 1.2002 - VII ZR 4/00 -, BauR 2003, 380, 381 = ZfBR 2003, 248 = NZBau 2003,150.
[4] Urteile v. 20.12.1990 - VII ZR 248/89 -, BauR 1991, 210 = ZfBR 1991, 101 und v. 25.1 1996 - VII ZR 233/94 -, BauR 1996, 378 = BGHZ 131,392,397.
[5] Urteil v. 28.1 1.2002 - VII ZR 4/00 -. a.a.0.
[6] Urteil v. 28.9.1989 - VII ZR 167/88 -, BauR 1990, 81, 83 = ZfBR 1990, 18.
[7] Urteile v. 6.6.1991 - VII ZR 101/90 -. BauR 1991, 740, 741 = ZfBR 1991, 253; v. 17.11.1994 - VII ZR 245/93 -, BauR 1995, 234, 236 =ZfBR 1995, 77 und v. 25.1.1996 - VII ZR 233/94 -, a.a.0.
[8] Urteil v. 21.6.1990 - VII ZR 109/89 -, BauR 1990, 727 = BGHZ 111, 394, 397.
[9] Urteil v. 14.2.1991 - VII ZR 291/89 -, BauR 1991, 473 = ZfBR 1991,199. [10] Siegburg, BauR 1993, 9, 10, 16; Bunte, FS für Korbion, S.18; Anker/Zumschlinge, BauR 1995, 323, 325; Kraus/Vygen/Oppler, BauR 1999, 964. 967; Kraus, BauR 2001, 1, 10; vgl. auch Tomic, BauR 2001, 14, 16.

A.11 Prüfbarkeit der Schlußrechnung

VOB/B § 16 Nr. 3 Abs. 1; ZPO § 531 Abs. 2 Nr. 1

1. Ein Vorbringen kann gemäß § 531 Abs. 2 Nr. 1 ZPO nicht als verspätet zurückgewiesen werden, wenn es einen Gesichtspunkt betrifft, der vom Gericht des ersten Rechtszuges für unerheblich gehalten worden ist und dessen Zurückhaltung durch das erstinstanzliche Verfahren veranlaßt worden ist (im Anschluß an BGH, Urteil vom 19. Februar 2004 - III ZR 147/03).*)

2. Hat der Auftraggeber eines Vertrages, in dem die VOB/B vereinbart worden ist, nicht binnen zwei Monaten nach Zugang der Schlußrechnung Einwendungen gegen deren Prüfbarkeit erhoben, wird der Werklohn auch dann fällig, wenn die Rechnung objektiv nicht prüfbar ist. Es findet die Sachprüfung statt, ob die Forderung berechtigt ist (im Anschluß an BGH, Urteil vom 27. November 2003 - VII ZR 288/02).*)

3. Ist wegen der Insolvenz des Auftragnehmers und wegen des Zeitablaufs die Erstellung einer prüfbaren Schlußrechnung nicht möglich, kann die Klage nicht allein deshalb als zur Zeit unbegründet abgewiesen werden, weil eine prüfbare Schlußrechnung nicht vorliegt. Die Klage kann dann aufgrund eines Vortrages ganz oder teilweise Erfolg haben, der dem Tatrichter eine ausreichende Grundlage für eine Schätzung nach § 287 ZPO bietet.*)
BGH, Urteil vom 23.09.2004 - VII ZR 173/03

Bundesgerichtshof, Urteil vom 23. September 2004 - VII ZR 173/03 -

Der VII. Zivilsenat des Bundesgerichtshofs hat auf die mündliche Verhandlung vom 23. September 2004 durch den Vorsitzenden Richter Dr. Dressler und die Richter Dr. Wiebel, Dr. Kuffer, Prof. Dr. Kniffka und Bauner

für Recht erkannt:

Auf die Revision der Klägerin wird das Urteil des 1. Zivilsenats des Oberlandesgerichts Frankfurt am Main vom 12. Mai 2003 aufgehoben.

Die Sache wird zur neuen Verhandlung und Entscheidung, auch über die Kosten der Revision, an das Berufungsgericht zurückverwiesen.

Von Rechts wegen

Tatbestand:

Die Klägerin verlangt Werklohn aus abgetretenem Recht und aus einer behaupteten Zahlungszusage der Beklagten zu 1, einer ARGE.

Die Beklagte zu 1, deren Gesellschafter die Beklagten zu 2 und 3 sind, beauftragte die B. GmbH am 4. Februar 1997 mit Arbeiten zur Entsorgung von Asbest in einer Universitätsklinik. Am 8. August 1997 beauftragte die B. GmbH die Klägerin mit einem Teil dieser Arbeiten zu einem Pauschalpreis von 70.000 DM. Die Beklagte zu 1 sollte nach Rechnungslegung und Prüfung durch die B. GmbH zahlen. Die VOB/B war vereinbart.

Die Klägerin hat Klage auf Zahlung von 101.364 DM nebst Zinsen erhoben. Sie hat behauptet, Zusatzleistungen über 31.364 DM erbracht zu haben, die ihr direkt von den Bauleitern der Beklagten in Auftrag gegeben worden seien. Sie hat ihre Klage auf Abtretung des Werklohnanspruchs der B. GmbH aus dem Vertrag vom 4. Februar 1997 und außerdem auf die Behauptung gestützt, die Bauleiter der Beklagten zu 1 hätten die Zahlung zugesagt, nachdem die Klägerin wegen der Krise der B. GmbH nicht bereit gewesen sei, ohne diese Zusage die Arbeiten fortzusetzen.

Das Landgericht hat über diese Behauptung Beweis erhoben und die Beklagten als Gesamtschuldner zur Zahlung von 101.364 DM verurteilt. Zur Begründung hat es im wesentlichen ausgeführt, der Klägerin stehe gegen die Beklagte zu 1 ein unmittelbarer Anspruch aus einer Zahlungszusage des Oberbauleiters zu. Die Klägerin sei beauftragt worden, als die B. GmbH bereits in wirtschaftlichen Schwierigkeiten gewesen sei. Die Zusatzaufträge seien vergeben worden, als die B. GmbH bereits "pleite" gewesen sei. Es sei nachvollziehbar, daß die Klägerin, wie deren Zeuge Be. bekundet habe, sich auf keinen Vertrag mit der B. GmbH habe einlassen wollen, weil diese bereits zahlungsunfähig gewesen sei. Es sei treuwidrig, wenn sich die Beklagten auf das Fehlen der Vollmacht des Oberbauleiters beriefen. Es liege ein Fall der Anscheinsvollmacht kraft Einräumung einer Stellung vor.

Über das Vermögen der Beklagten zu 2 ist das Insolvenzverfahren eröffnet worden. Das Berufungsgericht hat durch Teilurteil die Klage gegen die Beklagten zu 1 und 3 abgewiesen. Mit der vom Senat zugelassenen Revision verfolgt die Klägerin ihr Begehren weiter.

Entscheidungsgründe:

Die Revision der Klägerin hat Erfolg. Sie führt zur Aufhebung des Berufungsurteils und zur Zurückverweisung der Sache an das Berufungsgericht.

Auf das Schuldverhältnis, das gemäß Art. 27 Abs. 1 EGBGB nach deutschem Recht zu beurteilen ist, finden die Gesetze in der bis zum 31. Dezember 2001 geltenden Fassung Anwendung (Art. 229 § 5 Satz 1 EGBGB). Auf das Verfahren der Berufung und der Revision sind die Vorschriften nach Maßgabe des Gesetzes zur Reform des Zivilprozesses vom 27. Juli 2001 anzuwenden (§ 26 Nr. 5 und 7 EGZPO).

I.

Das Berufungsgericht meint, die Klägerin habe keinen Anspruch auf Zahlung aus den abgetretenen Forderungen in Höhe eines Teilbetrages von 70.000 DM und von weiteren 31.364 DM. Die übergegangene Werklohnforderung sei derzeit unbegründet, weil sie noch nicht fällig sei. Unstreitig habe die Firma B. GmbH eine prüfbare Schlußrechnung nicht erteilt. Darauf könnten sich die Beklagten gemäß § 404 BGB berufen. Die mündliche Verhandlung müsse nicht wiedereröffnet werden, nachdem die Klägerin nach Schluß der mündlichen Verhandlung vorgetragen habe, es sei, wie sie erst jetzt vom Insolvenzverwalter der B. GmbH erfahren habe, bereits 1997 eine Schlußrechnung erteilt worden. Der Sachvortrag sei neu. Er müsse unberücksichtigt bleiben, weil es auf Nachlässigkeit der Klägerin beruhe, daß sie sich die Schlußrechnung nicht bereits im ersten Rechtszuge beschafft habe. Auch könne die Prüfbarkeit der Schlußrechnung nicht festgestellt werden.

Die Klägerin, so führt das Berufungsgericht weiter aus, habe keinen Zahlungsanspruch aus eigenem Recht. Es könne nach der vom Landgericht durchgeführten Beweisaufnahme nicht festgestellt werden, daß die Beklagte zu 1 wegen und in Höhe der Werklohnforderung von 70.000 DM eine eigene Zahlungsverpflichtung übernommen habe. Der Zeuge Be. habe das nicht bestätigt. Der Zeuge habe bekundet, er sei wiederholt aufgefordert worden, sich eine Abtretungserklärung der B. GmbH zu verschaffen. Das mache nur Sinn, wenn kein unmittelbarer Anspruch der Klägerin gegen die Beklagte zu 1 habe entstehen sollen. Nichts anderes hätten auch die Bauleiter der Beklagten zu 1 ausgesagt.

Ein eigener vertraglicher Anspruch stehe der Klägerin gegen die Beklagte zu 1 auch nicht wegen zusätzlich ausgeführter Leistungen in Höhe von 31.364 DM zu. Zwar habe der Zeuge Be. eine entsprechende Beauftragung bestätigt. An der Richtigkeit der Aussage bestünden jedoch durchgreifende Zweifel. Einer erneuten Vernehmung der vom Landgericht vernommenen Zeugen bedürfe es nicht. Die Abweichung von der Beweiswürdigung des Landgerichts beruhe nicht auf einer unterschiedlichen Beurteilung der Glaubwürdigkeit der Zeugen, sondern auf der nur unvollständigen Berücksichtigung der protokollierten Aussagen der Zeugen durch das Landgericht.

II.

Die Revision ist fristgerecht begründet worden. Es ist möglich, die Revision bereits mit der Nichtzulassungsbeschwerde zu begründen. Eine Wiederholung der Begründung oder eine Bezugnahme darauf innerhalb der Revisionsbegründungsfrist ist entbehrlich (BGH, Urteil vom 7. Juli 2004 - IV ZR 140/03 bei Juris).

III.

Das Berufungsurteil hält der rechtlichen Nachprüfung nicht stand.

1. Das Berufungsgericht hält es für möglich, daß der Klägerin aufgrund der Abtretung Zahlungsansprüche in Höhe von 70.000 DM und in Höhe von 31.364 DM zustehen. Der Senat hat davon auszugehen, daß sowohl eine Forderung der B. GmbH über 70.000 DM aus dem Werkvertrag vom 4. Februar 1997 besteht, als auch die Beauftragung von Zusatzleistungen in Höhe von 31.364 DM durch die B. GmbH schlüssig vorgetragen ist. Ferner hat er davon auszugehen, daß alle Ansprüche wirksam abgetreten worden sind. Eine Überprüfung der von den Beklagten erhobenen Einwendungen gegen die Schlüssigkeit der Forderung und die Abtretung ist dem Senat nicht abschließend möglich, weil Feststellungen dazu in dem angefochtenen Urteil fehlen. Dem Senat ist es auch nicht möglich zu prüfen, ob die von der Klägerin nach Schluß der mündlichen Verhandlung vorgelegte Schlußrechnung der ARGE E./B. GmbH vom 12. März/15. Mai 1997 die Leistungen der B. GmbH aus dem Vertrag mit der Beklagten zu 1 vom 4. Februar 1997 abrechnet. Die Klägerin behauptet dies. Das Berufungsgericht ist dem nicht näher nachgegangen. In der Revision ist deshalb davon auszugehen, daß die Schlußrechnung den Vertrag vom 4. Februar 1997 betrifft.

2. Verfahrensfehlerhaft hat das Berufungsgericht die Wiedereröffnung der mündlichen Verhandlung abgelehnt.

a) Das Berufungsgericht hat erstmals in der mündlichen Verhandlung darauf hingewiesen, daß es abweichend von der Würdigung des Landgerichts und ohne erneute Vernehmung der Zeugen den Anspruch aus eigenem Recht für unbegründet halte und es deshalb allein auf den Anspruch aus abgetretenem Recht ankomme. Insoweit hat es erstmals darauf hingewiesen, daß es die Vorlage einer prüfbaren Schlußrechnung für notwendig halte, um die Fälligkeit der Forderung zu begründen.

Es hätte der Klägerin Gelegenheit geben müssen, sich zu diesem Hinweis zu äußern, § 139 Abs. 2 ZPO. Denn jedenfalls der Hinweis zur fehlenden Schlußrechnung betraf einen Gesichtspunkt, den die Klägerin erkennbar für unerheblich gehalten hat. Die Klägerin konnte nach dem bisherigen Prozeßverlauf davon ausgehen, daß die Vorlage einer prüfbaren Schlußrechnung weder für den eigenen Anspruch noch für den Anspruch aus abgetretenem Recht notwendig sei. Das Landgericht hatte der Klage aus der Zahlungszusage ohne Vorlage der Rechnung stattgegeben. Es hat zudem in seinem Hinweisbeschluß vom 6. November 2001 zu erkennen gegeben, daß es auch die Klage aus abgetretenem Recht ohne Vorlage der prüfbaren Rechnung für schlüssig halte.

b) Da die sachliche Stellungnahme der Klägerin zu dem gerichtlichen Hinweis erst nach Schluß der mündlichen Verhandlung möglich war, hätte das Berufungsgericht die mündliche Verhandlung gemäß § 156 Abs. 2 Nr. 1 ZPO wieder eröffnen müssen (vgl. BGH, Urteil vom 11. Februar 1999 - VII ZR 399/97, BGHZ 140, 365, 371).

aa) Zu Unrecht ist das Berufungsgericht der Auffassung, eine Wiedereröffnung der mündlichen Verhandlung habe deshalb unterbleiben können, weil die Behauptung der Klägerin, es sei bereits 1997 eine Schlußrechnung gelegt worden, als neuer Tatsachenvortrag gemäß § 531 Abs. 2 Nr. 3 ZPO hätte zurückgewiesen werden müssen. Das neue, die Fälligkeit der Werklohnforderung begründende Vorbringen konnte nicht zurückgewiesen werden, weil es einen Gesichtspunkt betraf, der vom Landgericht erkennbar für unerheblich gehalten worden ist, § 531 Abs. 2 Nr. 1 ZPO. Allerdings genügt es für die Anwendung des § 531 Abs. 2 Nr. 1 ZPO nicht, daß allein das Urteil des Landgerichts ergibt, inwieweit ein Gesichtspunkt für unerheblich gehalten wird. Vielmehr ist nach Sinn und Zweck der Vorschrift die Zulassung des neuen Vorbringens nur dann geboten, wenn die Rechtsansicht des Gerichts den erstinstanzlichen Sachvortrag der Parteien auch beeinflußt hat und daher, ohne daß deswegen ein Verfahrensfehler gegeben wäre, (mit-) ursächlich dafür geworden ist, daß sich Parteivorbringen in das Berufungsverfahren verlagert (BGH, Urteil vom 19. Februar 2004 - III ZR 147/03, NJW-RR 2004, 927). Das ist der Fall, wenn das erstinstanzliche Gericht durch seine Hinweise die Partei dazu veranlaßt, keine weiteren Bemühungen zur Vervollständigung des Vortrages zu einem bestimmten Gesichtspunkt mehr zu unternehmen. So liegt es hier. Das Landgericht hat der Klage stattgegeben, weil es nach dem Ergebnis der Beweisaufnahme einen von der Vorlage einer prüfbaren Schlußrechnung unabhängigen eigenen Zahlungsanspruch bejaht hat. Auch zuvor hat es die Klage trotz des bis dahin unstreitigen Fehlens einer prüfbaren Schlußrechnung erkennbar für schlüssig gehalten, wie sich aus dem Hinweisbeschluß vom 6. November 2001 ergibt. Es hat deshalb der Klägerin Veranlassung gegeben, der Frage, ob entgegen der Behauptung der Beklagten nicht doch bereits eine prüfbare Schlußrechnung vorgelegt worden war, nicht weiter nachzugehen.

bb) Die Wiedereröffnung der mündlichen Verhandlung durfte entgegen der Auffassung des Berufungsgerichts auch nicht deshalb unterbleiben, weil die Rechnung nicht prüfbar und die Forderung deshalb nicht fällig sein könnte. Es ist im Revisionsverfahren davon auszugehen, daß die Beklagte sich auf die fehlende Prüfbarkeit der Rechnung als Fälligkeitsvoraussetzung des Werklohns nicht mehr berufen kann. Der Senat hat entschieden, daß ein Auftraggeber gegen Treu und Glauben verstößt, wenn er Einwendungen gegen die Prüffähigkeit einer Honorarschlußrechnung später als zwei Monate nach Zugang der Rechnung erhebt. Er ist dann mit dem Einwand der fehlenden Prüffähigkeit ausgeschlossen mit der Folge, daß die Honorarforderung fällig wird (BGH, Urteil vom 27. November 2003 - VII ZR 288/02, BauR 2004, 316, 319 = NZBau 2004, 216 = ZfBR 2004, 262). Die Erwägungen, mit denen der Verstoß gegen

Treu und Glauben begründet worden ist, gelten auch für einen Bauvertrag, dem die VOB/B zugrunde liegt. Im VOB-Vertrag wird, ebenso wie nach § 8 Abs. 1 HOAI, die Prüfbarkeit einer Schlußrechnung zur Fälligkeitsvoraussetzung erhoben. Das Erfordernis einer prüfbaren Rechnung dient den Interessen beider Parteien und hat den Zweck, das Verfahren über die Abrechnung zu vereinfachen und zu beschleunigen (BGH, Urteil vom 20. Oktober 1988 - VII ZR 302/87, BauR 1989, 87, 88). Mit diesem Zweck ist es nicht vereinbar, wenn der Auftraggeber den Einwand der fehlenden Prüfbarkeit erst nach längerer Zeit erhebt. Ebenso wie beim Architektenvertrag hat der Einwand vielmehr binnen einer Frist von zwei Monaten nach Zugang der Schlußrechnung zu erfolgen. Versäumt der Auftraggeber die Frist, findet die Sachprüfung statt, ob die Forderung berechtigt ist. Er kann im Rahmen der Sachprüfung auch solche Einwendungen vorbringen, die er gegen die Prüfbarkeit der Rechnung hätte vorbringen können (vgl. (BGH, Urteil vom 27. November 2003 - VII ZR 288/02, aaO).

Es gibt keine Anhaltspunkte dafür, daß die Beklagte die fehlende Prüfbarkeit der Rechnung innerhalb einer Frist von zwei Monaten gerügt hat. Die Beklagte hat vielmehr behauptet, sie habe keine Schlußrechnung erhalten.

IV.

Das Berufungsurteil hat danach keinen Bestand. Es ist aufzuheben und die Sache ist zur anderweiten Verhandlung an das Berufungsgericht zurückzuverweisen. Für die neue mündliche Verhandlung weist der Senat auf folgendes hin:

1. Sollte, wofür einiges spricht, die vorgelegte Rechnung nicht die Leistungen der B. GmbH aus dem Vertrag vom 4. Februar 1997 abrechnen, kann diese Rechnung die Fälligkeit der Forderung nicht begründen. Das Berufungsgericht wird jedoch zu beachten haben, daß die Klage nicht allein wegen des Fehlens einer prüfbaren Schlußrechnung abgewiesen werden kann, wenn deren Vorlage infolge des Zeitablaufs und der Insolvenz der B. GmbH unmöglich geworden ist (vgl. BGH, Urteil vom 25. September 1967 - VII ZR 46/65, vollständig bei Juris). Das entbindet die Klägerin allerdings nicht davon, ihre abgetretene Teilforderung der B. GmbH anderweitig schlüssig darzulegen. Die Klage kann dann aufgrund eines Vortrages ganz oder teilweise Erfolg haben, der dem Tatrichter eine ausreichende Grundlage für eine Schätzung nach § 287 ZPO bietet (vgl. BGH, Urteil vom 13. Mai 2004 - VII ZR 424/02, BauR 2004, 1441).

Das Berufungsgericht wird insoweit auch zu prüfen haben, inwieweit ein Anspruch der B. GmbH auf Zahlung von 31.364 DM wegen Zusatzleistungen schlüssig begründet ist. Die Klägerin hat nicht geltend gemacht, daß ihr die Zusatzleistungen durch die B. GmbH in Auftrag gegeben worden sind.

2. Sollte eine der Forderungen aus abgetretenem Recht unbegründet sein, so muß sich das Berufungsgericht mit der Behauptung der Klägerin befassen, die Beklagte habe die Zahlung zugesagt.

a) Es wird zunächst zu prüfen haben, ob auf dem Hintergrund einer Zahlungszusage der Beklagten die Forderungen schlüssig dargelegt sind und ob eine derartige Zahlungszusage von den Bauleitern wirksam abgegeben werden konnte. Die Auffassung des Landgerichts, die Beklagte zu 1 hafte nach den Grundsätzen der Anscheinsvollmacht, ist rechtsfehlerhaft begründet. Aus der Begründung ist nicht ersichtlich, daß die Beklagte zu 1 den Anschein einer Bevollmächtigung ihrer Bauleiter gesetzt hat. Die Beklagte zu 1 verstößt entgegen der Auffassung des Landgerichts auch nicht gegen Treu und Glauben, wenn sie sich darauf beruft, daß ihre Bauleiter keine Vollmacht hatten, eine Zahlung unabhängig davon zuzusagen, ob die Klägerin ihren Anspruch aus der abgetretenen Forderung durchsetzen kann.

b) Sollte das Berufungsgericht zu der Auffassung kommen, daß eine der Forderungen aus einer Zahlungszusage schlüssig begründet ist, wird es die Beweisaufnahme wiederholen müssen. Seine Auffassung, sowohl aus den Aussagen der Zeugen als auch aus den sonstigen Umständen ergebe sich, daß die Klägerin durch die Abtretung der Forderung lediglich abgesichert werden sollte, ist für die Zusatzaufträge nicht tragfähig. Der Zeuge Be. hat ausgesagt, diese Aufträge seien vom Zeugen St. vergeben worden. Die B. GmbH sei zu diesem Zeitpunkt schon "pleite" gewesen. Ist das so, spricht alles für eine direkte Beauftragung der Klägerin durch die Beklagte zu 1. Denn eine Beauftragung der B. GmbH scheidet ohne deren Beteiligung aus, so daß auch eine Abtretung eines Vergütungsanspruchs der B. GmbH insoweit ins Leere geht. Eine Vollmacht der Bauleiter, zu Lasten der B. GmbH Zusatzaufträge an die Klägerin zu vergeben, hat keine der Parteien behauptet. Soweit die Bauleiter auch nicht bevollmächtigt gewesen sein sollten, die streitigen Zusatzaufträge für die Beklagte zu 1 zu vergeben, wird das Berufungsgericht zu prüfen haben, ob die Klägerin einen Aufwendungsersatzanspruch nach §§ 670, 683 BGB oder einen Bereicherungsanspruch gegen die Beklagte zu 1 hat.

A.12 Überhöhter Einheitspreis bei Mehrmengen

BGB § 138 Abs. 1, § 632 Abs. 1; VOB/B § 2 Nr. 3 Abs. 2, § 2 Nr. 5

1. Steht der nach § 2 Nr. 3 Abs. 2 oder § 2 Nr. 5 VOB/B neu zu vereinbarende Einheitspreis für Mehrmengen in einem auffälligen, wucherähnlichen Missverhältnis zur Bauleistung, kann die dieser Preisbildung zugrunde liegende Vereinbarung sittenwidrig und damit nichtig sein.*)
2. Ist der nach § 2 Nr. 3 Abs. 2 oder § 2 Nr. 5 VOB/B zu vereinbarende Einheitspreis für Mehrmengen um mehr als das Achthundertfache überhöht , weil der Auftragnehmer in der betreffenden Position des Leistungsverzeichnisses einen ähnlich überhöhten Einheitspreis für die ausgeschriebene Menge angeboten hat, besteht eine Vermutung für ein sittlich verwerfliches Gewinnstreben des Auftragnehmers.*)
3. Diese Vermutung wird nicht dadurch entkräftet, dass der Auftragnehmer in anderen Positionen unüblich niedrige Einheitspreise eingesetzt hat. Ein derartig spekulatives Verhalten des Auftragnehmers ist nicht schützenswert.*)
4. An die Stelle der nichtigen Vereinbarung über die Bildung eines neuen Preises auf der Grundlage des überhöhten Einheitspreises tritt die Vereinbarung, die Mehrmengen nach dem üblichen Preis zu vergüten.*)
BGH, Urteil vom 18.12.2008 - VII ZR 201/06

Der VII. Zivilsenat des Bundesgerichtshofs hat auf die mündliche Verhandlung vom 13. November 2008 durch den Vorsitzenden Richter Prof. Dr. Kniffka und die Richter Bauner, Dr. Eick, Halfmeier und Leupertz für Recht erkannt:
Auf die Revision der Beklagten und die Anschlussrevision der Klägerin wird das Urteil des 5. Zivilsenats des Thüringer Oberlandesgerichts in Jena vom 19. September 2006 im Kostenpunkt und insoweit aufgehoben, als die Beklagte zur Zahlung weiterer 354.038,84 € nebst Zinsen verurteilt und die Anschlussberufung der Klägerin zurückgewiesen worden ist. In diesem Umfang wird die Sache zur neuen Verhandlung und Entscheidung, auch über die Kosten des Revisionsverfahrens, an das Berufungsgericht zurückverwiesen.
Von Rechts wegen

Tatbestand:
Die Klägerin verlangt von der Beklagten Restwerklohn. Im Revisionsverfahren geht es nur noch um die Vergütung von 1.700.219,54 € für Mehrmengen an Betonstahl und Betonstahlmatten für ein Regenrückhaltebecken. Die Beklagte beauftragte die Klägerin am 4. Januar 1999 zu einem Gesamtpreis von ca. 48,6 Mio. DM mit Tiefbauleistungen unter Einbeziehung der VOB/B und auf Grundlage ihres Leistungsverzeichnisses.
Die Klägerin gab nach öffentlicher Ausschreibung der Beklagten ein Angebot ab, in dem die Einheitspreise der Positionen 32.5.120 "200 kg Betonstahl ... liefern und verlegen für Bauteile aus Ortbeton. Schneiden und Biegen ist abzurechnen" und 32.5.130 "100 kg Betonstahlmatten ... liefern und verlegen für

Bauteile aus Ortbeton einschließlich Schneiden und Biegen" jeweils mit 2.210 DM/kg ausgewiesen waren. Die Beklagte nahm das Angebot an.
Aufgrund einer nachträglich durch die Beklagte erstellten Statik ergab sich für die Position 32.5.120 ein Bedarf von 1.429,20 kg Formeisen und für die Position 32.5.130 ein Bedarf von 302,5 kg Betonstahlmatten. Die Klägerin verlangt für die Mehrmengen, die 110 % der ausgeschriebenen Mengen überschreiten, einen Preis von 2.045,15 DM/kg. Sie hat mit der Klage 3.325.340,38 DM (1.700.219,54 €) geltend gemacht.
Das Landgericht hat die Klage auf Vergütung der Mehrmengen abgewiesen, weil die Klägerin keine Urkalkulation vorgelegt habe, aus der ein neuer Preis ermittelt werden könne. Das Berufungsgericht hat die Beklagte zur Zahlung von 354.038,84 € nebst Zinsen verurteilt und die weitergehende Berufung der Klägerin zurückgewiesen.
Mit der vom Senat zugelassenen Revision begehrt die Beklagte weiterhin die Klageabweisung bezüglich des Anspruchs wegen der Mengenmehrungen, mit der Anschlussrevision verfolgt die Klägerin ihren Zahlungsanspruch in vollem Umfang weiter.

Entscheidungsgründe:
Die Revision der Beklagten und die Anschlussrevision der Klägerin führen im Umfang der Anfechtung zur Aufhebung des Berufungsurteils und insoweit zur Zurückverweisung der Sache an das Berufungsgericht.

I.
Das Berufungsgericht lässt offen, ob der Zahlungsanspruch der Klägerin aus § 2 Nr. 3 Abs. 2 oder § 2 Nr. 5 VOB/B folgt. In beiden Fällen sei Grundlage des neuen Preises für die 110 % der ausgeschriebenen Menge überschreitende Menge der von den Parteien vereinbarte Einheitspreis. Selbst bei einer bewusst spekulativen Überteuerung des Einheitspreises durch den Auftragnehmer sei dieser Preis grundsätzlich dem neuen Preis für die Mehrmenge zugrunde zu legen. Der vereinbarte Einheitspreis für die beiden Mehrmengenpositionen sei hier jedoch 894-mal so hoch wie der vom Sachverständigen in erster Instanz bundesweit ermittelte, statistische, angemessene Preis von 2,47 DM. Deshalb sei es mit dem Grundsatz von Treu und Glauben nicht zu vereinbaren, den vertraglichen Einheitspreis zur Grundlage des neu zu vereinbarenden Einheitspreises für die Mehrmenge zu machen. Vielmehr sei nach den Grundsätzen des Wegfalls der Geschäftsgrundlage ein Preis zu bilden, der sich an dem üblichen und angemessenen Preis einerseits und an den üblichen Geschäftspraktiken andererseits orientiere. Nach den Ausführungen des Sachverständigen sei es durchaus üblich, dass der Auftragnehmer extrem überhöhte Einheitspreise einsetze und diese in der Hoffnung akzeptiert würden, die ausgeschriebene Menge würde nicht überschritten. Es sei davon auszugehen, dass auch bei Weitem überhöhte Einheitspreise noch mit Treu und Glauben vereinbar seien, solange sie nicht zu einem schlichtweg untragbaren Ergebnis führten. Ein Einheitspreis, der das Zweihundertfache des ortsüblichen und angemessenen Preises darstelle, sei kein schlichtweg unerträgliches Ergebnis. Da der ortsübli-

che und angemessene Preis 2,47 DM/kg betrage, errechne sich ein Vergütungsanspruch von 692.439,80 DM.

II. Die Revision der Beklagten

Das Berufungsurteil hält der rechtlichen Überprüfung nicht stand, soweit die Beklagte zur Zahlung verurteilt worden ist. Das Berufungsgericht hat die Wirksamkeit der auf die Vergütung der Mehrmengen in den Positionen 32.5.120 und 32.5.130 gerichteten Preisvereinbarung nicht geprüft. Dazu bestand im Hinblick darauf Anlass, dass dem Auftragnehmer für die geltend gemachte Mehrmenge eine Vergütung zustehen soll, die die übliche Vergütung um mehr als das Achthundertfache übersteigt. Der Senat muss nicht entscheiden, ob die Vereinbarung eines derart überhöhten Preises für die im Leistungsverzeichnis geschätzte Menge wegen Verstoßes gegen die guten Sitten nichtig sein kann. Die Vergütung für die geschätzten Mengen zuzüglich einer Menge von 10 % ist zwischen den Parteien nicht im Streit. Die Klägerin verlangt mit der Klage lediglich die Vergütung für die über 110 % hinausgehende Menge. Zur Beurteilung steht deshalb nur der Teil der Vereinbarung, aus dem die Klägerin die Vergütung für diese Mehrmenge geltend macht. Das ist für alle Einheitspreise und somit auch für die Einheitspreise in den Positionen 32.5.120 und 32.5.130 die Vereinbarung in § 2 Nr. 3 Abs. 2 oder § 2 Nr. 5 VOB/B zur Anpassung des vertraglichen Preises im Falle von Mehrmengen oder Leistungsänderungen. Nach diesen Regelungen ist (auf Verlangen) auf der Grundlage des jeweils vereinbarten Einheitspreises ein neuer Preis unter Berücksichtigung der Mehr- oder Minderkosten zu vereinbaren. Kommt eine derartige Vereinbarung nicht zustande, kann der auf Zahlung gerichtete Anspruch im Wege der Klage geltend gemacht werden (BGH, Urteil vom 21. März 1968 - VII ZR 84/67, BGHZ 50, 25, 30). Der Anspruch ergibt sich aus den Preisermittlungsregelungen der VOB/B. Er entsteht in der sich daraus ergebenden Höhe mit der Mengenmehrung oder der Ausübung des einseitigen Leistungsbestimmungsrechts nach § 1 Nr. 3 VOB/B (vgl. BGH, Urteil vom 27. November 2003 - VII ZR 346/01, BauR 2004, 495 = NZBau 2004, 207 = ZfBR 2004, 254).

Ein derartiger Zahlungsanspruch besteht jedoch nicht, wenn die Vereinbarung, auf der Grundlage des in den Positionen 32.5.120 und 32.5.130 vereinbarten Einheitspreises einen neuen Preis unter Berücksichtigung der Mehr- oder Minderkosten zu vereinbaren, sittenwidrig und nichtig ist. Die Prüfung der Sittenwidrigkeit kann auf die Vereinbarung einzelner Einheitspreise und auch auf die Vereinbarung der Preisbildung für den Fall der Mengenmehrung beschränkt werden. Denn diese Vereinbarungen bilden Teile des Rechtsgeschäfts, deren Sittenwidrigkeit unabhängig davon beurteilt werden kann, ob die sonstigen Regelungen des Rechtsgeschäfts sittenwidrig sind. Bei der Beurteilung kommt es maßgeblich darauf an, welcher Preis im Vertrag vereinbart ist und wie sich dieser Preis auf den neu zu vereinbarenden Preis auswirkt. Die Parteien haben in den Positionen 32.5.120 und 32.5.130 einen Einheitspreis von 2.210 DM/kg vereinbart. In der Revision ist davon auszugehen, dass der von der Klägerin für die Mehrmengen verlangte Preis von 2.045,15 DM/kg (das Berufungsgericht geht irrtümlich von 2.210 DM/kg aus) der sich aus § 2 Nr. 3 Abs. 2 bzw. § 2 Nr. 5 VOB/B ergebende Einheitspreis ist. Das ist erkennbar die Grundlage des

Berufungsurteils, wenn das Berufungsgericht dazu auch keine Feststellungen getroffen hat. Eigene Feststellungen sind dem Senat nicht möglich.

1. Ein Rechtsgeschäft, das gegen die guten Sitten verstößt, ist nichtig, § 138 Abs. 1 BGB. Gegen die guten Sitten verstößt ein Rechtsgeschäft, wenn es gegen das Anstandsgefühl aller billig und gerecht Denkenden verstößt (BGH, Urteil vom 19. Juli 2004 - II ZR 217/03, NJW 2004, 2668, 2670; ständige Rechtsprechung seit RGZ 48, 114,124). In der Rechtsprechung ist es anerkannt, dass die Vereinbarung eines Preises gem. § 138 Abs. 1 BGB sittenwidrig sein kann, wenn der Preis in einem auffälligen Missverhältnis zur Gegenleistung steht. Dafür erforderlich ist sowohl ein objektiv auffälliges, wucherähnliches Missverhältnis von Leistung und Gegenleistung als auch das Hinzutreten subjektiver Umstände, wie zum Beispiel das Zutagetreten einer verwerflichen Gesinnung des Begünstigten (BGH, Urteil vom 11. Januar 1995 - VIII ZR 82/94, BGHZ 128, 255, 257 f.; Urteil vom 28. April 1999 - XII ZR 150/97, BGHZ 141, 257, 263; Urteil vom 19. Januar 2001 - V ZR 437/99, BGHZ 146, 298, 301 f.; jeweils m.w.N.). Dabei sind die subjektiven Umstände des Tatbestandes des § 138 Abs. 1 BGB häufig einem direkten Nachweis nicht zugänglich und können oft nur aus den objektiven Umständen erschlossen werden, wobei in manchen Fallgestaltungen Art und Ausmaß der objektiven Umstände eine Vermutung für das Vorliegen auch der subjektiven Tatbestandsmerkmale begründen (BGH, Urteil vom 6. Mai 2003 - XI ZR 226/02, NJW 2003, 2230).

2. Die Vereinbarung der Parteien, auf der Grundlage des vereinbarten Einheitspreises von 2.210 DM/kg für die Mengenmehrungen in den Positionen 32.5.120 und 32.5.130 einen neuen Preis von 2.045,15 DM/kg fordern zu können, kann danach sittenwidrig und damit nichtig sein.

a) Der von der Klägerin geltend gemachte Einheitspreis für die Mehrmengen in den Positionen 32.5.120 und 32.5.130 steht in einem besonders auffälligen Missverhältnis zur Gegenleistung. Das bedarf bei einer mehr als achthundertfachen Überschreitung des im Bundesdurchschnitt gezahlten Preises für die in diesen Positionen ausgeschriebenen Leistungen keiner weiteren Erörterung. Die Richtigkeit des vom Sachverständigen erster Instanz mit 2,47 DM/kg bezifferten üblichen und angemessenen Durchschnittspreises wird von den Parteien nicht in Frage gestellt.

b) Der Annahme eines auffälligen Missverhältnisses von Leistung und Gegenleistung steht nicht entgegen, dass dieses lediglich für die einzelne Position des Leistungsverzeichnisses geprüft und angenommen wird. Zu Unrecht wird teilweise in der Literatur angenommen, ein solches auffälliges Missverhältnis könne von vornherein die Sittenwidrigkeit einer Einheitspreisvereinbarung nicht begründen. So wird vertreten, die theoretische Grenze, bei der an die hohe Vergütung einer Bezugsleistung nicht mehr angeknüpft werden dürfe, sei erst dann erreicht, wenn der ganze Ursprungsvertrag nach § 138 BGB nichtig sei. Es sei immer auf den ganzen Vertrag, nicht auf einzelne Positionen abzustellen, wobei es diese Fälle praktisch nicht gebe (Kapellmann/Schiffers, Vergütung, Nachträge und Behinderungsfolgen beim Bauvertrag, Teil 1, 5. Aufl., Rdn. 1049, 608).

Diese Meinung verkennt, dass ein Teil eines Rechtsgeschäftes, wie die Vereinbarung eines Einheitspreises oder des nach Mengenmehrungen auf dieser

Grundlage zu vereinbarenden neuen Einheitspreises, unabhängig davon als sittenwidrig beurteilt werden kann, ob das gesamte Rechtsgeschäft nichtig ist. Bei der Beurteilung der Sittenwidrigkeit eines Teils eines Rechtsgeschäfts muss allerdings der Zusammenhang mit dem gesamten Rechtsgeschäft gewürdigt werden. Die weiteren Folgen der Nichtigkeit eines Teils eines Rechtsgeschäfts regelt das Gesetz, § 139 BGB.

a) Die entweder auf § 2 Nr. 3 oder § 2 Nr. 5 VOB/B gegründete Vereinbarung der Parteien, für die Mehrmengen eine um mehr als das Achthundertfache und damit außerordentlich überhöhte Vergütung festzulegen, begründet die Vermutung, ihr liege ein sittlich verwerfliches Gewinnstreben des Auftragnehmers zugrunde. Diese Vermutung gründet sich nicht allein auf das außerordentliche Missverhältnis von Leistung und Gegenleistung, so dass ihr die Rechtsprechung nicht entgegensteht, wonach eine Übervorteilung von Kaufleuten in der Regel nicht allein aus einem groben Missverhältnis von Preis und Gegenleistung abgeleitet werden kann (BGH, Urteile vom 2. Dezember 1982 - III ZR 90/81, NJW 1983, 1420 und vom 11. Januar 1995 - VIII ZR 82/94, BGHZ 128, 255, 268; Beschluss vom 13. Juli 1989 - III ZR 201/88, NJW-RR 1989, 1068). Vielmehr gründet sie sich auf die Besonderheiten des Bauvertrages. Die Vereinbarung eines außerordentlich überhöhten Preises für Mehrmengen fußt auf der Vereinbarung eines außerordentlich überhöhten Einheitspreises in der dem Preisanpassungsverlangen zugrunde liegenden Position des Leistungsverzeichnisses. Regelmäßig beruht die Vereinbarung dieses Einheitspreises auf einem entsprechenden Angebot des Bieters, dem das Leistungsverzeichnis zum Zwecke der Bepreisung übergeben worden ist. In dem Fall, dass der Bieter in einer Position des Leistungsverzeichnisses einen außerordentlich überhöhten Einheitspreis angegeben hat, besteht die widerlegbare Vermutung, dass er in dieser Position auf eine Mengenmehrung hofft und durch Preisfortschreibung auch für diese Mengenmehrung einen außerordentlich überhöhten Preis erzielen will. Diese Spekulation ist jedenfalls dann sittlich verwerflich, wenn sie zu dermaßen überhöhten Preisen führt, wie das hier der Fall ist. Die vertragsuntypische Spekulation des Bieters durch Einsatz deutlich überhöhter Einheitspreise ist regelmäßig mit der Erwartung verbunden, einen außerordentlichen Gewinn zu erzielen, der andererseits zu nicht eingeplanten Mehrkosten bei dem Auftraggeber führt, denen kein entsprechender Gegenwert gegenübersteht. Regelmäßig beruht die Bildung überhöhter Preise auch auf einem nicht offengelegten Informationsvorsprung des Bieters, der Anlass zu der Spekulation gibt, sei es die auf Tatsachen oder Erfahrungssätze gegründete Erwartung oder sogar die Gewissheit von Mengenmehrungen. Dieses Verhalten eines Bieters und späteren Auftragnehmers widerspricht eklatant dem gesetzlichen Leitbild eines Vertrages, das - nicht anders als die Vergabe- und Vertragsordnung für Bauleistungen - einen fairen, von Treu und Glauben geprägten Leistungsaustausch im Blick hat, vgl. § 157 BGB. Es begründet die Vermutung, der Auftraggeber, der über entsprechende Informationen möglicherweise nicht verfügt oder die mit der Preisgestaltung verfolgte Absicht im Einzelfall nicht erkennt, solle aus sittlich verwerflichem Gewinnstreben übervorteilt werden.

Ein Auftragnehmer, der sich einen außerordentlich überhöhten Preis versprechen lässt, muss daher Umstände darlegen, die die Vermutung des sittlich verwerflichen Gewinnstrebens ausräumen. Solche Umstände hat die Klägerin bisher nicht vorgetragen. Die im Rechtsstreit erörterten und vom Landgericht offengelassenen Umstände vermögen die Vermutung einer sittenwidrigen Vereinbarung nicht zu entkräften.

aa) Das gilt zunächst für die Darlegung der Klägerin in einem anderen Zusammenhang, die Vergabe- und Vertragsordnung eröffne ihr die Möglichkeit, Preise beliebig zu bilden. Die Korrektur dieser Preise nach einer Mengen- oder Leistungsänderung sei nicht möglich, auch wenn sie deutlich überhöht seien. So wie sie bei Mengenmehrungen oder Leistungsänderungen an niedrigen Preisen festgehalten werde, müsse sie auch hohe Preise nach den entsprechenden Tatbeständen durchsetzen können. Anders könne das sein, wenn eine Mischkalkulation vorliege. Das sei jedoch nicht der Fall. Die Klägerin habe den hohen Preis offen ausgewiesen, ohne dass Verschiebungen in anderen Preisen stattgefunden hätten.

Diese Darlegungen räumen nicht aus, dass der hohe Preis in den Positionen 32.5.120 und 32.5.130 allein deshalb gebildet worden ist, um aus diesen Positionen einen überaus hohen, jedenfalls positionsbezogen völlig unangemessenen, spekulativen Gewinn zu Lasten der Beklagten zu erwirtschaften.

bb) Unbehelflich ist auch der Verweis der Klägerin auf die Rechtsprechung zum Vergaberecht, nach der es in der Natur des Wettbewerbs um die Vergabe baurechtlicher Aufträge liege, dass Unternehmen in unterschiedlicher Art und Weise und auch in unterschiedlichen Positionen ihre Gewinnerwartung realisierten. Diese Rechtsprechung befasst sich nicht mit der Bildung anstößiger, weil spekulativ überhöhter Einheitspreise, die das Maß dessen sprengen, was von der Rechtsordnung hingenommen werden kann.

cc) Die Klägerin kann die Beurteilung der die Mehrmengen betreffenden Preisvereinbarung als sittenwidrig auch nicht mit dem Hinweis verhindern, es habe sich um eine europaweite öffentliche Ausschreibung gehandelt; die Beklagte habe den Zuschlag nach umfassender Auswertung und Prüfung der Angebote erteilt, ohne die Klägerin auszuschließen.

Die Beurteilung eines Rechtsgeschäfts als sittenwidrig wegen des einseitig motivierten übersteigerten Gewinnstrebens einer der Vertragsparteien scheitert nicht daran, dass die Gegenpartei diese Motivation erkennen konnte oder dass sie das Geschäft hätte verhindern können.

dd) Unerheblich ist, dass die beiden Positionen 32.5.120 und 32.5.130 lediglich einen Teil des Gesamtauftrages bilden und möglicherweise der Gesamtpreis auch nach der Mengenmehrung nicht anstößig ist. Das Wesen des Einheitspreises ist es, dass für einzelne Positionen Preise gebildet werden, die rechtsgeschäftlich vereinbart sind. Die Bedeutung dieser Preise erschöpft sich nicht darin, dass sie Teil einer Gesamtpreisbildung sind. Die Einheitspreise haben vielmehr eine eigenständige Bedeutung, wie sie insbesondere bei der Preisbildung nach Mengenmehrungen hervortritt, sei es aufgrund dem Vertrag zugrunde liegender Fehlschätzungen der Mengen, sei es aufgrund von Leistungsänderungen oder zusätzlichen Leistungen. Denn die VOB/B sieht vor, dass auf Verlangen ein neuer Preis für die Überschreitung des Mengenansatzes unter Berücksichtigung der Mehr- und Minderkosten zu vereinbaren bzw. zu ermitteln ist. Das kann in einzelnen Positionen zu unangemessenen Ergebnissen führen, insbesondere dann, wenn überhöhte Preise bei solchen Positionen vereinbart sind, bei denen es zu Mengenmehrungen kommt. Solche Ergebnisse werden in Teilen der Literatur und von der Klägerin allerdings als hinnehmbar dargestellt mit dem Hinweis darauf, es sei allein Sache des Unternehmers, wie er kalkuliere; der Auftraggeber sei nicht schützenswert, wenn er infolge eines Ausschreibungsfehlers oder nachträglicher Änderungen des Vertrages die Möglichkeit zu solchen Preisen eröffne (vgl. Thormann, BauR 2000, 953 f.; Kapellmann/Schiffers, Vergütung, Nachträge und Behinderungsfolgen beim Bauvertrag, Teil 1, 5. Aufl., Rdn. 1049, 608). Der Senat muss nicht abschließend dazu Stellung nehmen, ob diese Argumentation, die vor allem im Zusammenhang mit in solchen Fällen naheliegenden Spekulationen des Unternehmers wegen von ihm erkannter oder vermuteter Ausschreibungsmängel zu finden ist, dem Wesen des Bauvertrags widerspricht.

Der Bauvertrag ist ein auf Austausch von Leistungen und Vergütung gerichteter Vertrag, der für längere Zeit eine kooperative Zusammenarbeit erfordert. Es wäre bedenklich, wenn es vergabe- und vertragsrechtlich ohne weiteres zulässig wäre, die Kooperation in der Weise zu beginnen, dass der Unternehmer über erkannte Ausschreibungsmängel nicht aufklärt, sondern diese dazu nutzt, über von ihm vorausgesehene oder vermutete Nachtragssachverhalte Positionspreise zu erzielen, die das angemessene Maß deutlich überschreiten.

Jedenfalls können Spekulationen auf Mengenerhöhungen nicht hingenommen werden, wenn sie dazu führen, dass der Preisrahmen derart exorbitant gesprengt wird, wie das hier der Fall ist. Bei einer solchen Spekulation kommt es auch nicht darauf an, wie sich das Ergebnis nach der Mengenerhöhung auf den Gesamtpreis ausgewirkt und ob der Unternehmer in anderen Positionen niedrigere Preise eingesetzt hat. Die gegenteilige Argumentation der Klägerin verkennt, dass in dieser Weise vorgenommene Spekulationen sittlich verwerflich sind, weil die Rechtsordnung kein Verständnis dafür aufbringen kann, dass ein Unternehmer aufgrund eines Ausschreibungsfehlers einen völlig unangemessenen Gewinn in einer Position erlangen kann und dabei gleichzeitig gegen die Prinzipien der öffentlichen Vergabe verstößt, die jedenfalls im Grundsatz gewährleisten sollen, dass der Bauauftrag zu angemessenen Preisen vergeben werden soll, § 2 Nr. 1 Satz 1 VOB/A. Das gilt selbst für den Fall, dass durch diesen Gewinn Verluste ausgeglichen werden, die der Auftragnehmer dadurch erlangt, dass er in anderen Positionen Einheitspreise eingesetzt hat, die weit unter den üblichen Preisen lagen. Denn dieses spekulative Bieterverhalten ist nicht schützenswert.

ee) Zu Unrecht beruft sich die Klägerin zur Verteidigung ihrer Rechtsansicht auf ein Urteil des Senats vom 21. Oktober 1976 (VII ZR 327/74, BauR 1977, 52). In diesem Urteil hat der Senat zu einer älteren Fassung des § 25 Nr. 2 VOB/A, nach der Angebote, deren Preise in offenbarem Missverhältnis zur Leistung stehen, ausgeschieden werden können, entschieden, abzustellen sei auf den Gesamtpreis. Diese Rechtsprechung verhält sich lediglich zu der Frage, wie nach der damals geltenden Fassung der VOB/A die Unangemessenheit des Preises bei der Vergabe zu beurteilen war. Sie verhält sich nicht zu der neuen Rechtslage bei der Vergabe, die in § 25 Nr. 3 VOB/A der geltenden Fassung anders geregelt ist, und auch nicht zu der Frage, ob Bieter ausgeschlossen

werden können, die völlig überhöhte Preise zum Zweck der Spekulation einsetzen. Insbesondere verhält sich diese Entscheidung nicht dazu, ob eine überhöhte Preisvereinbarung, die sich insbesondere durch eine Mengenmehrung nachteilig auswirkt, als sittenwidrig beurteilt werden kann.
Wie der Fall zu beurteilen wäre, dass ein Auftragnehmer spekulativ einen besonders niedrigen Preis einsetzt, ohne dass eine Mischkalkulation vorliegt, kann dahinstehen. Die Beurteilung dieses Falles, bei dem es allerdings auf das verwerfliche Gewinnstreben des Auftraggebers ankäme, kann nicht dazu führen, dass die Überhöhung eines Preises aus verwerflichem Gewinnstreben des Auftragnehmers nicht als sittenwidrig einzuordnen ist.
ff) Die weiter vom Landgericht in den Raum gestellte Möglichkeit, dass die Klägerin und Mitarbeiter der Beklagten kollusiv zum Nachteil der Beklagten den exorbitant erhöhten Einheitspreis vereinbart hätten, würde eine strafbare Handlung der Untreue und/oder des Betruges zu Lasten der Beklagten bedeuten. Dass ein solches strafrechtlich relevantes Verhalten sittenwidrig ist, steht außer Frage.
3. Der Senat kann in der Sache nicht abschließend entscheiden. Der Klägerin ist Gelegenheit zu geben, zur Vermutung ihrer verwerflichen Gesinnung Stellung zu nehmen und diese zu widerlegen. Auch hat das Berufungsgericht keine Ausführungen dazu gemacht, wie es die neuen Preise für die Mehrmengen nach § 2 Nr. 3 Abs. 2 bzw. § 2 Nr. 5 VOB/B berechnet. Das Berufungsurteil ist danach aufzuheben, soweit die Beklagte zur Zahlung weiterer 354.038,84 € nebst Zinsen verurteilt worden ist. Insoweit ist die Sache an das Berufungsgericht zurückzuverweisen.
a) Für den nach bisherigem Sach- und Streitstand naheliegenden Fall, dass das Berufungsgericht die Sittenwidrigkeit der Vergütungsvereinbarung für die Mehrmengen zu Positionen 32.5.120 und 32.5.130 bejaht, ist die Vereinbarung nichtig. Die Nichtigkeit dieses Teils des Rechtsgeschäfts führt nicht dazu, dass die jeweilige Position, soweit es um die Mehrmenge geht, nicht wirksam vereinbart wäre, was auch zur Folge hätte, dass die entsprechenden Leistungen nicht erbracht werden müssten. An die Stelle der nichtigen Vereinbarung zur Vergütung der Mehrmengen tritt vielmehr die Vereinbarung, die Mehrmenge nach den üblichen Einheitspreisen zu vergüten.
aa) In der Rechtsprechung ist anerkannt, dass die Nichtigkeit einer mit der Sittenordnung nicht vereinbaren Preisvereinbarung in bestimmten Fällen nicht zur Nichtigkeit der gesamten Vereinbarung führt, sondern anstelle des nichtigen Preises ein anderer Preis als vereinbart gilt. Das gilt z.B. in den Fällen, in denen die Preisvereinbarung gegen ein gesetzliches Verbot verstößt, das Höchstgrenzen vorsieht. Im Regelfall tritt an die Stelle der nichtigen Vereinbarung der gesetzlich zulässige Höchstsatz (BGH, Urteil vom 11. Oktober 2007 - VII ZR 25/06, BauR 2007, 2081 = NZBau 2008, 65 = ZfBR 2008, 47). Eine nichtige Preisvereinbarung kann auch dann durch eine mit der Rechtsordnung vereinbare Preisvereinbarung ersetzt werden, wenn sie lediglich ein Bestandteil einer Gesamtpreisvereinbarung ist und die Nichtigkeit der Vereinbarung dem von beiden Seiten verfolgten Zweck der Parteien zuwiderliefe (vgl. BGH, Urteil vom 17. März 1969 - III ZR 188/65, BGHZ 52, 17, 24; Urteil vom 14. Juni 1972 - VIII ZR 14/71, NJW 1972, 1459), der Sittenverstoß sich eindeutig auf einen ab-

trennbaren Teil beschränkt und im Übrigen gegen Inhalt und Zustandekommen des Vertrages keine Bedenken bestehen (BGH, Urteil vom 13. März 1979 - KZR 23/77, NJW 79, 1605; Urteil vom 14. November 2000 - XI ZR 248/99, BGHZ 146, 37, 46).

bb) Diese Voraussetzungen liegen vor, wenn die Parteien einen Einheitspreisvertrag schließen und lediglich ein oder wenige Einheitspreise unwirksam vereinbart sind. Hätte die Nichtigkeit dieser Vereinbarungen die Nichtigkeit der Leistungsvereinbarungen zur Folge, würde das dem von beiden Seiten verfolgten Zweck zuwiderlaufen, eine komplette Leistungsvereinbarung über das gesamte ausgeschriebene Vorhaben treffen zu wollen. Die Herausnahme einzelner Leistungsteile würde sehr häufig den von den Parteien verfolgten Gesamterfolg des Bauvorhabens gefährden. Sie würde zu ganz erheblichen Schwierigkeiten bei der Durchführung des Bauwerks führen, weil entweder neue Preisvereinbarungen zwischen den Vertragsparteien getroffen werden müssten, die ein erhebliches Konfliktpotential bildeten, oder aber andere Unternehmer beauftragt werden müssten, deren Integration in die Baustelle ebenfalls zu erheblichen Problemen führen könnte. Es erscheint deshalb allein angemessen, die unwirksame Preisvereinbarung durch eine solche zu ersetzen, die von der Rechtsordnung gebilligt wird.

cc) Dabei kommt allerdings entgegen der vom Berufungsgericht in anderem Zusammenhang erörterten Lösung nicht in Betracht, ein aus seiner Sicht gerade noch zulässiges Höchstmaß eines Spekulationspreises anzunehmen. Es kann bereits keine Rede davon sein, dass ein um das Zweihundertfache überhöhter Einheitspreis die Grenze einer sittlich verwerflichen Preisbildung nicht überschreitet. Das Berufungsgericht lässt sich offenbar von der Feststellung des Sachverständigen leiten, Spekulationen seien in der Baupraxis zunehmend üblich. Das belegt nicht, dass sie nicht sittlich verwerflich sind. Spekulationen mit derartigen Einheitspreisen führen zu erheblichen Verwerfungen bei der Beurteilung von Leistung und Vergütung in der entsprechenden Position und sind - wie auch der Senat aus seiner Erfahrung beurteilen kann - die Quelle von häufigen Auseinandersetzungen zwischen den Bauvertragsparteien, falls eine Mengenmehrung eintritt. Diese Auseinandersetzungen können die kooperative Abwicklung des Bauvertrages erheblich beeinträchtigen. Eine Aufspaltung einer sittenwidrigen Vereinbarung in einen wirksamen und unwirksamen Teil (sog. quantitative Teilbarkeit) kommt darüber hinaus nur in Betracht, wenn konkrete, über allgemeine Billigkeitserwägungen hinausgehende Anhaltspunkte die Annahme rechtfertigen, dass die Aufspaltung dem entspricht, was die Parteien bei Kenntnis der Nichtigkeit ihrer Vereinbarung geregelt hätten (BGH, Urteil vom 17. Oktober 2008 - V ZR 14/08.

Solche Anhaltspunkte sind nicht ersichtlich. Zudem würde die Annahme einer quantitativen Teilbarkeit die Spekulation aus Fehlern der Ausschreibung fördern und dem auch bei einem Bauvertrag notwendigen Grundvertrauen (vgl. BGH, Urteil vom 14. Oktober 1993 - VII ZR 96/92, BauR 1994, 98) entgegenwirken. Eine der Rechtsordnung entsprechende und angemessene Lösung lässt sich vielmehr nur dadurch erzielen, dass der übliche Preis gilt. Dass die Parteien die Leistungsposition bepreisen wollten, steht fest. Es bietet sich deshalb eine entsprechende Anwendung des § 632 Abs. 2 BGB an, wonach die übliche

Vergütung als vereinbart anzusehen ist, wenn die Höhe der Vergütung nicht bestimmt ist. Üblich ist der Einheitspreis, der zur Zeit des Vertragsschlusses für nach Art, Güte und Umfang gleiche Leistungen nach allgemeiner Auffassung der beteiligten Kreise am Ort der Werkleistung gewährt zu werden pflegt (BGH, Urteil vom 26. Oktober 2000 - VII ZR 239/98, BauR 2001, 249 = ZfBR 2001, 104).

dd) In den Fällen, in denen lediglich der Teil der Vereinbarung zur Beurteilung steht, der die Vergütung der Mehrmengen betrifft, gelten diese Erwägungen entsprechend. Ist dieser Teil wegen Sittenwidrigkeit unwirksam, tritt an dessen Stelle die Vereinbarung, die Mehrmengen nach dem üblichen Preis zu vergüten.

b) Sollte die Preisvereinbarung hinsichtlich der geltend gemachten Mehrmengen wirksam sein, wird das Berufungsgericht zu beachten haben, dass der neue Preis unter Berücksichtigung der Mehr- oder Minderkosten zu ermitteln ist, § 2 Nr. 3 Abs. 2 oder Nr. 5 VOB/B (vgl. dazu unten III).

III. Die Anschlussrevision der Klägerin

Zu Recht wendet sich die Klägerin gegen die Auffassung des Berufungsgerichts, der vereinbarte Einheitspreis könne nicht Grundlage für die Beurteilung des Preises für Mehrmengen sein; er müsse nach den Grundsätzen des Wegfalls der Geschäftsgrundlage auf das Zweihundertfache des üblichen Preises reduziert werden. In der Revision ist dabei zugunsten der Klägerin zu unterstellen, dass der geltend gemachte Preis von 2.045,14 DM/kg nicht sittenwidrig ist. Die Klägerin hat insoweit noch Gelegenheit, die dagegen sprechende Vermutung zu widerlegen. Auf dieser Grundlage hält das Berufungsurteil einer rechtlichen Nachprüfung nicht stand. Es lässt nicht erkennen, was nach seiner Auffassung die Geschäftsgrundlage ist, die weggefallen sein soll. Die Preise für die Positionen 32.5.120 und 32.5.130 sind keine Geschäftsgrundlage des Vertrages, sondern Bestandteil der vertraglichen Preisvereinbarung. Gleiches gilt für die Mengenmehrung und den sich hierfür ergebenden Preis. Der Umstand allein, dass es zu einer Mengenmehrung gekommen ist, kann nicht die Anwendung der Grundsätze des Wegfalls der Geschäftsgrundlage begründen. Denn insoweit enthält der Vertrag Regelungen in § 2 Nr. 3 VOB/B für den Fall, dass es ohne Vertragsänderungen zu Mengenmehrungen gekommen ist, und in § 2 Nr. 5 VOB/B für den Fall, dass es infolge einer Leistungsänderung zu Mengenmehrungen gekommen ist. Diese gehen als spezielle Regelungen des Wegfalls der Geschäftsgrundlage und der Anpassung des Vertrages vor (ständige Senatsrechtsprechung seit Urteil vom 20. März 1969 - VII ZR 29/67, MDR 1969, 655; Urteil vom 23. Mai 1996 - VII ZR 245/94, BGHZ 133, 44; Urteil vom 8. November 2001 - VII ZR 111/00, BauR 2002, 312 = NZBau 2002, 152 = ZfBR 2002, 149).

Danach ist, im Falle des § 2 Nr. 3 VOB/B auf Verlangen, ein neuer Preis unter Berücksichtigung der Mehr- oder Minderkosten zu vereinbaren (§ 2 Nr. 3 Abs. 2, Nr. 5 VOB/B). Im Streitfall ist dieser Preis durch das Gericht zu ermitteln, wobei auch eine Schätzung nach § 287 ZPO möglich ist.

Die Klageabweisung durch das Berufungsurteil kann danach keinen Bestand haben. Die von der Beklagten mit der Begründung beantragte Abweisung der

Klage durch den Senat, die Klägerin habe ihre Urkalkulation nicht offengelegt, kommt nicht in Betracht. Denn vorrangig ist die Frage zu klären, ob die Preisvereinbarung zu den Mengenmehrungen in den Positionen 32.5.120 und 32.5.130 wirksam ist. Ist das nicht der Fall, steht der Klägerin der übliche Werklohn zu. Sollte die Vergütungsvereinbarung wirksam sein, so käme es allerdings darauf an, ob die Klägerin ihren Anspruch schlüssig dargelegt hat. Das ist vom Landgericht verneint worden. Die Erwägungen des Landgerichts sind im Ergebnis revisionsrechtlich nicht zu beanstanden. Im Ansatz zutreffend geht das Landgericht davon aus, dass es zur Ermittlung des unter Berücksichtigung der Mehr- oder Minderkosten zu bildenden neuen Preises für die Mehrmengen notwendig sein kann, auf die dem Vertrag zugrunde liegende Kalkulation des Auftragnehmers zurückzugreifen. Denn diese Kalkulation weist aus, mit welchen Kosten der Auftragnehmer den Preis gebildet hat. Auf dieser Grundlage lässt sich beurteilen, inwieweit Mehr- oder Minderkosten entstanden sind. Zutreffend ist auch die Auffassung des Landgerichts, es sei Sache des Auftragnehmers, die dem Vertrag zugrunde liegende Kalkulation vorzulegen. Denn dazu ist allein er in der Lage, sofern die Kalkulation nicht bereits beim Auftraggeber hinterlegt ist oder er auf andere Weise über die Kalkulation in Kenntnis gesetzt worden ist.

Soweit das Landgericht unter Hinweis auf das Vorbringen der Beklagten annehmen will, die von der Klägerin in der Anlage K 26 vorgelegte Kalkulation könne schon deshalb nicht als ausreichende Darlegung angesehen werden, weil es sich um eine nachträgliche Aufschlüsselung handele und notwendige kalkulatorische Angaben fehlten, kann dem allerdings nicht gefolgt werden. In der Anlage K 26 hat die Klägerin den Preis von 2.210 DM/kg in Lohnkosten, Materialkosten und Gerätekosten untergliedert. Die Klägerin hat vorgetragen, auf diese Weise habe sie den Preis kalkuliert. Wenn das zutrifft, können die Darlegungen zur Kalkulation nicht mit der Begründung zurückgewiesen werden, es handele sich um eine nachträgliche Aufstellung. Eine dem Vertrag zugrunde liegende Kalkulation kann nachträglich schriftlich niedergelegt werden. Es ist ihr Wesen, dass sie den Preis in Kalkulationsbestandteile aufschlüsselt. Eine derartige Aufschlüsselung kann auch nicht mit der Begründung zurückgewiesen werden, es fehlten weitere, für eine Kalkulation übliche Angaben, wie solche zu den Allgemeinen Geschäftskosten oder zu Gewinn und Wagnis. Es steht einem Unternehmer grundsätzlich frei, wie er seine Preise kalkuliert. Er kann Preise lediglich mit den direkten Herstellungskosten kalkulieren, also ohne Geschäftskostenzuschlag oder Zuschlag für die Gewinnerwartung. Eine solche Kalkulation mag zwar unüblich sein, kann jedoch nicht als unschlüssig zurückgewiesen werden.

Das Landgericht hat jedoch darüber hinaus die Auffassung vertreten, die vorgelegte Kalkulation sei unplausibel. Die eingesetzten Kosten von 720 DM/kg für Lohn, 1.319,52 DM/kg für Material und 170,48 DM/kg für Gerät seien willkürlich, lebensfremd und grotesk überhöht . Es handele sich um einen willkürlichen Sachvortrag ins Blaue hinein. Diese Würdigung des Landgerichts ist naheliegend und lässt keinen Verstoß gegen § 286 ZPO erkennen. Darüber hinaus ist zu berücksichtigen, dass die Klägerin bei der Preisermittlung für die Mehrmenge Aufschläge für Gewinn und Allgemeine Geschäftskosten abgezogen hat.

Diese Aufschläge finden sich in der später vorgelegten Kalkulation nicht. Es kommt in diesem Zusammenhang nicht auf die Frage an, wie der Unternehmer kalkuliert, sondern auf die Frage, ob die vorgelegte Kalkulation der Preisbildung tatsächlich zugrunde liegt.

Kniffka Bauner Dr. Eick Halfmeier Leupertz

A.13 Vergütung für entfallene Positionen (Nullpositionen)

BGB § 157; VOB/B § 2 Nr. 3 Abs. 3
In ergänzender Auslegung eines VOB/B-Einheitspreisvertrages kann der Auftragnehmer eine Vergütung für ersatzlos entfallene Leistungspositionen (Nullpositionen) nach Maßgabe des § 2 Nr. 3 Abs. 3 VOB/B verlangen, wenn ein Fall der vom Regelungsgehalt dieser Vertragsklausel erfassten Äquivalenzstörung vorliegt.*)
BGH, Urteil vom 26.01.2012 - VII ZR 19/11

Der VII. Zivilsenat des Bundesgerichtshofs hat auf die mündliche Verhandlung vom 27. Oktober 2011 durch den Vorsitzenden Richter Prof. Dr. Kniffka, den Richter Dr. Kuffer, den Richter Bauner, die Richterin Safari Chabestari und den Richter Dr. Eick für Recht erkannt:

Die Revision der Klägerin gegen das Urteil des 3. Zivilsenats des Oberlandesgerichts Bamberg vom 15. Dezember 2010 wird zurückgewiesen. Die Klägerin trägt die Kosten des Revisionsverfahrens.

Von Rechts wegen
Tatbestand:
Die Klägerin verlangt von der Beklagten Restvergütung aus einem Bauvertrag über die Verlegung einer Bundesstraße in O.
Die Beklagte übertrug der Klägerin im Jahre 1999 die Arbeiten in einem Einheitspreisvertrag unter Vereinbarung der VOB/B (1996).
Bei der Durchführung der Baumaßnahme entfielen Leistungen mehrerer Positionen des Leistungsverzeichnisses vollständig, ohne dass dies auf einer Kündigung, einen Verzicht oder eine Anordnung der Beklagten beruhte. Der Fortfall der Leistung war auf tatsächliche Gegebenheiten zurückzuführen. Die Ausführung der Leistung erwies sich als nicht notwendig. Nach Abnahme der Arbeiten stellte die Klägerin am 31. Dezember 2003 Schlussrechnung, die nicht vollständig beglichen wurde.
Gegenstand der Klage ist nach teilweiser Klagerücknahme noch ein Vergütungsanspruch von 4.765,70 Euro, den die Klägerin aus der Summe der in den Einheitspreisen für die ersatzlos entfallenen Leistungspositionen nach ihrer Kalkulation als prozentuale Zuschläge enthaltenen Beträge für Baustellengemeinkosten (BGK), Allgemeine Geschäftskosten (AGK), Wagnis und Gewinn ermittelt hat. Die Parteien streiten darüber, ob die Klägerin in anderen Leistungspositionen eine über die dort kalkulierten Beträge hinausgehende Dekkung dieser Anteile erzielt hat und ob insoweit eine Ausgleichsberechnung stattfinden muss.
Das Landgericht hat der Klage in Höhe von 4.472,48 Euro nebst Zinsen so- wie hinsichtlich eines Anspruchs auf Erstattung von Rechtsanwaltskosten in Höhe von 374,90 Euro stattgegeben und sie im Übrigen abgewiesen. Dabei hat es in Anwendung von § 8 Nr. 1 Abs. 2 Satz 2 VOB/B von der geltend gemachten Vergütung jeweils einen Wagniszuschlag von 1% in Abzug gebracht.

Nach Berufung der Beklagten hat das Berufungsgericht das landgerichtliche Urteil abgeändert und die Klage insgesamt abgewiesen.
Mit der vom Berufungsgericht zugelassenen Revision verfolgt die Klägerin die Wiederherstellung des landgerichtlichen Urteils.
Entscheidungsgründe:
8 Die Revision ist unbegründet.
I.
9 Das Berufungsgericht lehnt einen Anspruch auf Zahlung der noch in Streit stehenden Forderung von 4.472,48 Euro für die entfallenen Positionen ab. Allerdings könne die Klägerin in entsprechender Anwendung des sich aus § 2 Nr. 4, § 8 Nr. 1 Abs. 2 VOB/B bzw. § 649 Satz 2 BGB ergebenden Rechtsgedankens auch für so genannte Nullpositionen grundsätzlich eine Vergütung in Höhe der dort einkalkulierten Allgemeinen Geschäftskosten, der Baustellengemeinkosten sowie Wagnis und Gewinn beanspruchen. Weil der Auftragnehmer davon ausgehen könne, dass die in einem Leistungsverzeichnis aufgeführten Positionen grundsätzlich auch zur Ausführung kämen, sei es unbillig, ihm im Falle der Nullmenge überhaupt keine Vergütung für die gleichwohl angefallenen und bereits einkalkulierten Baustellengemeinkosten und Allgemeinen Geschäftskosten zuzubilligen. Es bestünden keine grundsätzlichen Bedenken gegen die analoge Anwendung der Rechtsfolge des § 8 Nr. 1 Abs. 2 VOB/B, weil eine der Auftraggeberkündigung vergleichbare Situation bestehe.
Auch in Anwendung des Rechtsgedankens des § 8 Nr. 1 Abs. 2 VOB/B sei jedoch entscheidend, ob die für die Nullposition anzusetzende Vergütung allein geschuldet sei oder diese nicht etwa in Relation zu den anderweitigen Mehrungen und Minderungen im Sinne des § 2 Nr. 3 Abs. 3 VOB/B zu setzen sei. Letzteres sei geboten. Denn die in § 2 Nr. 3 Abs. 3 VOB/B getroffene Regelung sei letztlich eine Ausprägung des in § 649 Satz 2 BGB bzw. § 8 Nr. 1 Abs. 2 VOB/B geregelten Grundsatzes, dass sich der Auftraggeber die ersparten Aufwendungen und den anderweiten Erwerb anrechnen lassen müsse.
Da die Klägerin nur Vergütung nach § 8 Nr. 1 Abs. 2 VOB/B ohne eine Ausgleichsberechnung verlange und der Ausgleichsberechnung der Beklagten, die zu einem nicht bestrittenen, ausgezahlten Ausgleichsbetrag von 240,40 DM geführt habe, nicht entgegengetreten sei, sei der geltend gemachte Anspruch nicht schlüssig vorgetragen und die Klage sei deshalb abzuweisen.
II.
Dies hält der rechtlichen Nachprüfung im Ergebnis stand.
13 Zu Recht geht das Berufungsgericht davon aus, dass der Auftragnehmer einen Anspruch nach Maßgabe des § 2 Nr. 3 Abs. 3 VOB/B haben kann, wenn Leistungspositionen im VOB/B Einheitspreisvertrag entfallen (Nullpositionen). Ein dahin gehender Anspruch besteht, wenn der Entfall der Positionen auf einem Sachverhalt beruht, der dem in § 2 Nr. 3 Abs. 3 VOB/B geregelten Fall einer Äquivalenzstörung entspricht, und beruht auf einer diese Regelung ergänzenden vertraglichen Abrede. Der Auftragnehmer muss sich dann jedoch auch den in anderweitiger Weise erhaltenen Ausgleich anrechnen lassen (1.). Der Klägerin steht kein Anspruch zu, weil sie angesichts der Ausgleichsrechnung der Beklagten nicht schlüssig dargelegt hat, keinen Ausgleich durch Erhöhung

der Mengen bei anderen Leistungspositionen oder in anderer Weise erhalten zu haben (2.).

1. Gelangen einzelne Leistungspositionen eines nach Einheitspreisen abzurechnenden Bauvertrages nicht zur Ausführung, ohne dass dies auf einer Kündigung, eine m Verzicht oder einer Anordnung des Bestellers beruht, so entfällt nach in der Literatur einhellig vertretener Auffassung dadurch nicht der Anspruch des Auftragnehmers auf Vergütung in Höhe der Beträge, die er zur Deckung seiner unabhängig von der Leistungserbringung anfallenden Gemeinkosten sowie seines Gewinns in die Einheitspreise für die entfallenen Leistungen einkalkuliert hat. Davon gehen auch die Parteien aus.

Umstritten ist hingegen die Frage nach den rechtlichen Grundlagen für diesen Vergütungsanspruch. Die wohl herrschende Meinung sucht die Lösung über eine entsprechende Anwendung des für die freie (Teil-) Kündigung maßgeblichen Rechtsgedankens der Regelungen in § 649 Satz 2 BGB bzw. § 2 Nr. 4, § 8 Nr. 1 Abs. 2 VOB/B a.F., wonach dem Auftragnehmer eine Vergütung auch für nicht erbrachte Leistungen zusteht, soweit er durch die Kündigung des Vertrages keine Aufwendungen erspart hat (Keldungs in Ingenstau/Korbion, VOB, Teil B, 17. Aufl., § 2 Abs. 3 Rn. 25; Jansen in Ganten/Jagenburg/Motzke, VOB, Teil B, 2. Aufl., § 2 Nr. 3 Rn. 55; Kuffer in Heiermann/Riedl /Rusam, VOB, Teil B, 12. Aufl., § 2 Rn. 126; Lederer in Kapellmann/Messerschmidt, VOB, Teil B, 3. Aufl., § 8 Rn. 22; Kemper in Franke/Kemper/Zanner/Grünhagen, VOB, 4. Aufl., § 2 Rn. 71; Schoofs in Leinemann, VOB/B-Kommentar, 4. Aufl., § 2 Rn. 114; Franz in Leinemann, VOB/B Kommentar, 4. Aufl., § 8 Rn. 57; Nicklisch/Weick, VOB, Teil B, 3. Aufl., § 2 Rn. 50; Herig, VOB-Praxiskommentar, 3. Aufl., § 2 Rn. 52). Zur Begründung wird teilweise vorgebracht, der Auftraggeber trage die Verantwortung für die sich als fehlerhaft erweisende Planung, so dass es gerechtfertigt sei, ihn so zu stellen, als hätte er den Vertrag gekündigt. Nach anderer Auffassung sind bei Einbeziehung der VOB/B die Grundsätze des § 2 Nr. 3 Abs. 3 VOB/B in der Weise heranzuziehen, dass der Auftragnehmer anstelle der dort vorgesehenen Anpassung der betroffenen Einheitspreise die für die entfallenen Positionen kalkulierten Deckungsbeiträge für Baustellengemeinkosten und Allgemeine Geschäftskosten sowie Gewinn und Wagnis vergütet erhält (Kapellmann/Schiffers, Band 1, 6. Aufl., Rn. 540; Kapellmann in Kapellmann/Messerschmidt, VOB, Teil B, 3. Aufl., § 2 Rn. 153; Würfele in Würfele/Gralla, Nachtragsmanagement, Rn. 820; Sundermeier in Würfele/Gralla, Nachtragsmanagement, Rn. 1211 ff.; Kimmich, BauR 2011, 171 f.). Insoweit wird darauf abgestellt, dass es keinen Unterschied machen könne, ob die ausgeschriebene Menge sich auf ein Minimum oder auf Null reduziere. Erwogen wird darüber hinaus, den Vergütungsanspruch des Auftragnehmers mit einer ergänzenden Auslegung des Vertrages zu begründen, der entweder eine den Regeln für die Vergütung des gekündigten Vertrages (Althaus/Heindl, Der öffentliche Bauauftrag, Rn. 90 [Redaktionelle Zitatkorrektur: Althaus/Heindl, Der öffentliche Bauauftrag, Teil 4, Rdn. 90]) oder eine dem Rechtsgedanken des § 2 Nr. 3 Abs. 3 VOB/B entsprechende vertragliche Abrede enthalten soll (Klaft/Nossek, NZBau 2009, 286, 290 f.).

Der Unterschied dieser Lösungsansätze wird darin gesehen, dass es bei einer Anwendung des § 2 Nr. 3 Abs. 3 VOB/B ohne Bedeutung ist, worauf der anderweitige Ausgleich beruht, während es - ohne dass der Senat dies entscheiden müsste - bei einer Anwendung des § 8 Nr. 1 Abs. 2 VOB/B hierauf unter dem Gesichtspunkt ankommen könnte, dass anderweitiger Erwerb nur dann vorliegt, wenn ein zum Ausgleich herangezogener Auftrag nicht ohnehin hätte durchgeführt werden können.

Der Senat entscheidet diese Frage dahin, dass in dem Fall, in dem der vollständige Wegfall der Mengen auf einem Sachverhalt beruht, der dem in § 2 Nr. 3 Abs. 3 VOB/B geregelten Fall der Äquivalenzstörung durch Mengenminderung entspricht, in ergänzender Auslegung der mit der Vereinbarung der VOB/B getroffenen Abrede § 2 Nr. 3 Abs. 3 VOB/B anzuwenden ist.

a) § 2 Nr. 3 VOB/B trifft eine spezielle Regelung für die ansonsten als Wegfall der Geschäftsgrundlage einzuordnende Mengenänderung (BGH, Beschluss vom 23. März 2011 - VII ZR 216/08, BauR 2011, 1162 = NZBau 2011, 353; Urteil vom 18. Dezember 2008 - VII ZR 201/06, BGHZ 179, 213 Rn. 36 m.w.N.). Diese Vergütungsregelung zielt darauf ab, den Vergütungsanspruch des Auftragnehmers den Unwägbarkeiten zu entziehen, die sich aus der unzutreffenden Einschätzung der für die Ausführung der Bauleistung erforderlichen Mengen im Zeitpunkt des Vertragsschlusses ergeben. Sie trägt dem einem Bauvertrag immanenten Risiko Rechnung, dass die Mengenschätzung im Zeitpunkt der Ausschreibung naturgemäß ungenau sein kann und die tatsächlichen Gegebenheiten auf der Baustelle insofern nicht genau erfasst worden sein können. § 2 Nr. 3 VOB/B ist deshalb nur auf die Fälle anwendbar, in denen sich das Risiko einer Fehleinschätzung verwirklicht, weil im Hinblick auf die Mengen andere Verhältnisse vorgefunden wurden als sie im Vordersatz Eingang gefunden haben. Dementsprechend ist § 2 Nr. 3 VOB/B nicht anwendbar, wenn sich die Leistung durch Anordnungen des Auftraggebers ändert oder dieser einen Teil der Leistung kündigt (Kapellmann in Kapellmann/Messerschmidt, VOB, Teil B, 3. Aufl., § 2 Rn. 144).

Die durch eine Mengenminderung bedingte Äquivalenzstörung betrifft im Wesentlichen die mögliche Unterdeckung der Baustelleneinrichtungs- und Baustellengemeinkosten und der Allgemeinen Geschäftskosten. Deshalb stellt § 2 Nr. 3 Abs. 3 Satz 2 VOB/B klar, dass die Erhöhung des Einheitspreises im Wesentlichen dem Mehrbetrag entsprechen soll, der sich durch die Verteilung der Baustelleneinrichtungs- und Baustellengemeinkosten und der Allgemeinen Geschäftskosten auf die verringerte Menge ergibt. Eine Anpassung des Einheitspreises findet jedoch nicht statt, soweit der Auftragnehmer durch Mengenmehrungen bei anderen Leistungspositionen oder in anderer Weise, etwa gemäß § 2 Nr. 5 oder § 2 Nr. 6 VOB/B, einen Ausgleich erhält, § 2 Nr. 3 Abs. 3 Satz 1 VOB/B. Denn eine ausgleichspflichtige Äquivalenzstörung entfällt, wenn die danach vorzunehmende Ausgleichsberechnung ergibt, dass der Auftragnehmer bereits durch die auf andere Leistungspositionen entfallenden Vergütungsanteile eine ausreichende Deckung erhält.

b) § 2 Nr. 3 Abs. 3 VOB/B greift allerdings nicht, wenn einzelne Leistungspositionen vollständig entfallen. Die Regelung knüpft die Anpassung der Vergütung durch Erhöhung des Einheitspreises an die tatsächlich ausgeführte Menge der Leistung. Das setzt voraus, dass überhaupt eine (Teil-) Leistung erbracht wird. Beträgt der Vordersatz für die abzurechnende Menge hingegen "0", erhält der Auftragnehmer nach der Systematik der Regelung auch bei einer Erhöhung des Einheitspreises für entfallene Leistungen keine Vergütung, mithin auch keine Deckungsbeiträge für seine Gemeinkosten.

c) Zu Recht wird jedoch in der Literatur darauf hingewiesen, dass die mit der Vereinbarung der VOB/B getroffene Abrede insoweit eine Lücke enthält, weil ein erkennbar regelungsbedürftiger Fall keine Regelung gefunden hat. Denn auch § 8 Nr. 1 Abs. 2 VOB/B ist nicht anwendbar, wenn der Auftraggeber keine Kündigung erklärt. Eine Anpassung der Vergütung nach § 2 Nr. 5 VOB/B scheidet aus, wenn eine Anordnung des Auftraggebers nicht vorliegt. Insoweit liegt eine unplanmäßige Regelungslücke vor, weil der Vertrag keine Bestimmung zu einem immer wiederkehrenden Fall enthält, der im Regelungssystem der VOB/B zu lösen ist und einen Rückgriff auf möglicherweise anwendbare gesetzliche Regelungen nicht zulässt (vgl. Klaft/Nossek, NZBau 2009, 286, 290). Diese Lücke ist durch ergänzende Auslegung des VOB/B-Vertrages zu schließen. Anzuknüpfen ist dabei an den hypothetischen Parteiwillen, so dass darauf abzustellen ist, was die Parteien bei angemessener Abwägung ihrer Interessen nach Treu und Glauben als redliche Vertragspartner vereinbart hätten, wenn sie den nicht geregelten Fall bedacht hätten (Palandt/Grüneberg, BGB, 71. Aufl., § 157 Rn. 7 m.w.N.). Zutreffend wird in der Literatur darauf hingewiesen, dass es keinen sachlichen Grund dafür gibt, dem Auftragnehmer die von ihm für entfallene Leistungen kalkulierten Deckungsanteile zu versagen, die ihm demgegenüber selbst bei einer Mindermenge von 1% des vertraglichen Mengenansatzes gemäß § 2 Nr. 3 Abs. 3 VOB/B grundsätzlich voll erstattet würden (Kapellmann/Schiffers, Band 1, 6. Aufl., Rn. 540; Kapellmann in Kapellmann/ Messerschmidt, VOB, Teil B, 3. Aufl., § 2 Rn. 153; Klaft/Nossek, NZBau 2009, 286, 290). Liegt nämlich in den von § 2 Nr. 3 Abs. 3 VOB/B erfassten Fällen der Mengenminderung nach dem Regelungsgehalt dieser Vertragsklausel eine durch Anpassung der Vergütung zu beseitigende Äquivalenzstörung vor, so trifft dies in gleicher Weise auf die Fälle zu, in denen Leistungen wegen einer der Mengenminderung vergleichbaren Sachlage vollständig entfallen. Redlicherweise hätten die Parteien in diesem Fall eine Anwendung des § 2 Nr. 3 Abs. 3 VOB/B vereinbart. Dagegen verbietet sich die Annahme, die Parteien hätten auf die Regelung des § 8 Nr. 1 Abs. 2 VOB/B zurückgegriffen. Darin läge ein systematischer Fehler, so dass eine ergänzende Auslegung in diese Richtung von vornherein nicht in Betracht kommt. Liegt nämlich ein Fall der vom Regelungsgehalt des § 2 Nr. 3 VOB/B erfassten Äquivalenzstörung vor, so kann nicht darauf abgestellt werden, dass die Fehleinschätzung im Verantwortungsbereich des Auftraggebers liegt. Gerade diesen Fall haben die Parteien in § 2 Nr. 3 VOB/B geregelt und zwar in der mit dieser Regelung zum Ausdruck gekommenen Risikoverteilung.

Das führt dazu, dass dem Auftragnehmer im Rahmen eines VOB/B-Vertrages für Nullmengen unter den genannten Voraussetzungen eine Vergütung für entfallene Leistungen nach Maßgabe des § 2 Nr. 3 Abs. 3 VOB/B zusteht. Der Auftragnehmer kann keine Vergütung beanspruchen, soweit er durch Erhöhung der Mengen bei anderen Positionen oder in anderer Weise einen Ausgleich erhält (im Ergebnis ebenso: Kapellmann/Schiffers, Band 1, 6. Aufl., Rn. 542; Kapellmann in Kapellmann/Messerschmidt, VOB, Teil B, 3. Aufl., § 2 Rn. 158;

Althaus/Heindl, Der öffentliche Bauauftrag, Rn. 90 [Redaktionelle Zitatkorrektur: Althaus/Heindl, Der öffentliche Bauauftrag, Teil 4, Rdn. 90] - unter Hinweis auf VHB 510 Nr. 2.2.1). Zu ersterem zählen insbesondere die über 110 % liegenden Mehrmengen im Sinne von § 2 Nr. 3 Abs. 2 VOB/B (BGH, Urteil vom 18. Dezember 1986 - VII ZR 39/86, BauR 1987, 217), zu letzterem können zusätzliche Vergütungsansprüche für geänderte Leistungen nach § 2 Nr. 5 VOB/B und für zusätzliche Leistungen nach § 2 Nr. 6 VOB/B gehören.

d) Nach den von der Revision insoweit nicht angegriffenen Feststellungen des Berufungsgerichts hat die Beklagte den Fortfall der Leistungen weder angeordnet noch hat sie den Vertrag insoweit (teil-) gekündigt. Auch liegt kein Verzicht vor. Vielmehr liegt ein Fall vor, der dem Regelungssystem des § 2 Nr. 3 VOB/B unterfällt. Der Fortfall der betroffenen Positionen beruhte auf tatsächlichen Gegebenheiten. Die Ausführung der Leistung hat sich als nicht notwendig erwiesen. Schon deshalb bleibt der Einwand der Revision ohne Erfolg, dass bei Anwendung der den gekündigten Vertrag betreffenden Vergütungsregelungen in § 8 Nr. 1 Abs. 2 VOB/B bzw. § 649 Satz 2 BGB ein Gemeinkostenausgleich allenfalls in dem Umfang stattzufinden habe, in dem eventueller Mehrerwerb des Auftragnehmers ursächlich darauf zurückzuführen sei, dass er die durch Kündigung entfallenen Leistungen nicht erbringen müsse. Dass ein Fall der Unmöglichkeit vorliegt, § 275 Abs. 1 BGB, hat die Klägerin nicht behauptet, so dass dahin stehen kann, ob insoweit eine differenzierte Betrachtung geboten ist.

2. Bei Anwendung der unter 1. dargelegten Grundsätze steht der Klägerin der geltend gemachte Anspruch nicht zu, weil sie die Höhe der noch zu zahlenden Vergütung nicht schlüssig dargelegt hat. Es war Sache der Klägerin, die gebotene Ausgleichsberechnung durch entsprechenden Sachvortrag zu ermöglichen, weil nur sie dazu in der Lage ist, die erforderlichen Angaben zur Verteilung der Gemeinkosten auf die Leistungspositionen des Vertrages zu machen. Solcher Sachvortrag fehlt. Die Beklagte hat ihrerseits unter Hinweis auf den Umstand, dass die Abrechnungssumme des Vertrages nur geringfügig unter der Auftragssumme liegt, einen zwischenzeitlich gezahlten Ausgleichsbetrag von 240,40 DM ermittelt. Jedenfalls vor diesem Hintergrund reicht es entgegen der Auffassung der Revision zur schlüssigen Darlegung des geltend gemachten Vergütungsanspruchs nicht aus, nur die in die entfallenen Leistungspositionen

III.

Die Kostenentscheidung beruht auf § 97 Abs. 1 ZPO.

Kniffka Kuffer Bauner Chabestari Eick

A.14 Nichtigkeit der Vergütung für Mehrmengen bei wucherähnlichem Missverhältnis zur Bauleistung

BGB § 138 Abs. 1, §§ 242, 632 Abs. 2; VOB/B § 2 Nr. 3, 5
1. Steht die nach § 2 Nr. 3 oder Nr. 5 VOB/B zu bestimmende Vergütung für Mehrmengen oder geänderte Leistungen in einem auffälligen, wucherähnlichen Missverhältnis zur Bauleistung, kann die dieser Preisbildung zugrunde liegende Vereinbarung sittenwidrig und damit nichtig sein.*)
2. Beträgt die nach § 2 Nr. 3 oder Nr. 5 VOB/B zu bestimmende Vergütung das 22-fache des üblichen Preises, kann ein auffälliges Missverhältnis vorliegen. Ein auffälliges Missverhältnis ist nur dann wucherähnlich, wenn der aufgrund dieses auffälligen Missverhältnisses über das übliche Maß hinausgehende Preisanteil sowohl absolut gesehen als auch im Vergleich zur Gesamtauftragssumme in einer Weise erheblich ist, dass dies von der Rechtsordnung nicht mehr hingenommen werden kann. Unter diesen Voraussetzungen besteht eine Vermutung für ein sittlich verwerfliches Gewinnstreben des Auftragnehmers.*)
3. Hat der Auftragnehmer diese Vermutung durch den Nachweis entkräftet, ihm sei bei der Preisbildung zu seinen Gunsten ein Berechnungsfehler unterlaufen, so verstößt es gegen Treu und Glauben und stellt eine unzulässige Rechtsausübung dar, wenn er den hierauf beruhenden, in einem auffälligen, wucherähnlichen Missverhältnis zur Bauleistung stehenden Preis für Mehrmengen oder geänderte Leistungen verlangt.*)
4. Vorbehaltlich anderer Anhaltspunkte zum mutmaßlichen Parteiwillen ist in diesen Fällen entsprechend § 632 Abs. 2 BGB die übliche Vergütung geschuldet (im Anschluss an BGH, Urteil vom 07.03.2013 - VII ZR 68/10, zur Veröffentlichung in BGHZ vorgesehen).*)
BGH, Urteil vom 14.03.2013 - VII ZR 116/12
vorhergehend:
OLG Hamm, 16.03.2012 - 12 U 98/11
LG Arnsberg, 17.05.2011 - 1 O 452/08

Der VII. Zivilsenat des Bundesgerichtshofs hat auf die mündliche Verhandlung vom 20. Dezember 2012 durch den Vorsitzenden Richter Prof. Dr. Kniffka, die Richterin Safari Chabestari, den Richter Halfmeier, den Richter Kosziol und den Richter Dr. Kartzke
für Recht erkannt:

Auf die Revision der Klägerin wird das Urteil des 12. Zivilsenats des Oberlandesgerichts Hamm vom 16. März 2012 im Kostenpunkt und insoweit aufgehoben, als auf die Berufung der Beklagten das Urteil des Landgerichts Arnsberg teilweise abgeändert worden ist.
Im Umfang der Aufhebung wird das Verfahren zur neuen Verhandlung und Entscheidung, auch über die Kosten des Revisionsverfahrens einschließlich der durch die Nebenintervention verursachten Kosten, an das Berufungsgericht zurückverwiesen.

Die weitergehende Revision und die Anschlussrevision werden zurückgewiesen.

Von Rechts wegen
Tatbestand:
Die Klägerin verlangt von der Beklagten Restwerklohn unter Bezugnahme auf zwei Positionen eines Einheitspreisvertrages, die jetzt nur noch im Streit sind.
Die Beklagte beauftragte die Klägerin im Rahmen der Modernisierung und Erweiterung ihres Berufsbildungszentrums im Anschluss an eine offene Ausschreibung gemäß § 3 Nr. 1 a) VOB/A durch Schreiben vom 27. Oktober 2005 mit der Ausführung von Trockenbauarbeiten; die Geltung der VOB/B in der Fassung 2002 (im Folgenden nur VOB/B) ist vereinbart. Das dem Vertrag zugrunde liegende Einheitspreis-Leistungsverzeichnis hatte die Streithelferin der Beklagten verfasst. Hierin war in Position 1.1.130 (im Folgenden nur: 130) die Herstellung von 16 Stück T-Verbindungen für Trockenbauwände ausgeschrieben. Der Angebotspreis der Klägerin für diese Position belief sich auf 975,35 Euro pro Stück, während der übliche Preis 41,81 Euro pro Stück betrug. Außerdem war eine Position 1.1.200 (im Folgenden nur: 200) mit einer vorgegebenen Stückzahl von neun enthalten, die die Klägerin mit einem Einzelpreis von 308 Euro angeboten hatte, während der übliche Preis 25,50 Euro betrug. Die Position lautet: "Zulage für Verstärkungen in vorgeschriebenen Montagewänden und Vorsatzschalen bzw. Auswechselung der Stahlblechprofile für einseitig wandhängende Lasten, z.B. Stütz- und Haltegriffe im Behinderten-Bad".
Während der Durchführung der Arbeiten kam es unter Beteiligung der Klägerin und der Streithelferin zu einer Änderung der Pläne, so dass die Klägerin bei den schließlich eingebauten Trockenbauwänden insgesamt 261 T-Verbindungen ausführte. Außerdem ordnete die Streithelferin im Rahmen einer Baubesprechung vom 10. Januar 2006 an, die Ständerelemente neben dem WC-Gestell als "verstärkte Ständer" auszuführen. Die Abrechnung sollte "über die entsprechende LV-Position" erfolgen. Die Klägerin macht geltend, hiervon insgesamt 364 Stück hergestellt zu haben, die sie auf der Basis des Einheitspreises der Position 200 abrechnet.
Das Landgericht hat die Beklagte zur Zahlung von 172.007,56 Euro nebst Zinsen sowie Zahlung vorgerichtlicher Kosten verurteilt und die auf Zahlung von insgesamt 416.655,47 Euro nebst Zinsen und Kosten gerichtete Klage im Übrigen abgewiesen. Dabei hat es für die Position 130 des Leistungsverzeichnisses nur 16 mal 975,35 Euro berücksichtigt und die weiteren 245 T-Anschlüsse mit einem üblichen Preis von 41,81 Euro pro Stück angesetzt. Dagegen hat es die für die Position 200 von der Klägerin geforderte Vergütung in vollem Umfang zugesprochen. Die hiergegen gerichtete Berufung der Klägerin, mit der diese noch die Zahlung weiterer 237.279,53 Euro für die Position 130 nebst Zinsen begehrt hat, hat das Berufungsgericht zurückgewiesen. Auf die Berufung der Beklagten und ihrer Streithelferin hat das Berufungsgericht die Verurteilungssumme auf 43.441,05 Euro nebst Zinsen und Kosten ermäßigt und die Klage im Übrigen abgewiesen. Die weitergehende Berufung der Beklagten und ihrer Streithelferin hat es zurückgewiesen.

Mit der vom Berufungsgericht zugelassenen Revision begehrt die Klägerin die Zahlung weiterer 237.279,53 Euro nebst Zinsen (Position 130) sowie die vollständige Zurückweisung der Berufung der Beklagten. Mit der von ihrer Streithelferin geführten Anschlussrevision begehrt diese für die Beklagte, unter Abänderung des landgerichtlichen Urteils die Klage abzuweisen, soweit der Klägerin mehr als 23.146,58 Euro nebst anteiliger Zinsen zugesprochen worden sind.

Entscheidungsgründe:

Die Revision führt zur teilweisen Aufhebung des Berufungsurteils und insoweit zur Zurückverweisung der Sache an das Berufungsgericht. Überwiegend hat die Revision keinen Erfolg. Die Anschlussrevision ist unbegründet.

I.

Das Berufungsgericht lässt es offen, ob der extremen Mengenabweichung in der Position 130 gemäß § 2 Nr. 3 Abs. 2 VOB/B oder gemäß § 2 Nr. 5 VOB/B Rechnung zu tragen sei. Jedenfalls liege kein Fall des § 2 Nr. 6 VOB/B vor. Auch wenn - wie von der Streithelferin geltend gemacht - die ursprüngliche Ausschreibung der Position 130 ihre planerische Grundlage allein in Schallschutzerwägungen gehabt habe, welche nur bei 16 Zimmern relevant gewesen seien, während für die Umplanung andere Gründe maßgeblich gewesen seien, so sei doch die Leistung im Vertrag als solche vorgesehen gewesen und deshalb grundsätzlich auch bei Mengenmehrungen heranzuziehen. Zwar sei nach diesen Vorschriften an sich nur den Mehr- oder Minderkosten Rechnung zu tragen, während das grundsätzliche Preisgefüge, im Grundsatz also auch der exorbitante Gewinn durch Fehlkalkulation oder Computerfehler, der in den vereinbarten Einheitspreisen enthalten sei, erhalten bliebe. Hiernach wäre die von der Klägerin beanspruchte Vergütung gerechtfertigt. Wenn der überhöhte Preis jedoch auf einer einfachen Fehleingabe (verrutschte Dezimalstelle) im Rahmen einer Tabellenkalkulation beruhe, die Klägerin also entsprechend ihrem Vorbringen nicht schon im Rahmen der Erstellung ihres Angebotes in sittenwidriger Weise auf eine Mengenmehrung spekuliert haben sollte, erscheine aber unter Berücksichtigung aller Umstände des Falles nach § 313 BGB eine Preisanpassung geboten. Die Geltendmachung des objektiv vielfach überhöhten, sittenwidrigen und wucherähnlichen Einheitspreises auch nach Erkennen des vorgetragenen Fehlers im Rahmen der Angebotsausfüllung stelle eine gegen den Grundsatz von Treu und Glauben verstoßende unzulässige Rechtsausübung dar. Zu Recht gehe das Landgericht von einer verwerflichen Gesinnung der Klägerin jedenfalls im Zeitpunkt der notwendig gewordenen Änderungen des Bauentwurfs aus. Zu diesem Zeitpunkt sei ein neuer Preis unter Berücksichtigung der Mehr- und Minderkosten zu vereinbaren gewesen. Der sich beim Ansatz des überhöhten Einheitspreises für alle Verbindungen ergebende Bruttobetrag von knapp 300.000 Euro für die Position 130 in Relation zum ursprünglichen Angebotspreis von insgesamt 426.092,84 Euro für den gesamten Auftrag belege die überragende Bedeutung dieser Position im Rahmen einer Abrechnung nach dem überhöhten Einheitspreis. Sie stehe völlig außer Verhältnis zu ihrer Bedeutung im Rahmen der tatsächlichen Ausführung der Arbeiten. Das extreme Missverhältnis begründe die Vermutung eines sittenwidrigen Gewinnstrebens der Klägerin mit der Folge, dass die Geltendmachung des überhöhten Preises eine unzulässige Rechtsausübung im Sinne des § 242

BGB darstelle. Deshalb könne die Klägerin für die als Teil des Werklohns geltend gemachte Rechnungsposition 130 nur den Marktpreis verlangen. Sie könne diese Position auch nicht 16-mal mit dem vereinbarten Einheitspreis abrechnen. Das Festhalten an der Vereinbarung stelle auch insoweit eine unzulässige Rechtsausübung dar.
Außerdem sei davon auszugehen, dass die Klägerin jedenfalls im Rahmen der Absprache über die Mengenmehrung eine sich aus § 241 Abs. 2 BGB ergebende Hinweispflicht verletzt habe, bei deren Erfüllung entweder anders geplant oder aber der Mengenmehrung durch die Vereinbarung eines akzeptablen üblichen Preises Rechnung getragen worden wäre, auf den sich die Klägerin redlicher Weise hätte einlassen müssen. Im Wege des Schadensersatzes sei die Beklagte deshalb gemäß § 280 BGB so zu stellen, wie sie bei der Erfüllung der Hinweispflicht gestanden hätte. Dann hätte sie nur 159 Anschlüsse zu einem üblichen Preis ausführen lassen.

Auch hinsichtlich der Position 200 sei der vereinbarte Preis auf den üblichen Preis herabzusetzen. Die ausgeführten Mehrleistungen (Verstärkungen für Wandhänge-WCs) würden von dieser Position des Leistungsverzeichnisses erfasst. Die auf den Angebotspreis gerichtete Vereinbarung sei wegen Sittenwidrigkeit gemäß § 138 BGB nichtig. Der vereinbarte Preis überschreite den üblichen Werklohn von 25,50 Euro gravierend. Auch subjektiv sei von einer sittenwidrigen Preisgestaltung auszugehen. Die gravierende objektive Überschreitung des üblichen Preises lasse den Schluss auf ein zu missbilligendes verwerfliches Gewinnstreben zu. Diese Vermutung sei unwiderlegt. Der sittenwidrig überhöhte Preis sei durch den üblichen Preis von 25,50 Euro zu ersetzen, und zwar auch für die im Leistungsverzeichnis ausgewiesenen neun Verstärkungen.
II.
Das hält der rechtlichen Überprüfung nicht in allen Punkten stand.
A. Anschlussrevision der Streithelferin
Die Anschlussrevision macht geltend, die Klägerin könne für die in Rede stehenden Arbeiten keine Vergütung auf der Grundlage der Positionen 130 und 200 des Leistungsverzeichnisses erhalten, weil es sich bei den hiernach abgerechneten Arbeiten der Klägerin nicht um Leistungen nach § 2 Nr. 3 oder Nr. 5 VOB/B handele. Vielmehr handele es sich um Zusatzleistungen nach § 2 Nr. 6 VOB/B. Hiernach sei eine Vergütung jedoch nicht geschuldet, weil es an der erforderlichen Vereinbarung bzw. Ankündigung fehle.
Damit kann die Anschlussrevision keinen Erfolg haben.
Das Berufungsgericht hat verfahrensfehlerfrei in revisionsrechtlich nicht zu beanstandender Weise festgestellt, dass die Verstärkung der Ständerelemente für die Wandhänge-WCs der Beschreibung in der Position 200 unterfällt. Es hat darauf abgestellt, dass die hier ausgeführten UA-Profile von dem Wortlaut der Position erfasst werden. Auch gehe es um Verstärkungen, die notwendig würden, weil ein von der Wand abstehendes Objekt eine Kraft auf diese ausübe. Die in der Position genannten Stütz- und Haltegriffe im Behinderten-Bad seien ausdrücklich nur beispielhaft angeführt. Die Anschlussrevision vermag hiergegen nichts Durchgreifendes zu erinnern. Soweit sie darauf hinweist, dass Ver-

stärkungen von auf dem Boden aufsitzenden Traggestellen zu schaffen gewesen wären, so hat das Berufungsgericht dies berücksichtigt und zutreffend erkannt, dass dies nichts daran ändert, dass es sich bei den Wandhänge-WCs gleichwohl um einseitig wandhängende Lasten handelt.

Soweit die Anschlussrevision hinsichtlich der zusätzlich ausgeführten T-Verbindungen darauf hinweist, dass es sich hierbei um die Lösung eines Brandschutzproblems, nicht jedoch - wie bei den in Position 130 ausgeschriebenen Mengen - eines Schallschutzproblems gehandelt habe, ist dies ebenfalls unerheblich. Auch diesen Gesichtspunkt hat das Berufungsgericht gesehen, zutreffend aber darauf abgestellt, dass die Leistung als solche im Vertrag bereits vorgesehen war. Die Frage, ob diese Leistung im Rahmen des ursprünglichen Entwurfs, das heißt für den Schallschutz, erbracht worden ist oder nicht, kann allenfalls dafür Bedeutung haben, ob sie unter § 2 Nr. 3 oder Nr. 5 VOB/B einzuordnen ist. Unter § 2 Nr. 6 VOB/B fallen nur im Vertrag nicht vorgesehene Leistungen; das sind solche Leistungen, die in den Positionen der Einheitspreisvergütungen nicht vorgesehen sind.

B. Revision der Klägerin

Die Revision der Klägerin hat zu einem geringen Teil Erfolg.

1. Im Ergebnis zutreffend hat das Berufungsgericht der Klägerin für die im Vergleich zur Ausschreibung entstandenen Mehrmengen der Position 200 nur den üblichen Einheitspreis von 25,50 Euro zugesprochen.

a) Nach der Rechtsprechung des Bundesgerichtshofs kann die einer Preisbildung zugrunde liegende Vereinbarung sittenwidrig und damit nichtig sein, wenn der nach § 2 Nr. 3 Abs. 2 oder § 2 Nr. 5 VOB/B neu zu vereinbarende Einheitspreis für Mehrmengen in einem auffälligen, wucherähnlichen Missverhältnis zur Bauleistung steht. Hinzutreten müssen subjektive Umstände, wie zum Beispiel eine verwerfliche Gesinnung des Begünstigten. Für ein sittlich verwerfliches Gewinnstreben des Auftragnehmers kann eine Vermutung sprechen (BGH, Urteil vom 18. Dezember 2008 - VII ZR 201/06, BGHZ 179, 213).

Der Bundesgerichtshof hat bereits angenommen, eine entweder auf § 2 Nr. 3 oder § 2 Nr. 5 VOB/B gegründete Vereinbarung der Parteien, für Mehrmengen eine (im Vergleich zum üblichen und angemessenen Preis) um mehr als das Achthundertfache und damit außerordentlich überhöhte Vergütung festzulegen, begründe die Vermutung, ihr liege ein sittlich verwerfliches Gewinnstreben des Auftragnehmers zugrunde. Diese Vermutung gründet sich auf die Besonderheiten des Bauvertrages. Die Vereinbarung eines außerordentlich überhöhten Preises für Mehrmengen fußt auf der Vereinbarung eines außerordentlich überhöhten Einheitspreises in der dem Preisanpassungsverlangen zugrunde liegenden Position des Leistungsverzeichnisses. Regelmäßig beruht die Vereinbarung dieses Einheitspreises auf einem entsprechenden Angebot des Auftragnehmers, dem das Leistungsverzeichnis zum Zwecke der Bepreisung übergeben worden ist. In dem Fall, dass der Auftragnehmer in einer Position des Leistungsverzeichnisses einen außerordentlich überhöhten Einheitspreis angegeben hat, besteht die widerlegbare Vermutung, dass er in dieser Position auf eine Mengenmehrung hofft und durch Preisfortschreibung auch für diese Mengenmehrung einen außerordentlich überhöhten Preis erzielen will. Die vertragsuntypische Spekulation des Auftragnehmers durch Einsatz deutlich überhöhter Einheitspreise ist regelmäßig mit der Erwartung verbunden, einen außerordentlichen Gewinn zu erzielen, der andererseits zu nicht eingeplanten Mehrkosten bei dem Auftraggeber führt, denen kein entsprechender Gegenwert gegenübersteht. Regelmäßig beruht die Bildung überhöhter Preise auch auf einem nicht offengelegten Informationsvorsprung des Auftragnehmers, der Anlass zu der Spekulation gibt, sei es die auf Tatsachen oder Erfahrungssätze gegründete Erwartung oder sogar die Gewissheit von Mengenmehrungen. Dieses Verhalten eines späteren Auftragnehmers widerspricht eklatant dem gesetzlichen Leitbild eines Vertrages, das - nicht anders als die Vergabe- und Vertragsordnung für Bauleistungen - einen fairen, von Treu und Glauben geprägten Leistungsaustausch im Blick hat, vgl. § 157 BGB. Es begründet die Vermutung, der Auftraggeber, der über entsprechende Informationen möglicherweise nicht verfügt oder die mit der Preisgestaltung verfolgte Absicht im Einzelfall nicht erkennt, solle aus sittlich verwerflichem Gewinnstreben übervorteilt werden (BGH, Urteil vom 18. Dezember 2008 - VII ZR 201/06, aaO Rn. 15).

b) aa) Nach der Feststellung des Berufungsgerichts übersteigt der neu zu vereinbarende Preis den üblichen Werklohn um mehr als das 12-fache. Aufgrund der eingetretenen Mengenmehrung führe das zu einer um ca. 92.000 Euro netto überhöhten Vergütung. Das wird von den Parteien nicht in Frage gestellt.

Diese Überschreitung begründet objektiv auch unter Berücksichtigung von gewissen Schwankungen zwischen einzelnen Einheitspreisen im Vergleich zu üblichen Preisen, die sich bei den ursprünglich ausgeschriebenen Mengen häufig ausgleichen werden, ein auffälliges Missverhältnis zur Bauleistung.

Dieses ist auch wucherähnlich. Für diese Feststellung bedarf es allerdings einer zusätzlichen Kontrolle, ob der aufgrund dieses auffälligen Missverhältnisses über das übliche Maß hinausgehende Preisanteil sowohl absolut gesehen als auch im Vergleich zur Gesamtauftragssumme in einer Weise erheblich ist, dass dies von der Rechtsordnung nicht mehr hingenommen werden kann. Denn obwohl die einzelne Preisermittlungsregelung für sich genommen an dem Maßstab der Sittenwidrigkeit zu messen ist, kann von einer wucherähnlichen Auswirkung nur gesprochen werden, wenn der Werklohn insgesamt in nennenswerter Weise beeinflusst wird, die zugleich auch die Vermutung sittlich verwerflichen Gewinnstrebens trägt. Dabei kommt in Betracht, dass je größer der absolute Betrag ist, desto kleiner die relative Überschreitung sein kann, bis zu der die Auswirkungen noch hingenommen werden können (BGH, Urteil vom 07.03.2013 - VII ZR 68/10, zur Veröffentlichung in BGHZ bestimmt). Hier beträgt die absolute Überschreitung des Preises ca. 92.000 Euro netto, das sind nahezu 22 % des ursprünglichen Angebotspreises von insgesamt 426.092,84 Euro für den gesamten Auftrag. Beide Werte sind jedenfalls ausreichend erheblich, ohne dass feste Grenzwerte bestimmt werden müssten.

bb) Dieses Missverhältnis begründet die Vermutung eines sittlich verwerflichen Gewinnstrebens der Klägerin. Es spielt keine Rolle, ob Abweichungen in diesem Ausmaß bei Kalkulationen geringfügiger Leistungspositionen nicht vollkommen ungewöhnlich sind, was die Revision geltend macht. Solange es hierfür keine Erklärung gibt, die die genannte Vermutung widerlegt, bedeutet das allenfalls, dass sittenwidrige Spekulationen auf Mengenmehrungen zu wucherähnlichen Preisen nicht nur in ganz seltenen Ausnahmefällen vorkommen. Ob die Rechtsprechung bei Grundstücksgeschäften und im Miet- und Pachtrecht, nach der bereits ein Missverhältnis mit einer doppelt so hohen Gegenleistung im Vergleich zum Wert der Leistung den Schluss auf eine verwerfliche Gesinnung zulässt, auf die hier in Rede stehenden Fälle - wie die Revision geltend macht - nicht übertragen werden kann, muss an dieser Stelle nicht entschieden werden. Das hier vorliegende oben beschriebene auffällige, wucherähnliche Missverhältnis ist jedenfalls damit nicht vergleichbar und ausreichend, die Vermutungswirkung zu begründen.

cc) Das Berufungsgericht hat die Vermutung zu Recht als nicht widerlegt angesehen. Es musste der unter Zeugenbeweis gestellten Behauptung der Klägerin, die Position 200 sei ungenau beschrieben worden und sie habe mit ihrer Kalkulation nur eventuellen Unwägbarkeiten Rechnung tragen wollen ("Angstzuschlag"), nicht nachgehen. Angesichts der hier vorliegenden Höhe der Überschreitung des üblichen Preises kann diese nicht plausibel allein mit einem allgemeinen, nicht näher erläuterten "Angstzuschlag" erklärt werden, zumal die Kalkulation im Übrigen von der Klägerin ebenfalls nicht näher dargelegt worden ist.

dd) An die Stelle der nichtigen Vereinbarung zur Vergütung tritt die Vereinbarung, die Leistungen nach den üblichen Einheitspreisen zu vergüten (vgl. BGH, Urteil vom 18. Dezember 2008 - VII ZR 201/06, aaO Rn. 29 ff.).

2. Rechtsfehlerhaft ist dagegen die Auffassung des Berufungsgerichts, die Position 200 könne auch nicht für neun Stück mit dem vereinbarten Einheitspreis berechnet werden. Die dargestellte Rechtsprechung des Bundesgerichtshofs mit der Vermutungswirkung für das sittlich verwerfliche Gewinnstreben bezieht sich nur auf Vereinbarungen zur Bildung eines neuen Einheitspreises für Mehrmengen, geänderte Leistungen oder zusätzliche Leistungen. Die Prüfung der Sittenwidrigkeit kann sich zwar grundsätzlich auch auf die Vereinbarung einzelner Einheitspreise beziehen (BGH, Urteil vom 18. Dezember 2008 - VII ZR 201/06, aaO Rn. 9). Bei der Beurteilung der Sittenwidrigkeit eines Teils eines Rechtsgeschäfts muss allerdings der Zusammenhang mit dem gesamten Rechtsgeschäft gewürdigt werden (BGH, Urteil vom 18. Dezember 2008 - VII ZR 201/06, aaO Rn. 14). Soweit sich die vereinbarten Einheitspreise auf die im Vertrag geschätzten Mengen beziehen, kommt es bei der Prüfung eines objektiv auffälligen Missverhältnisses nur auf die Endsumme des Vertrages an (vgl. auch BGH, Urteil vom 21. Oktober 1976 - VII ZR 327/74, BauR 1977, 52). Denn für den Auftraggeber ist diese das entscheidende Kriterium zur Beurteilung der Angemessenheit der von ihm versprochenen Vergütung für die Werkleistung in dem geschätzten Umfang. Die Höhe der einzelnen Einheitspreise spielt daneben keine selbständige Rolle mehr. Darin liegt der entscheidende Unterschied zu der Preisbildungsvereinbarung für Leistungen, die in den Positionen und/oder Mengen des Einheitspreisvertrages noch gar nicht vorgesehen sind.

3. Zu Recht rügt die Revision, dass das Berufungsgericht im Rahmen der Leistungsposition 130 nur 159 T-Verbindungen für vergütungspflichtig gehalten hat.

Das Berufungsgericht hat gemeint, dass die Beklagte angesichts der extremen Verteuerung der gesamten Baumaßnahme durch die T-Verbindungen, die auch nicht annähernd den damit verbundenen Mehrwert widerspiegelte, in Kenntnis dieser Kostenproblematik teilweise von der Maßnahme Abstand genommen hätte. Denn nach dem übereinstimmenden Vorbringen der Parteien seien im Bereich der Bäder - nur dort habe es die Brandschutzproblematik, welche Anlass für die Umplanung war, gegeben - vereinbarungsgemäß nur 159 T-Anschlüsse ausgeführt worden. Der mit den weiteren T-Verbindungen in den Trennwänden zwischen den Zimmern verbundene Vorteil sei allenfalls gering gewesen. Nach Auffassung des Berufungsgerichts hätte die Klägerin die Beklagte auf diese Verteuerung hinweisen müssen.
Diese Erwägungen sind nicht frei von Rechtsfehlern.
Das Berufungsgericht ist zugleich mit Recht (vgl. unter 4.) davon ausgegangen, dass die Mehrmengen lediglich mit dem üblichen Preis von 41,81 Euro pro Stück zu vergüten seien. Es hat nicht festgestellt, dass die Beklagte in Kenntnis dieses geschuldeten Preises nicht bereit gewesen wäre, sämtliche 261 Stück T-Verbindungen ausführen zu lassen. Vielmehr hat es ausdrücklich auf den überhöhten Preis und die hieraus resultierende große Gesamtsumme abgestellt. Diese schuldete die Beklagte jedoch auch bei Ausführung der 261 Anschlüsse nicht. Es kann offen bleiben, ob auch die Annahme einer Hinweispflicht grundsätzlich rechtsfehlerhaft ist. Denn jedenfalls beruht auch diese Annahme auf der fehlerhaften Prämisse, es komme zu einer extremen Verteuerung der gesamten Baumaßnahme, auf die die Klägerin hätte hinweisen müssen.
Damit scheidet ein Schadensersatzanspruch der Beklagten aus, der dahin geht, von einer Vergütungspflicht für die 159 Stück übersteigende Menge der T-Verbindungen befreit zu werden.
4. Im Ergebnis zutreffend hat das Berufungsgericht angenommen, dass die Geltendmachung einer Vergütung für alle ausgeführten T-Verbindungen auf der Basis des vereinbarten Einheitspreises der Position 130 gegen Treu und Glauben (§ 242 BGB) verstieße und eine unzulässige Rechtsausübung darstelle.
a) Das Berufungsgericht hat es für möglich gehalten, dass die Klägerin nicht schon bei der Erstellung ihres Angebots in sittenwidriger Weise auf eine Mengenmehrung in dieser Position spekuliert hatte. Vielmehr könne ihr Vorbringen zutreffen, der überhöhte Preis beruhe auf einer einfachen Fehleingabe in Form einer verrutschten Dezimalstelle im Rahmen einer Tabellenkalkulation. Von Letzterem ist daher auch in der Revisionsinstanz zu Gunsten der Klägerin auszugehen.

b) Der Senat muss nicht entscheiden, ob die Berechnung einer Vergütung gemäß § 2 Nr. 3 Abs. 2 VOB/B oder gemäß § 2 Nr. 5 VOB/B so erfolgen muss, wie es die Klägerin tut und es das Berufungsgericht grundsätzlich für richtig hält, mit der Folge, dass der Einheitspreis in der dort vorgenommen Weise zur Grundlage des neuen Preises gemacht wird. Denn einen solchen Preis kann die Klägerin jedenfalls nicht verlangen.
c) Die Regelungen in § 2 Nr. 3 Abs. 2 VOB/B ebenso wie in § 2 Nr. 5 VOB/B (und in § 2 Nr. 6 Abs. 2 VOB/B) gehen davon aus, dass die Parteien in den dort näher beschriebenen Fällen einen (neuen) Preis für die betroffenen Leistungen

vereinbaren. Kommt eine derartige Vereinbarung nicht zustande, kann der auf Zahlung gerichtete Anspruch im Wege der Klage geltend gemacht werden (BGH, Urteil vom 21. März 1968 - VII ZR 84/67, BGHZ 50, 25, 30). Der Anspruch ergibt sich aus den Preisermittlungsregelungen der VOB/B. Er entsteht in der sich daraus ergebenden Höhe mit der Mengenmehrung oder der Ausübung des einseitigen Leistungsbestimmungsrechts nach § 1 Nr. 3 VOB/B (vgl. BGH, Urteil vom 18. Dezember 2008 - VII ZR 201/06, BGHZ 179, 213 Rn. 8; Urteil vom 27. November 2003 - VII ZR 346/01, BauR 2004, 495 = NZBau 2004, 207 = ZfBR 2004, 254).

aa) Soweit die vereinbarten Preisermittlungsregelungen vorsehen, dass ein außergewöhnlich hoher Preis auch für Mehrmengen oder geänderte Leistungen gilt, ist die Preisvereinbarung nichtig, wenn die neu zu bestimmende Vergütung in einem auffälligen, wucherähnlichen Missverhältnis zur Bauleistung steht und der Vereinbarung dieses Preises ein sittlich verwerfliches Gewinnstreben des Auftragnehmers zugrunde liegt. Ein auffälliges Missverhältnis ist dann wucherähnlich, wenn der aufgrund dieses auffälligen Missverhältnisses über das übliche Maß hinausgehende Preisanteil sowohl absolut gesehen als auch im Vergleich zur Gesamtauftragssumme in einer Weise erheblich ist, dass dies von der Rechtsordnung nicht mehr hingenommen werden kann. Unter diesen Voraussetzungen besteht eine Vermutung für ein sittlich verwerfliches Gewinnstreben des Auftragnehmers (BGH, Urteile vom 18. Dezember 2008 VII ZR 201/06, BGHZ 179, 213; vom 7. März 2013 - VII ZR 68/10, zur Veröffentlichung in BGHZ bestimmt; vgl. oben unter 1.).

Hat der Auftragnehmer diese Vermutung durch den Nachweis entkräftet, ihm sei bei der Preisbildung zu seinen Gunsten ein Berechnungsfehler unterlaufen, so verstößt es gegen Treu und Glauben, § 242 BGB, wenn er den hierauf beruhenden, in einem auffälligen, wucherähnlichen Missverhältnis zur Bauleistung stehenden Preis für Mehrmengen oder geänderte Leistungen verlangt. Denn mit diesem Verlangen würde er sich faktisch in Widerspruch zu seiner Behauptung setzen, er habe nicht vorgehabt, einen Einheitspreis zu bilden, der ihm einen unangemessenen Gewinn verschafft, und es entspreche deshalb nicht seinem Willen, eine derartige Vergütung zu erhalten. Der Auftragnehmer würde in diesem Fall seinen Berechnungsfehler, der sein sittlich verwerfliches Gewinnstreben ausschließt, in der Weise ausnutzen, dass er gleichwohl den unangemessenen, wucherähnlichen Preis durchsetzt. Das wäre die Ausnutzung einer Rechtsposition, die mit Treu und Glauben nicht zu vereinbaren ist.

Dem kann die Revision nicht entgegenhalten, die Kalkulation sei grundsätzlich unerheblich, der Auftragnehmer sei seinerseits nicht berechtigt, einen Kalkulationsirrtum zu seinen Lasten zu berichtigen. Die Angaben zur Kalkulation sind erheblich, wenn ein Einheitspreis gebildet worden ist, der im Falle von Mengenmehrungen oder geänderten Leistungen zu einem auffälligen, wucherähnlichen Missverhältnis von Leistung und Gegenleistung führt. Der Auftragnehmer ist regelmäßig nur in der Lage, die sittlich verwerfliche Gesinnung bei der Preisbildung zu widerlegen, indem er den hohen Preis nachvollziehbar so erläutert, dass eine sittlich verwerfliche Gesinnung ausscheidet (vgl. BGH, Beschluss vom 25. März 2010 - VII ZR 160/09, NZBau 2010, 367). Insoweit muss er in aller Regel auf die Grundlagen der Kalkulation zurückgreifen. Muss er auf diese

Weise offenbaren, dass dem hohen Preis ein Rechenfehler zugrunde liegt, der ihm in gleicher Weise einen unangemessenen Gewinn verschaffen würde wie bei einer von vornherein spekulativen Kalkulation, so ist es nicht gerechtfertigt, ihm die Vorteile dieser Kalkulation zu belassen.

bb) Das Berufungsgericht hat ohne Rechtsfehler ein auffälliges, wucherähnliches Missverhältnis des Preises für die Mehrmengen im Vergleich zu den hiermit vergüteten Leistungen angenommen. Dieser Preis übersteigt den üblichen Preis um das ca. 22-fache. Der aufgrund dieses auffälligen Missverhältnisses über das übliche Maß hinausgehende Preisanteil in Höhe von ca. 300.000 Euro ist sowohl absolut gesehen als auch gemessen an dem Auftragswert von 426.092,84 Euro in einer Weise erheblich, dass dies von der Rechtsordnung nicht mehr hingenommen werden kann.

d) Fehlt es damit an einem durchsetzbaren Anspruch auf Vergütung für die in Rede stehenden Leistungen auf der Grundlage der Regelungen der VOB/B, enthält der Vertrag für diese atypischen Fälle eine unbewusste Lücke. Dass die Parteien die Leistungsposition bepreisen wollten, steht allerdings fest.

Mangels geeigneter Anknüpfungspunkte an die Vertragspreise und mangels sonstiger Umstände kann aus dem Vertrag keine neue Vereinbarung zur Höhe in ergänzender Vertragsauslegung gefunden werden. Es bietet sich deshalb eine entsprechende Anwendung des § 632 Abs. 2 BGB an, wonach die übliche Vergütung als vereinbart anzusehen ist, wenn die Höhe der Vergütung nicht bestimmt ist (vgl. auch BGH, Urteil vom 18. Dezember 2008 - VII ZR 201/06, aaO Rn. 32). Dies kommt dem mutmaßlichen Parteiwillen am nächsten.

5. Rechtsfehlerhaft ist dagegen die Auffassung des Berufungsgerichts, die Position 130 könne auch nicht für 16 Stück mit dem vereinbarten Einheits- preis berechnet werden. Das Berufungsgericht meint unter Berufung auf das Urteil des Bundesgerichtshofs vom 7. Juli 1998 - X ZR 17/97 (BGHZ 139, 177), das Festhalten an einer Vereinbarung, die auf einem erkannten Kalkulationsfehler beruhe, stelle eine unzulässige Rechtsausübung dar, wenn die Ausführung des Vertrages zu dem objektiv sittenwidrigen Preis schlechthin unzumutbar erscheine. Das gelte auch, wenn es um einen eigenen Kalkulationsfehler zu eigenen Gunsten gehe. Es muss nicht entschieden werden, ob das richtig ist, wofür allerdings einiges spricht. Jedenfalls hat das Berufungsgericht keine Feststellungen dazu getroffen, warum die Durchführung des Vertrages in Bezug auf 16 Stück der Position 130 für die Beklagte schlechthin unzumutbar sein sollte. Eine solche Unzumutbarkeit kann etwa vorliegen, wenn der benachteiligte Vertragsteil dadurch in erhebliche wirtschaftliche Schwierigkeiten geriete (vgl. BGH, Urteil vom 7. Juli 1998 - X ZR 17/97, aaO S. 185). Dafür ist hier nichts ersichtlich. Die Beklagte hat den Zuschlag auf das Angebot der Klägerin in Kenntnis dieses Einheitspreises und des sich daraus für die geschätzte Menge ergebenden Gesamtpreises erteilt, ohne dass sie dadurch in irgendwelche Schwierigkeiten geriet. Die bloße Unangemessenheit des vereinbarten Einzelpreises begründet allein keine Unzumutbarkeit, die hieraus folgende Vergütung für die im Vertrag vorgesehene Menge zu bezahlen.

6. Die Revision hat damit keinen Erfolg, soweit sie sich gegen die Zurückweisung der Berufung der Klägerin durch das Berufungsgericht wendet. Im Übrigen kann der Senat nicht in der Sache selbst entscheiden. Das Berufungsgericht

hat es, von seinem Rechtsstandpunkt aus konsequent, dahingestellt sein lassen, ob die Umplanung zur Position 130 entsprechend dem Übersichtsplan der Streithelferin nur die 159 Anschlüsse im Sanitärbereich betroffen habe. Es hat damit keine Feststellungen dazu getroffen, ob hinsichtlich der weiteren T-Verbindungen die Voraussetzungen des § 2 Nr. 3 Abs. 2 VOB/B oder des § 2 Nr. 5 VOB/B vorliegen.

Kniffka Chabestari Halfmeier Kosziol Kartzke

Stichwortverzeichnis

Notizen